Leben
LERNEN
Klett-Cotta

Zu diesem Buch

Durch die Corona-Krise wurde deutlich, wie unverzichtbar die digitalen Medien in Beratung, Psychotherapie, Coaching und Supervision sind. E-Mail, Chat, Voicemail, Videocall und Apps sind die aktuell gängigen digitalen Beratungsformate, die, flexibel eingesetzt, die Face-to-Face-Beratung ergänzen. Das Buch, das auf der Pionierarbeit beider Autoren, dem 2003 erschienenen Buch »Hilfe aus dem Netz« aufbaut, erklärt anschaulich und anhand von Fallbeispielen die Merkmale und Besonderheiten und vermittelt Praxisanleitungen und technisches Know-how für virtuelle Beratungsstellen und Praxen. Ebenso teilen die Autoren ihre inhaltlichen Erfahrungen zu besonders häufigen Themen und Problemen und verraten, wie der Beziehungsaufbau ebenso gut gelingt wie in der realen Praxis.

Die Reihe »Leben Lernen« stellt auf wissenschaftlicher Grundlage Ansätze und Erfahrungen moderner Psychotherapien und Beratungsformen vor; sie wendet sich an die Fachleute aus den helfenden Berufen, an psychologisch Interessierte und an alle nach Lösung ihrer Probleme Suchenden.

Alle Bücher aus der Reihe ›Leben Lernen‹ finden Sie unter:
www.klett-cotta.de/lebenlernen

Birgit Knatz
Bernard Dodier

Mailen, chatten, zoomen

Digitale Beratungsformen in der Praxis

Klett-Cotta

Leben Lernen 323

MIX
Papier aus verantwortungsvollen Quellen
FSC® C083411

Klett-Cotta
www.klett-cotta.de

Cover: Jutta Herden, Stuttgart
unter Verwendung einer Abbildung von @ michael dziedzic on Unsplash
Gesetzt von Eberl & Kœsel Studio GmbH, Krugzell
Gedruckt und gebunden von CPI – Clausen & Bosse, Leck
ISBN 978-3-608-89272-7
E-Book: ISBN 978-3-608-12129-2
PDF-E-Book: ISBN 978-3-608-20500-8

Bibliografische Information der Deutschen Nationalbibliothek
Die Deutsche Nationalbibliothek verzeichnet diese Publikation in der Deutschen Nationalbibliografie; detaillierte bibliografische Daten sind im Internet über http://dnb.d-nb.de abrufbar.

Inhalt

Dank und Vorbemerkungen

An einem Buch sind immer mehr Menschen beteiligt als die, die es schreiben. Und so danken wir den Mitarbeitenden unseres Verlags, ohne die dieses Buch nicht hätte erscheinen können. Schon 2003, als die Online-Beratung noch in den Kinderschuhen steckte, war Klett-Cotta offen für neue Beratungsformate und veröffentliche »Hilfe aus dem Netz«, das heute zum Standardwerk der Online-Beratung gehört. 2021 erscheint mit: »Mailen, chatten, zoomen: Digitale Beratungsformen in der Praxis« ein Erfahrungsbericht aus 18 Jahren Online-Beratung und ein Ausblick auf die nächsten Jahre. 18 Jahre braucht es, bis man volljährig ist und von Rechts wegen als erwachsen gilt ;-) Das erleben wir auch in der Online-Beratung, die als weiteres Beratungsformat in vielen Beratungsstellen, Einrichtungen, Fachverbänden und psychologischen Praxen etabliert ist. Wir sind sicher, hätte es nicht die Entschlossenheit von Klett-Cotta, sich als renommierter Verlag dem Thema zu widmen, gegeben, stände die Online-Beratung nicht da, wo sie heute steht. Im Verlag gehört unser besonderer Dank unserer Lektorin Frau Dr. Christine Treml, die uns fachlich und grammatikalisch ;-) zur Seite stand. Wir werden ihre freundlichen Mails, wie es uns geht, ob sie uns unterstützen kann und wie es vorangeht, vermissen. Danke.

Dann bedanken uns bei den Beraterinnen und Beratern, Psychologinnen und Psychologen und Seelsorgerinnen und Seelsorgern, die wir ausgebildet haben und supervidieren. In den Ausbildungen und Supervisionen konnten wir unsere Konzepte überprüfen, nachbessern, aktualisieren und konkretisieren. Denn wie sagte schon der hinduistische Mönch, Swami und Gelehrte Vivekananda: »Eine Theorie, die nicht praktisch im Leben Anwendung finden kann, ist wertlose Gedankenakrobatik.«

Wir danken auch all den Mädchen und Jungen, Frauen und Männer, die sich an eine Online-Beratungsstelle gewandt und uns ihre Zustimmung gegeben haben, ihre Geschichte (natürlich anonymisiert) zu veröffentlichen. Mit ihrer Beherztheit, sich ihrem Problem in dieser Form zu stellen, haben sie vielleicht Modellcharakter!

Und natürlich geht unser Dank auch an unsere Liebsten zu Hause: an meinen Mann Bernd Hoch, meine Frau Uschi Dodier, die in der Zeit des Schreibens öfter zurückstecken mussten.

Ich danke meinem Mann, der sich, während ich schrieb, um mein leibliches Wohl sorgte. Ich empfehle sein Kochbuch: »Während sie schrieb ;-)« Und auch seine Anregungen und Nachfragen haben mir geholfen.

Ich danke meiner Frau Uschi für ihre Rolle als Sparringspartnerin für widerstreitende Gedanken und den Erfahrungsaustausch bei gemeinsam durchgeführten Fortbildungen.

Ein wesentliches Werkzeug in der Online-Beratung ist unsere Sprache. Bekanntermaßen bildet sie unsere Gedanken und Gefühle ab. Sie beeinflusst unser Denken und schafft und prägt unsere Wirklichkeit. Unsere Sprache aktiviert in unserem Denken einen Wissens- und Deutungsrahmen. Diese bilden den Hintergrund, von dem aus wir die Wörter analysieren und verstehen. Sie formt somit unsere Lebensanschauungen und Einstellungen. Durch Benennen oder Nicht-Benennen werden Vorstellungen davon, was normal ist, aufgerufen und bestätigt. Im generischen Maskulinum, welches häufig in Fachbüchern gebraucht wird, werden Mädchen und Frauen unsichtbar. Daher haben wir uns entschieden, Mädchen und Frauen, Jungen und Männern in unserem Buch Raum zu geben und sie auch wechselnd zu benennen.

Die Fallbeispiele, die wir verwenden, sind anonymisiert! Wenn Sie sich in einem der Beispiele wiederfinden, liegt es vielleicht daran, dass Sie mit Ihren Nöten und Anliegen nicht alleine sind.

Die Mails, Chats und transkribierten Sprachnachrichten zitieren wir und haben nur an einigen Stellen, der besseren Lesbarkeit wegen, grammatikalisch eingegriffen.

Birgit Knatz & Bernard Dodier, im Januar 2021

KAPITEL 1

Online-Beratung 2020

Als wir im November 2019 die Idee hatten, unsere seit dem Erscheinen des ersten Buches »Hilfe aus dem Netz« gemachten Erfahrungen zu veröffentlichen, war die Welt noch in Ordnung. Wir wollten die Kenntnisse aus unserer Beratungsarbeit, den durchgeführten Aus- und Fortbildungen und unsere Erfahrungen mit einer langsam, aber stetig wachsenden Zahl von Online-Beratungsstellen zusammenfassen und so einen Überblick über den Ende des Jahres 2019 festzustellenden Stand der Online-Beratung geben. Doch es kam anders als gedacht!

Am 31. Dezember 2019 wurde die WHO über Fälle von Lungenentzündung mit unbekannter Ursache in der chinesischen Stadt Wuhan informiert. Daraufhin identifizierten die chinesischen Behörden am 7. Januar 2020 als Ursache ein neuartiges Corona-Virus, das später die Bezeichnung »COVID-19-Virus« erhielt. Am 30. Januar 2020 wurde die Corona-Virus-Pandemie von der Weltgesundheitsorganisation (WHO) zur »Gesundheitlichen Notlage internationaler Tragweite« erklärt. Am 27. März 2020 trat das Gesetz zum Schutz der Bevölkerung bei einer epidemischen Lage von nationaler Tragweite in Kraft.

https://www.euro.who.int/de/health-topics/health-emergencies/coronavirus-covid-19/novel-coronavirus-2019-ncov

Damit beschlossen Bund und Länder Mitte März 2020 weitgehende Einschränkungen für das öffentliche Leben, wie gleichzeitig fast alle anderen Länder weltweit. Am 16. März wurden die Schulen geschlossen. Wir verzichten darauf, die Entwicklung der Pandemie und der darauffolgenden Maßnahmen näher zu beschreiben. Sie ist bekannt und in ihrem Einfluss täglich zu spüren. Mitte Dezember 2020, mit stetig steigenden Zahlen der Infizierten, wird sichtbar, dass angesichts des erneuten Lockdowns uns alle die Corona-Pandemie noch lange beschäftigen wird.

So können wir nicht anders, als auch in diesem Buch die Frage zu stellen, welche Auswirkungen dieses Ereignis auf die psychosoziale (Online-)Beratung und auch auf Beratungsleistungen insgesamt heute und in Zukunft hat. Egal wie diese weltweite Pandemie durch unsere Gesellschaften und ihre Verantwortlichen gemeistert werden wird, sind die Auswirkungen auf die Beratung schon jetzt deutlich zu erkennen und von weitreichender Tragweite.

1.1 Auswirkungen der Corona-Pandemie auf die Beratung

1.1.1 Auswirkungen auf die Beratungsstellen

Mitte März 2020 sind alle in der Beratung Tätigen, unabhängig ob psychosoziale Beratung oder eine andere Form der Beratung, von der unerwarteten, bisher undenkbaren, aber dadurch eben brutal ernüchternden Erkenntnis getroffen worden, dass nicht mehr in der persönlichen Begegnung gearbeitet werden konnte und durfte. Bestehende Termine wurden abgesagt und vielerorts die Beschäftigten ins Homeoffice geschickt.

COVID 19 hat von einem Tag auf den anderen die Beratungs- und Therapielandschaft gründlich verändert und die so selbstverständlich gehandhabten persönlichen Begegnungen, Beratungen und Therapiesitzungen weitgehend tabuisiert.

Dass in diesen Krisenzeiten, in denen Beratung und Beistand dringend notwendig sind, die Beratungsstellen und Psychotherapie-Angebote mit ihren an Face-to-Face gebundenen Methoden völlig bedeutungslos und außen vor sind, ist beispiellos. Das zurückbleibende Gefühl der Hilflosigkeit bei den handelnden Personen hat für manche ein traumatisches Erleben zur Folge. Ein Kriterium für potentiell traumatisierendes Erleben von professionell Helfenden ist die Hilflosigkeit angesichts einer Katastrophe, in der sie nicht handeln können, lahmgelegt sind, tatenlos zuschauen müssen. Dies trifft gleichermaßen auf alle Beratenden, gleich zu welchem Thema, zu. So konnten Banken und Versicherungen keine persönlichen Beratungen mehr durchführen, Ämter und Behörden duften nicht mehr aufgesucht werden und die Beratungsleistungen von Gesundheitseinrichtungen, Ärztinnen und Krankenhäusern, selbst Reha-Einrichtungen, wurden stark eingeschränkt.

Die Deutsche Gesellschaft für Systemische Therapie, Beratung und Familientherapie (DGSF) schreibt dazu: »Beratende und andere Fachkräfte erleben derzeit eine nie dagewesene Herausforderung, da ihre eigene Lebenssituation und zugleich die Lebenswelt ihrer Klienten sich von einem auf den anderen Tag grundlegend geändert hat. Dabei besteht eine doppelte Herausforderung, nämlich den eigenen Alltag jenseits früherer Routine zu meistern und zeitgleich in einer neuen beruflichen Situation den Fragen und Problemen oft sehr verunsicherter Klienten gerecht zu werden.« https://www.dgsf.org/ueber-uns/gruppen/fachgruppen/online-beratung/krisenberatung-am-telefon-und-per-video-in-zeiten-von-corona

Nicht nur, dass mit dem Lockdown die Beratungen im vertrauten Face-to-Face-Format nicht mehr möglich waren, auch die Erreichbarkeit der Stellen war nicht mehr gegeben, da sich Psychotherapeutinnen und Berater von jetzt auf gleich im Homeoffice wiederfanden.

Von dort aus konnten sie nur bedingt und oft auch nur zögerlich ihre Arbeitsfähigkeit auf technisch-organisatorischer Ebene wiederherstellen und sicherstellen.

Die Auswirkungen auf die Träger von Beratungsangeboten sind grundlegend. Ihre angebotenen Leistungen konnten in der bisherigen Komm-Struktur nicht mehr angeboten werden. Die verordneten Kontaktbeschränkungen und Hygienevorschriften erlaubten es nicht mehr, die Klientinnen und Klienten zu empfangen und für die Beratungen zu sehen. Was für die Beratungen zutrifft, gilt ebenso für Psychotherapie-Sitzungen im Einzelkontakt und natürlich erst recht für Gruppensitzungen und sich selbst organisierende Selbsthilfegruppen.

Die baulichen Gegebenheiten und Bedingungen in den Räumen erlauben nicht die Einhaltung der Abstandsgebote und entsprechen nicht den neu erlassenen Hygienevorschriften. Den beruflichen Alltag unterstützende kollegiale Zusammenkünfte wie Supervision,

Intervision und auch Aus- und Fortbildungen konnten und können derzeit nicht mehr in Kopräsenz durchgeführt in werden.

Der von Beratungsträgern gestartete Versuch, alternativ zu persönlichen Treffen Telefonkonferenzen, Online-Supervisionen und auch Fortbildungen zu organisieren, scheiterten und scheitern immer noch an nicht vorhandenen technischen Voraussetzungen sowohl in der Hardware als auch in den Leitungskapazitäten. Besonders interessant ist in diesem Zusammenhang, dass durch die von den jeweiligen IT-Sicherheitsbeauftragten implementierten Schutzfunktionen oft ein Arbeiten der Beratenden im Homeoffice unmöglich gemacht wurde. Was für fiktive Angreifende unüberwindlich und DGSVO-konform erdacht und konstruiert wurde, ist auch für Mitarbeitende aus dem Homeoffice unüberwindlich. Zugänge von außen waren nicht vorgesehen. Ein leitender Psychologe eines großen Trägers klagte, dass er eine Fortbildung in Online-Beratung technisch nicht realisieren könne, da ihre Technik veraltet und schon gar nicht auf Videokonferenzen ausgelegt sei. Die einzige Möglichkeit sei, dass die Mitarbeitenden von zu Hause mit ihrem privaten Notebook oder Rechner teilnehmen könnten. Das wiederum würde ihren Sicherheitsbeauftragten aber große Bauchschmerzen bereiten. Das generell bestehende Problem zwischen einem möglichst technisch niederschwelligen Beratungsangebot einerseits und den Wünschen und Vorstellungen der IT-Sicherheitsbeauftragten und der DSGVO (Datenschutz-Grundverordnung) ist sehr deutlich.

Bernd Jacob, Geschäftsführer der Internetagentur für nachhaltige Digitalisierung AYGOnet (www.aygonet.de), die eine webbasierte Software für eine professionelle und individuelle Online-Beratung anbietet, antwortete auf unsere im Oktober 2020 gestellte Frage bezüglich neuer Erkenntnisse und Erwartungen an die zukünftigen Entwicklungen zum Thema Online-Beratung in technischer Hinsicht: »Insgesamt zeigt Corona aber auch die Rückständigkeit in der technischen Infrastruktur in Deutschland. Videokonferenzen gelingen technisch auf Grund geringer Bandbreite nicht reibungslos, die versprochenen Leitungskapazitäten der Netzbetreiber werden nicht annähernd konstant erreicht. Die Erfahrungen des Homeschoolings zeigen, dass es in unserer Gesellschaft einen Technologie-Gap gibt, der im starken Zusammenhang mit der wirtschaftlichen Situation der Familien steht. Ich denke, dass wir ein neues Grundrecht benötigen, das den Privathaushalten freien Zugriff auf ein Mindestmaß an technischer Infrastruktur zusichert. Man kann nur hoffen, dass der Glasfaser-Netzausbau zügig vorangeht und preislich attraktiv und auch für wirtschaftlich schwache Familien erschwinglich angeboten wird. Wenn sich an der Infrastruktur nichts ändert, findet die Online-Beratung in ihrer Weiterentwicklung eine große technische Hürde vor.« https://www.diemedialen.de/

In der Tat liegt Deutschland bei den Glasfaseranschlüssen auf Platz 34 der OECD-Staaten. Nur in vier OECD-Staaten ist der Anteil der Glasfaseranschlüsse noch geringer als bei uns, dies in Österreich, Großbritannien, Belgien und Griechenland. https://de.statista.com/statistik/daten/studie/415799/umfrage/anteil-von-glasfaser anschluessen-an-allen-breitbandanschluessen-in-oecd-staaten/

Oder die Forderung der Bundespsychotherapeutenkammer in einer am 5.11.20 herausgegebenen Studie über Videobehandlung: »Es müssen dringend die ausreichenden technischen Voraussetzungen für eine störungsfreie Behandlung per Video geschaffen werden. Der fehlende Ausbau des Internets ist das größte Hindernis für eine Digitalisierung der Gesundheitsversorgung. https://www.bptk.de/praesenz-und-videobehandlung-kombinieren/

Die Pandemie hat unsere nicht ausreichend ausgebaute Infrastruktur von einem Moment zum anderen an ihre Grenzen geführt. Dieser Stresstest hat das offensichtlich gemacht, was schon davor zu beobachten war; Chats sind abgebrochen, Videokonferenzen kamen ins Stottern, was zum Stresstest sowohl für Beratende als auch für die Klientinnen, Patienten und Ratsuchenden führte.

1.1.2 Auswirkungen auf die Psychotherapeutinnen und Berater

Die Herausforderungen an die Fachkräfte waren und sind enorm. Sie stellten fest, dass sie den Anforderungen nicht gewachsen sind, die die neue Beratungssituation stellt. Ihre über viele Jahre erworbenen Fähigkeiten, Erfahrungen und bewährten Strategien in Face-to-Face-Beratung und Therapie waren nicht mehr die verlässliche Basis zur

Bewältigung von Online-Beratungsanfragen in der Krisensituation. Ganz abgesehen von den beschriebenen technischen und organisatorischen Herausforderungen mussten sie sich auch ihrer Skepsis und inneren Widerständen gegen »Online« stellen. Nicht aus innerem Wandel oder erarbeiteter Überzeugung, dass Online-Beratung und Online-Therapie ein adäquates Format für Beratung und Therapie darstellen, sondern aus dem Druck heraus, nichts anderes anbieten zu können.

Interessant ist, dass die inneren Barrieren gegen Online-Beratung nach dem ersten Lockdown überwiegend sehr schnell aufgegeben wurden und dass zuvor hochgehaltene Anforderungen an Sicherheit und Datenschutz plötzlich nicht mehr so wichtig waren. Noch vor der Corona-Pandemie wurde die Online-Beratung von vielen Beraterinnen und Therapeuten abgelehnt. Nach wie vor gab es eine Skepsis gegenüber den über Face-to-Face-Beratung hinausgehenden Formaten, da es nicht vorstellbar war, auf die ganze Bandbreite der Sinneseindrücke zu verzichten. Und es gab Unsicherheit und Angst nicht ausreichend qualifiziert zu sein. Durch die Corona-Pandemie wurde ein Wandel sichtbar. Plötzlich wurde es möglich und gewünscht, Beratung und Therapie online anzubieten.

Als Beratende, Therapeutinnen und Therapeuten nun mehr oder weniger zwangsweise erste Schritte in Richtung Online-Beratung/Therapie gingen, übertrugen sie ihre Vorgehensweisen, Methoden und Erfahrungen eins zu eins auf die Online-Beratung. Das geht allerdings nicht. Manches aus der Face-to-Face-Methodenkiste ist für »Online« brauchbar und gut geeignet, anderes passt überhaupt nicht, da sich viele Methoden und Verfahren auf die physische Anwesenheit gründen und darauf angewiesen sind. Diese sind, logischerweise, nicht für eine Online-Beratung oder Therapie nutzbar. Alle auf sprachlicher Kommunikation basierenden Verfahren sind allerdings potentiell für die Umsetzung in die Online-Beratung geeignet. Für die schnelle Umstellung auf Online-Beratung und Therapie war neben den schon beschriebenen technischen Hürden auch das Fehlen von online-spezifischen methodischen Skills hinderlich.

1.1.3 Auswirkungen auf Klientinnen, Ratsuchende und Patientinnen

Die Ein- und Beschränkungen technischer Art gelten auch auf Seiten der Ratsuchenden, Klientinnen und Patienten. Viele Familien konnten an den Angeboten der Schulen für ihre Kinder nicht partizipieren, da ihnen schlichtweg der Internetzugang, die Hardware und/oder das Minimum an Know-how fehlten.

Die Coronakrise hat in ihren Auswirkungen großen Einfluss und durchdringt alle unsere Lebensbereiche; die Gesundheit, die Familie und Partnerschaft, unsere sozialen Beziehungen, Beruf und Finanzen und unsere Auseinandersetzung mit Fragen nach Sinn, Leben, Tod und Glaube. Viele dieser Bereiche sind mittelbar oder unmittelbar betroffen. Unsere gewohnten Lebensabläufe sind gestört, die sozialen Beziehungen eingeschränkt. Die beruflichen Bedingungen sind durch Homeoffice andere und haben dadurch Einfluss auf unseren familiären und partnerschaftlichen Umgang miteinander. Letztlich sind auch unser Wohlbefinden und unsere Gesundheit mittelbar in Gefahr.

Ein wichtiger Aspekt dabei ist die Belastung über die lange Zeit anhaltende Krise mit einem schwankenden Verlauf. Dazu schreibt die Ärztin und Psychotherapeutin Dr. Mirriam Prieß in der Süddeutschen Zeitung: »Wie die ›Wiederholung‹ der Krise die Psyche belastet«: »Für die Psyche ist jedes Auf und Ab und jedes Hin und Her ein Problem. Je häufiger das stattfindet – von einem Extrem in das nächste Extrem –, umso belasteter ist die Psyche. Je widerstandsfähiger ein Mensch ist, umso mehr ist er in der Lage, Krisen und existenziellen Bedrohungen auf Augenhöhe zu begegnen und das Bestmögliche daraus zu machen. Je mehr aber diese Resilienz fehlt, umso eher reagiert er auf Krisen mit unterschiedlichen psychosomatischen Symptomen – mit Angststörungen oder Depressionen, aber auch mit Erschöpfungssyndromen bis hin zu einem Burnout.«

https://www.sueddeutsche.de/gesundheit/gesundheit-wie-die-wiederholung-der-krise-die-psyche-belastet-dpa.urn-newsml-dpa-com-20090101-201015-99-959901

Der Psychotherapeut Jörg Herrmann schreibt in seinem Erfahrungsbericht zur Coronakrise:

»Die Coronakrise verstärkt nicht selten bestehende Ängste und Rückzugsneigungen. Insbesondere psychisch erkrankte Menschen haben jetzt noch größere Schwierigkeiten, das innere Gleichgewicht zu wahren.« Viele (Telefon-)Gespräche führt die Beratungsstelle allerdings auch mit Eltern, die sich gerade trennen oder aushandeln, wann wer die Kinder sieht. Eine Mutter macht sich jetzt Sorgen, wenn sie das Kind zum Vater schickt. Die zweieinhalbjährige Tochter sollte Ostern zu ihm und das erste Mal übernachten. Die Großmutter, die zur Unterstützung kommen sollte, kann jetzt aber nicht anreisen, da das Infektionsrisiko für sie zu groß ist. Der Vater fragte sehr verzweifelt, ob er seine Tochter denn jetzt überhaupt noch sehen kann. »Die Eltern konnten untereinander keine Entscheidung fällen, wir haben zusammen nach Wegen gesucht«, berichtet Jörg Hermann. »Corona macht das Leben in Trennung noch komplizierter, als es ohnehin schon ist.« www.bptk.de/leben-in-trennung-ist-jetzt-noch-komplizierter

Interessant sind auch die Erfahrungen der Studierenden der sozialen Arbeit über die Auswirkungen der Corona-Pandemie. Das Distanzierungsgebot hat Auswirkungen:

»Mit dem eingeführten Besuchsverbot habe ich zunehmend wahrnehmen können, dass die Klient*innen ein gesteigertes Bedürfnis an Nähe und eine höhere Mitteilungsbedürftigkeit hatten. Klient*innen, die vorher sehr wenig bis gar nicht mit Worten kommuniziert haben, suchten nun vermehrt das Gespräch und den Austausch. Außerdem habe ich während, aber auch außerhalb der Pflege häufig Situationen gehabt, in denen mich die Klient*innen überraschend umarmt haben. Dies ist vorher so nie vorgekommen.«

http://www.socialnet.de/materialien/29063.php

Die Deutsche Vereinigung für Soziale Arbeit im Gesundheitswesen sieht eine verstärkte Problematik und Handlungsbedarf für vulnerable Personengruppen, »insbesondere Personengruppen, die ohnehin bereits auf professionelle und/oder soziale Unterstützungssysteme zur Bewältigung ihres Alltags angewiesen sind, z. B. pflegebedürftige, von Behinderung bedrohte, psychisch erkrankte, obdachlose, suchtkranke oder suchtgefährdete Menschen, sind aktuell zusätzlich belastet und mit zunehmender Dauer der Krise wird sich

deren Situation verschärfen. Gerade für die große Zahl alleinlebender Menschen nimmt die Vereinsamungsgefahr und die Angst vor Isolation durch die Regelungen zur sozialen Distanzierung zu. Dies kann besonders für psychisch erkrankte Menschen oder Menschen mit einer Suchtproblematik zu einer weiteren Verschärfung ihrer Situation und der ihrer Angehörigen führen. Auch die Gefahr häuslicher Gewalt kann in dieser Krisenzeit zunehmen, so dass z. B. für den Kinder-, Jugend- und Frauenschutz massiver Handlungs- und Regelungsbedarf besteht. Zudem sind zugespitzte Engpässe und Notsituationen für weitere Personengruppen zu konstatieren: Der Zugang zu regelhaften Beratungs- und Unterstützungssystemen ist unter anderem wegen der Quarantäneregelungen der dort Tätigen, wegen drohender überbeanspruchter Nutzung (z. B. bei Notunterkünften für wohnungslose Menschen) sowie wegen der Reduktion der Kontaktzahl oftmals erschwert. So sind beispielsweise Institutsambulanzen nicht mehr regelhaft für psychisch Erkrankte nutzbar, Beratungsstellen sehen sich gezwungen, persönliche Begegnungen zu reduzieren und Beratung online anzubieten, wobei dies wiederum nicht für jede*n leicht zugänglich ist (z. B. für obdachlose oder geflüchtete Menschen). Einrichtungen der Tagespflege schließen auf der Grundlage vorübergehender Ausnahmeregelungen den Betrieb und stationäre Pflegeheime nehmen mancherorts keine neuen Bewohner*innen mehr auf. Für Menschen, die dringend Unterstützung und Hilfe benötigen, drohen gewohnte oder akut erforderliche Versorgungsstrukturen wegzubrechen, gerade in einer Zeit, die für sie mit zusätzlichen Ängsten und Verunsicherungen verbunden ist.«
https://dvsg.org/fileadmin/dateien/07Publikationen/01Stellung nahmenPositionen/2020-03-31_DVSG_Statement_in_der_Corona krise_final.pdf

Man darf also durchaus den Krisenbegriff für die Corona-Pandemie und deren Erleben gebrauchen, auch wenn »nicht jede gesellschaftliche Veränderung gleich eine Krise sein muss«, so Prof. Wilhelm Heitmeyer, Soziologe am Institut für interdisziplinäre Konflikt- und Gewaltforschung der Universität Bielefeld: »Sondern erst dann – und da müssen zwei Kriterien zusammenkommen – wenn die Routinen, mit denen man politische, ökonomische und soziale Probleme bearbeitet hat, nicht mehr funktionieren, das ist das erste Kriterium. Das zweite ist, dass die Zustände vor den Krisen nicht wieder herstellbar sind.« (Smiljanic, 2020)

Da diese beiden Kriterien gelten, ist der Begriff zutreffend. Die Welt wird nach Corona nicht mehr so sein wie vorher. Was die Corona-Krise für Beratung und Therapie bedeuten könnte, hat der Zukunftsforscher Matthias Horx im März 2020 in einem fiktiven Rückblick aus der Position September 2020 versucht zu beschreiben: »Wir werden uns wundern, wie schnell sich plötzlich Kulturtechniken des Digitalen in der Praxis bewährten. Tele- und Videokonferenzen, gegen die sich die meisten Kollegen immer gewehrt hatten (der Business-Flieger war besser), stellten sich als durchaus praktikabel und produktiv heraus. Lehrer lernten eine Menge über Internet-Teaching. Das Homeoffice wurde für viele zu einer Selbstverständlichkeit – einschließlich des Improvisierens und Zeit-Jonglierens, das damit verbunden ist.« www.horx.com

Ja, er hatte recht, bis auf die Tatsache, dass die Krise immer noch anhält und wir immer noch gezwungen sind, uns darauf einzustellen. In der Einleitung zu seinem Aufsatz schrieb er: »Ich werde derzeit oft gefragt, wann Corona denn ›vorbei sein wird‹, und alles wieder zur Normalität zurückkehrt. Meine Antwort: Niemals. Es gibt historische Momente, in denen die Zukunft ihre Richtung ändert. Wir nennen sie Bifurkationen. Oder Tiefenkrisen. Diese Zeiten sind jetzt.« www.horx.com

Krisen nach der oben geschriebenen Definition von Heitmeyer führen immer zu Kontrollverlusten: »Diese Kontrollverluste können sich zeigen in den Biografien von Menschen, aber auch in den Handlungsweisen von Institutionen und Organisationen. Und man muss ja bezogen auf die Coronakrise auch sagen: Auch die staatlichen Institutionen hatten Kontrollverluste zu verzeichnen, und daraus entstehen dann bestimmte Bedrängungen und Irritationen, die darauf hinwirken, dass es in gewisser Weise eine gesellschaftliche Unordnung gibt …« https://www.deutschlandfunk.de/corona-und-die-gesellschaft-zukunftsvorstellungen-in-der.1148.de.html?dram:article_id=483546

Mit anderen Worten sagte es Olaf Scholz, Bundesfinanzminister und Vizekanzler, während einer Pressekonferenz am 15. April 2020, auf der er die neuen Regelungen für das Leben in der Corona-Pandemie erläutert: »Wir bewegen uns in eine neue Normalität. Eine Normalität, die nicht kurz sein wird, sondern die längere Zeit anhalten wird, bis es uns gelungen ist, bessere therapeutische Möglichkeiten zu haben und auch Impfstoffe zu besitzen, die uns helfen, die Ausbreitung der Pandemie in Deutschland und andernorts zu verhindern.« https://www.deutschlandfunk.de/folgen-der-pandemie-wie-corona-die-deutsche-sprache.1148.de.html?dram:article_id=481524

Das nicht Denkbare wird also zur Normalität, bis die Zukunft neu gefunden wird. Der Blick in die Zukunft entscheide aber mit über die Bewältigung der Krise, so Lisa Suckert, Wirtschaftssoziologin am Max-Planck-Institut: »Wie wir denken, wie wir entscheiden und wie wir letztendlich auch handeln, ist geprägt von der Vergangenheit und der Gegenwart. Aber neben den Erfahrungen, die wir gemacht haben, die wir erlernt haben, beispielsweise den direkten Reaktionen von unseren Mitmenschen, wird unser Handeln, Denken und Entscheiden auch maßgeblich davon geprägt, wie wir uns die Zukunft vorstellen.« https://www.deutschlandfunk.de/corona-und-die-gesellschaft-zukunftsvorstellungen-in-der.1148.de.html?dram:article_id=483546

Der italienische Philosoph Antonio Gramsci nannte vor rund hundert Jahren diesen Zustand ein Interregnum: »Das, was bisher gegolten hat, gilt nicht mehr, aber das Neue kann noch nicht geboren werden. Das Resultat davon ist eben diese starke Verunsicherung, weil wir eben keine Orientierungspunkte haben, an denen wir unsere Zukunftserwartungen festmachen können. Wir verstehen sozusagen die Welt nicht mehr. https://www.deutschlandfunk.de/corona-und-die-gesellschaft-zukunftsvorstellungen-in-der.1148.de.html?dram:article_id=483546

Zukunftsforscher Matthias Horx schließt mit den Worten: »Vielleicht war der Virus nur ein Sendbote aus der Zukunft. Seine drastische Botschaft lautet: Die menschliche Zivilisation ist zu dicht, zu schnell, zu überhitzt geworden. Sie rast zu sehr in eine bestimmte Richtung, in der es keine Zukunft gibt. Aber sie kann sich neu erfinden. System reset. Cool down! Musik auf den Balkonen! So geht Zukunft«, meint Horx. www.horx.com/48-die-welt-nach-corona (Gemeint ist damit, dass die Italiener sich zu Zeiten des Ausgangsverbotes am Freitagabend zur gleichen Zeit mit Instrumenten oder singend auf ihre Balkone oder an die Fenster gestellt haben, um Lieder gegen Angst, Einsamkeit und Langeweile in der Isolation anzustimmen.)

Was haben wir aus Corona gelernt? Die Bedeutung von zwischenmenschlichen Kontakten ist bei allen wieder mehr in den Fokus gerückt. Das Miteinander, auf das wir immer noch verzichten mussten und vielleicht wieder müssen, hat an Gewicht gewonnen. Das System »Beratung und Therapie« hat im Lockdown der Coronakrise in weiten Teilen nicht mehr funktioniert. Das Problem ist nur, dass die Krise persistierte und sich tendenziell eher noch verschärfte. Der beraterische »Normalzustand« ist sehr fraglich. Dieser kann und darf nicht die Rückkehr in Vor-Corona-Zeiten bedeuten. Wir müssen gesamtgesellschaftlich und auch mit unserem speziellen Blick auf die Beratungs- und Therapiebedingungen dafür sorgen, dass wir die Voraussetzungen und Bedingungen schaffen, auch in Zukunft mit solchen oder ähnlichen Situationen fertigzuwerden.

Wir haben uns mit den Möglichkeiten der Online-Beratung beschäftigt, um ein Instrument und eine Methode zu haben, Menschen zu erreichen, denen es aus vielerlei inneren und äußeren Gründen nicht möglich ist, eine die persönliche Präsenz voraussetzende Beratung oder Therapie aufzusuchen. Wir, die Autorin und der Autor dieses Buches, haben genau aus diesen Gründen schon 1995 als Pionierin und Pionier in Deutschland die ersten Schritte und Erfahrungen in der Mail- und Chat-Beratung gemacht. Wir wollten damit Menschen erreichen, für die selbst die sehr niedrigschwellige telefonische Beratung der TelefonSeelsorge in Anspruch zu nehmen eine unüberwindliche Barriere war und ist. Wenn das telefonische, anonyme Beratungsangebot der TelefonSeelsorge schon eine zu hohe Hürde darstellt, werden diese Menschen die dargebotene Hand der Face-to-Face-Beratung und -Therapie erst recht nicht ergreifen können und wollen.

Vor der Corona-Krise waren Online-Beratungsangebote vor allem für folgende Zielgruppen gedacht, bzw. diese Gruppen haben die Online-Beratung in Anspruch genommen:

- Menschen mit körperlichen Einschränkungen oder Behinderungen, die aufgrund der Einschränkungen keine Beratungsstelle erreichen können.
- Menschen, die aus geografischer Distanz eine Beratungsstelle nicht erreichen können (Auslandsaufenthalt, zu große Entfernung, fehlende oder unzureichende Bus-/Bahn-Verbindungen).
- Menschen, deren Themen zu schambesetzt, strafrechtlich heikel sind oder denen es aus anderen inneren Gründen schwierig bis unmöglich ist, zur Beratung zu kommen (Aids-Beratung, Sexualberatung, Schuldnerberatung, Täterberatung usw.).
- Menschen, deren Sprach- und Sprech-Barrieren zu hoch sind, um sich in eine persönliche Beratung zu begeben oder sie sich zuzumuten (Sprache/Muttersprache, Sprechbehinderung (Stottern usw.)).
- Menschen mit psychischen Krankheiten und Phobien (z. B. Sozialphobien, Tourettesyndrom, Autismus, usw.).
- Menschen mit sehr seltenen Krankheiten, die nur auf diesem Wege (z. B. Forum) Unterstützung, Beratung und Austausch mit anderen Betroffenen finden können.
- Menschen mit physischen Auffälligkeiten, Verletzungen, Entstellungen usw., die aus Scham oder Rücksicht sich nicht optisch in einer Face-to-Face-Situation zumuten wollen.
- Menschen, deren zeitliche Flexibilität nicht hinreicht, um Termine zu Bürozeiten in Beratungsstellen einzuhalten (z. B. pflegende Angehörige).
- Menschen, deren öffentlicher Bekanntheitsgrad hinderlich ist, eine persönliche Beratung aufzusuchen (Wiedererkennung der Person selbst über die Stimme).

Online-Beratungsangebote stehen nicht in Konkurrenz zur Face-to-Face-Beratung und -Therapie, denn sie richten sich an Personen, die persönliche Präsenz-Beratung und -Therapie nicht aufsuchen. Der Online-Beratung ist es nie darum gegangen, die Qualität und Effizienz der Face-to-Face-basierten Beratung und Therapie in Frage zu stellen. Sie steht für eine Erweiterung des Angebotes für Menschen, die aus unterschiedlichsten Gründen der Präsenzberatung ablehnend gegenüberstehen oder sie nicht nutzen können.

Nun haben die Ereignisse den Katalog dieser Gründe erweitert. Niemand – bis auf wenige dringend begründete Ausnahmen – konnte eine Präsenzveranstaltung aufsuchen. Selbst Ärztinnen und Ärzte und Krankenhäuser konzentrierten sich nur noch auf dringend anzunehmende Notfälle. Alles andere wurde verschoben oder ausgesetzt. Über lange Strecken war es in manchen Bundesländen möglich, Face-to-Face-Therapien im Zweiersetting weiter durchzuführen, ansonsten konnte niemand ein auf physischer Begegnung von Personen basierendes Hilfeangebot in psychosozialen Bereich in Anspruch nehmen. Mit der Ausnahme von Online-Beratungsstellen und Psychologen und Psychotherapeutinnen, die Online-Beratung oder -Therapie als Bestandteil ihres Angebotes hatten.

1.2 Die Situation vor der Pandemie im psychosozialen Bereich

Die schon vor der Corona-Pandemie wachsende Zahl von Online-Beratungsstellen belegt, dass viele psychosoziale Einrichtungen im Verlaufe der letzten Jahre die Notwendigkeit gesehen haben, ein Online-Angebot zu machen. Die entsprechenden Aussagen der durch uns in den vergangenen 25 Jahren ausgebildeten Online-Beraterinnen und -Psychotherapeuten lassen erkennen, dass dieser Impuls unterschiedliche Auslöser hatte.

- Aus einem Konkurrenzgedanken: Zum Beispiel, dass die Konkurrenz sich im Netz mit einem Online-Angebot schon positioniert hatte und dass man sich mehr oder weniger gezwungen sah, gleichzuziehen.
- Aus knapper werdenden Finanzen: Die Errichtung einiger Online-Beratungsangebote wurde aus der Erkenntnis geboren, dass die Beratung im Face-to-Face-Format an Bedeutung abnimmt und/oder durch die Träger nicht weiter finanziert werden wird.

- Wenn die Anzahl der für die Face-to-Face-Beratung zu motivierenden Klientinnen und Klienten zur Aufrechterhaltung des Beratungsangebotes nicht mehr ausreichend ist, muss eine Ausweitung stattfinden. Vor allem in kommunalen Strukturen ist immer wieder festzustellen, dass Zuschussgeber sich zurückziehen, weil sie Sparzwängen unterliegen und gerne damit argumentieren, dass das bisherige Beratungsangebot durch Online-Beratungsstellen abgedeckt wird.

Manche Online-Beratungsangebote sind dadurch entstanden, dass eine bestimmte Personengruppe – oft auf die Initiative selbst betroffener Menschen – einen dringenden und relevanten Beratungsdarf für ein umrissenes Problem, Situation, Erleben gesehen haben (Angehörige von krebskranken Kindern, von Suizid eines Elternteils betroffene Kinder, Betroffene von bestimmten sehr seltenen Krankheiten usw.). Solche Beratungsangebote können aber nur sinnvoll und finanziell tragbar sein, wenn sie einen größeren Kreis von Betroffenen erreichen als den, den sie mit einer Vor-Ort-Beratungsstelle bedienen können, also überörtlich tätig sind. Nur durch Nutzbarmachung und Erschließung eines größeren geographischen Raumes konnten sie einen sinnhaften und finanziell verantwortbaren, im wirtschaftlichen Sinne rentablen Betrieb dieser speziellen Beratung erreichen. Dies hat ihnen das Internet ermöglicht. Für die Ratsuchenden bedeutet dies, dass auch sie, dank der überörtlichen Erreichbarkeit, Rat und Hilfe zu ihrem – meist sehr speziellen – Problem bekommen können.

Für viele Beratungsstellen stellt sich am Anfang die Frage, welche Angebote sie machen wollen, an wen sich diese Angebote richten sollen und welche Medien sie dazu nutzen müssten, um diese Personengruppe auch zu erreichen. Eine genaue Analyse des Bedarfes wird vorangestellt.

Bei psychosozialen Beratungsstellen ist zunächst der alte Grundsatz der aufsuchenden Sozialarbeit zu berücksichtigen, der lautet, die Menschen dort aufzusuchen, wo sie sich aufhalten, etwa im öffentlichen Raum. »Zur Anwendung kommt die aufsuchende Soziale Arbeit vor allem in Fällen der gesellschaftlichen Marginalisierung von

Menschen, z. B. aufgrund eines Suchtverhaltens, von Wohnungslosigkeit, Arbeitslosigkeit, Armut, Zugehörigkeit zu einer ausgegrenzten Minderheit, Opfer und Betroffenen von Gewalt und Menschenhandel, rund um die Prostitution und bei psychischen Problemen, aber auch bei Jugendlichen, wenn deren Verhalten gesellschaftlich problematisiert wird. Der öffentliche Raum stellt dabei oft den einzigen (Lebens-)Raum dar, den diese Menschen nutzen können und eine Alternative zu institutionellen Wohn- bzw. Beratungseinrichtungen. Dabei handelt es sich auch um gesellschaftliche Entwicklungstatsachen, welche öffentlich sichtbar werden (z. B. Prostitution als faktischer Bestandteil in Gesellschaften, oder Armut, die durch bettelnde Menschen sichtbar wird.)« (Krisch/Stoik/Benrazougui-Hofbauer/Kellner, 2011)

Der Wandel der Gemeinwesenarbeit in eine stadtteilorientierte Sozialarbeit und deren begriffliche Änderung in lebensweltorientierte Sozialarbeit hat die Regionalisierung in den Blick genommen, im Sinne einer Abkehr von Zentralisierung, hin zu einer Nutzbarmachung, Förderung und Stärkung lokaler Strukturen. Lokale Strukturen sind die sich in greifbarer Nähe der Menschen befindenden (Sozial-)Räume und (Lebens-)Welten. Damit verbunden ist die Orientierung am Lebensbedarf dieser Menschen, auch durch den Aufbau niederschwelliger Hilfsangebote und der Förderung von Aktivitäten. Dieses Konzept umfasst digitale Angebote erst einmal nicht.

»Durch die Digitalisierung erleben wir die Entgrenzung von Sozialräumen«, befindet der Vorstand eines Caritas-Ortsverbandes. »Wir müssen deshalb Antworten auf die Frage finden, was wir beispielsweise mit Klienten aus Bayern machen, die eine digitale Beratung bei uns hier am Niederrhein in Anspruch nehmen möchten. An diesem Punkt passt die historisch gewachsene Systematik der Refinanzierung sozialer Leistungen durch die Kommunen und Kreise vor Ort nicht mehr in die Lebenswirklichkeit. Wir brauchen eine Art digitalen Masterplan, der im sozialen Bereich neue Lösungen ermöglicht. Wenn wir nicht schnell die Voraussetzungen schaffen, dass die Menschen digitale Zugangswege zu sozialen Dienstleistungen erhalten, dann werden mehr Menschen durch das soziale Netz unserer Gesellschaft fallen, als wir es uns heute vorstellen.« (Döring, 2018)

Nun hat sich die Lage durch die Globalisierung und die Nutzbarkeit des Internets durch alle Bevölkerungsschichten erheblich verändert. Selbst die kleinsten analogen, lokalen Strukturen, Sozialräume und Lebenswelten sind durchdrungen von der Omnipräsenz des Internets und seiner Angebote. Es ist eine Frage, ob sie für alle gleichermaßen erreichbar und zu nutzen sind.

Die Verbände der Freien Wohlfahrtspflege haben die wesentlichen Handlungsfelder der digitalen Transformation im Rahmen der strategischen Partnerschaft mit dem Bundesministerium für Familie, Senioren, Frauen und Jugend im September 2017 unter der Überschrift »Digitale Transformation und gesellschaftlicher Zusammenhalt« folgendermaßen abgesteckt:

»1. Sozialraumorientierte soziale Arbeit: Ziel ist es, analoge Angebote durch digitale zu ergänzen und weiterzuentwickeln, um Beteiligung zu stärken und neue Formen des Engagements einzubeziehen. Virtuelle sozialräumliche Erfahrungsräume müssen für eigene verbandliche und weitere Angebote (über Portale oder Plattformen) erschlossen und integrativ so nutzbar gemacht werden, dass Zugangsbarrieren für Zielgruppen aus allen Generationen, Milieus und Lebenslagen abgesenkt werden.
2. Freiwilliges Engagement und Selbsthilfe: Ziel ist es, Engagierten ein Forum für den Austausch im Netz und für digitale Formen der Mitwirkung zu bieten und sie zugleich in fach- und verbandspolitische Diskurse einzubinden. Dafür ist der digitale Aus- und Umbau der Engagementinfrastruktur (Wissensmanagement, Vernetzung und Koordination, Möglichkeiten des Online-Volunteerings, digitale Angebote von Moderation, Fortbildung und Begleitung) notwendig. Hierbei kommt z. B. der Selbstorganisation von Migrantinnen und Migranten und dem Empowerment von Selbsthilfegruppen eine große Bedeutung zu.
3. Beratung und Therapie: Ziel ist es, die erfolgreichen Angebote der Online-Beratung auszubauen und konzeptionell weiterzuentwickeln. Grund sind die hohe Nachfrage und die sich verändernden Anforderungen an digitale Beratungsformate. Ihre strukturelle Vernetzung erfordert neue Formen der Zusammenarbeit

unter Einbindung von Peer-to-Peer-Beratung. Hierzu gehört auch die Entwicklung neuer, digital basierter und begleiteter Betreuungs- und Begleitungskonzepte.

4. Qualifikation und Bildung: Ziel ist es, dass sich haupt- und ehrenamtliche Mitarbeitende auf allen Ebenen der Verbände qualifizieren müssen im Umgang mit neuen Anforderungen, die sich in der Digitalisierung für die soziale Arbeit ergeben. Es geht dabei um das Verstehen der Erfordernisse digitaler Produkte, Prozesse und Organisation, um methodische Kenntnisse des vernetzten, kollaborativen Arbeitens sowie um die Fähigkeit zur Gestaltung von Veränderung. Es gilt nicht nur, die Qualität der sozialen Arbeit zu sichern, sondern damit gleichzeitig die Attraktivität der SAGE-Berufe zu erhöhen. Es wird zunehmend neue digitale und technikunterstützte Angebote in allen Bereichen der sozialen Arbeit geben. Hierfür gilt es neue Weiterbildungsformate zu entwickeln sowie in der Erstausbildung modulare IT-Qualifikationskonzepte zu integrieren. Die Zusammenarbeit mit Weiterbildungsinstitutionen und Akademien, Fachschulen und Fachhochschulen ist entsprechend dieser Anforderungen anzupassen und ein Theorie-Praxistransfer zu organisieren. Die Kompetenzaneignung der Beschäftigten ist die grundlegende Voraussetzung dafür, dass in der Arbeit mit Kindern und Älteren Kompetenz vermittelt werden kann, um so eine digitale Spaltung zu bekämpfen.
5. Management und Innovation: Ziel der Freien Wohlfahrtspflege bleibt es, sozial innovative Dienstleistungsmodelle sowie neue Struktureinheiten zu entwickeln, die für zukünftige Herausforderungen adäquate Lösungsansätze ermöglichen und neuartige Kooperationen fördern. Methoden des Design Thinking und innovative IT-Lösungen können technische und organisatorische Entwicklungsprozesse synchron befördern.
6. Potentiale digitaler Innovation nutzen und durch Personal- und Organisationsentwicklung implementieren: Ziel ist die organisatorische Anpassung von verbandlichen Prozessen, die durch digitale Innovationen erforderlich wird. Dabei sind strukturelle Agilität und neue Formen des Wissensmanagements zu ent-

wickeln und zu fördern. Aufgabe der Freien Wohlfahrtspflege ist es, im Rahmen der Personal- und Organisationsentwicklung auf diese Entwicklung so zu reagieren, dass Lösungsansätze rasch erprobt und erfolgreich umgesetzt werden können.« https://www.bagfw.de/veroeffentlichungen/stellungnahmen/positionen/detail/digitale-transformation-und-gesellschaftlicher-zusammenhalt-organisationsentwicklung-der-freien-wohlfahrtspflege-unter-den-vorzeichen-der-digitalisierung

Wir können feststellen, dass diese 2017 gesetzten Ziele in den nun vergangenen drei Jahren in vielen Bereichen zu Projekten und deren Umsetzungen geführt haben, zu denen wir eingeladen waren, unsere langjährigen Erfahrungen und Expertise mit einzubringen. Trotzdem sind diese Fortschritte langsam, weil die Strukturen von Anbietern und Trägern bei der Ideenfindung, Planung, Umsetzung, Gestaltung und Finanzierung von Projekten in keiner Weise mit der rasanten Entwicklung der Möglichkeiten durch das Internet Schritt halten können und sich die vor der Pandemie ausgearbeiteten Pläne als untauglich und undurchführbar erwiesen haben. Auf die persönliche Präsenz sich gründende Projekte, Tagungen, Veranstaltungen, Aus- und Fortbildungen, die diese Ideen und Digitalisierungsvorhaben zum Ziel oder Inhalt hatten, mussten ausfallen, umgearbeitet und angepasst werden. Für unsere Gesellschaft und die Beratungs- und Therapielandschaft bedeutet dies nicht nur ein Reset im Sinne eines Zurückgehens auf einen vorher definierten Ausgangszustand, da unser System nicht mehr ordnungsgemäß funktionierte. Nein, ein Soft-Reset genügt nicht mehr, es wäre zu kurz gegriffen, unser »Betriebssystem für Beratung und Therapie« in den alten vor-Corona-Bedingungen neu zu starten. Wir sollten alle Einstellungen überdenken und neu einrichten. Die Bedingungen sind andere als vor Corona. Online-Beratung und Online-Therapie müssen für alle, Anbieter und Nutzerinnen, Therapeutinnen und Therapeuten, Klientinnen und Klienten, Beratende und Ratsuchende auch in »Normalzeiten« zu den gleichen Bedingungen erreichbar sein wie die Face-to-Face-Beratung.

Der große Vorteil der Niederschwelligkeit darf weder durch

die wirtschaftlichen Verhältnisse, technische Gegebenheiten, Einschränkungen, Bildungsstand oder sonstige denkbare Hürden zunichtegemacht sein. Der Zugang und die Nutzung von Online-Beratung und -Therapie (und auch zum Bildungs- und Schulbereich) müssen für alle kostenfrei möglich sein und in den technischen Voraussetzungen durch schnellsten, NOT-wendigen Ausbau der Leitungskapazitäten technisch störungsfrei stattfinden können.

KAPITEL 2

Online-Beratungsformate

Menschen mit Beratungsbedarf bewegen sich in einer digitalen Welt. Daher liegt es nahe, dass Beratung und Psychotherapie auch digital (online) zur Verfügung stehen. Viele Jugendliche und junge Erwachsene werden durch klassische Beratungs- und Therapieangebote nicht mehr erreicht. Ihre vertraute Art zu kommunizieren ist online, und so suchen sie dieses Format auch für ihre Beratungsanliegen. Viele Menschen haben zudem Hemmungen, eine Praxis aufzusuchen, während ihnen die Kontaktaufnahme über Messenger leichtfällt. Es entspricht ihrer Form zu kommunizieren. Auch geflüchtete Menschen, die häufig unter Posttraumatischen Belastungsstörungen leiden, werden mit traditionellen therapeutischen oder beraterischen Formaten nicht erreicht, für sie ist das Smartphone das Kommunikationsmittel.

https://psylife.de/magazin/berufspraxis/online-therapie-jugendliche-erreichen

Da sowohl die beraterische als auch psychotherapeutische Versorgung weiter in Richtung Digitalität gehen wird, stellen wir Ihnen in diesem Kapitel sowohl die gängigen Online-Beratungsformate vor als auch die, die noch nicht so verbreitet sind. Wir geben einen Überblick über die Merkmale der Mail- und Chat-Beratung und wie diese für Beratung und Therapie zu nutzen sind. Wir zeigen die Eigenschaften von Sprachnachrichten für die Beratung, stellen dar, wie Video-Beratung gelingen kann, und beschreiben, wie Apps in der Beratung genutzt werden können.

2.1 Die Rolle des Smartphones für die Ratsuchenden

Wenn wir von Online-Beratungsformaten sprechen, heißt das in der Regel, die Ratsuchenden nutzen in erster Linie ihr Smartphone, wohl mehr als 75 Prozent, bei den jüngeren Nutzerinnen und Nutzern sind es fast 100 Prozent. Analysen der Online-Beratungsstellen und der OnlineSeelsorge bestätigen das. Das Smartphone hat unser Kommunikationsverhalten gänzlich verändert. Es ist selbstverständlicher Begleiter für alle Lebenslagen geworden; als Infozentrale, Fotoapparat, Navigationssystem, für Spiele, Fernsehen, Radio, Unterhaltung, Partnerinnen- und Partnersuche und vor allem als Kommunikationsmedium. Nicht nur Mädchen und Jungen pflegen ihre Freundschaften und Kontakte über das Smartphone. Die meisten Menschen schauen 88 Mal am Tag auf ihr Smartphone. Wir checken, ob eine neue Nachricht eingetroffen ist, googlen, chatten oder nutzen eine App. Alle 18 Minuten unterbrechen wir das, was wir gerade tun, und widmen unsere Aufmerksamkeit unserem Smartphone. Wie oft daddeln Sie? (Daddeln bedeutet so viel wie »Mit dem Computer spielen«) https://www.tagesanzeiger.ch/digital/mobil/smartphonenutzer-schauen-taeglich-88mal-auf-ihr-geraet/story/24730680

Viele Menschen haben eine persönliche Beziehung mit »emotionalen« Qualitäten zu ihrem Smartphone aufgebaut. Sie trennen sich nicht mehr von ihrem Gerät und sind dadurch jederzeit verbunden. Sie sind entspannter, da sie ständig auf dem neuesten Stand sind, und sie fühlen sich sicherer, wenn sie allein unterwegs sind. »Also, ich habe es schon mal zu Hause vergessen. Ich fand das relativ schlimm. Zum einen, weil ich ja wichtige Nachrichten über WhatsApp hätte kriegen können, was natürlich nicht der Fall ist, oder wenn ich jetzt zum Beispiel meine Bahn verpasse, meine Eltern anrufen muss«, beschreibt ein 14-Jähriger seine Beziehung zum Handy. (Calmbach et al. 2017)

Online- und Offline-Zeiten sind fließend und nicht voneinander zu trennen, da die Geräte nicht ausgeschaltet werden. Online-Sein wird kaum noch als technisch hergestellte Verbindung betrachtet, niemand »geht ins Internet«. Online zu sein gleicht eher einer Situationsbeschreibung, dem Normalzustand; das Internet ist die einfachste Lösung für die meisten Fragen und Probleme. Die Interaktion beschränkt sich nicht mehr auf das Senden und Empfangen von Mails. Soziale Netzwerke sind Teil des Lebens geworden. Die Kommunikation darin verlagert das private Gespräch in die Öffentlichkeit. (Calmbach et al. 2017)

Mailen, Text- und Sprachnachrichten über Messenger-Dienste und Videomeetings gehören, spätestens seit COVID-19, zum (Arbeits-) Alltag. Mit dem Smartphone kommen wir miteinander in Kontakt. Jede dritte Beziehung beginnt im Web. Wir reden oder schreiben über geschäftliche und private Dinge, tauschen uns aus, sprechen uns aus und suchen Rat und Hilfe!

In der Online-Beratung erleben wir, dass das Smartphone das Medium ist, welches ermöglicht, sich Unterstützung zu suchen. Vielen Mädchen und Jungen, Frauen und Männern hilft das Smartphone schnell und (oft), anonym sich auszusprechen und Beratung zu finden. Bekanntermaßen ist sich Unterstützung zu holen schwer. Viele Menschen scheuen sich, haben Angst oder schämen sich. Mit ihrem Smartphone trauen sie sich eher, Beratung in Anspruch zu nehmen.

2.1.1 Digitale Beratungsformate haben eine hohe Akzeptanz

Online-Beratung ist längst »normal« und vom Stigma des peinlichen Scheiterns befreit und gehört zu unseren Lebenswelten. Die Kontaktaufnahme über das Internet ist einfacher »als mal eben vorbeizukommen«, und so lässt sich, wie beschrieben, die Reichweite des Beratungsangebots vergrößern. Die sichere Distanz führt zu einer anderen Form von Nähe; Öffnungszeiten, Zeitaufwand und Kosten spielen keine Rolle. Jugendberatungsstellen verzeichnen seit einigen Jahren eine hohe Zahl an Selbstmelderinnen und -meldern. Hier ist der Online-Beratung etwas gelungen, das vorher nicht möglich war. *Schattenriss*, eine Beratungsstelle für Mädchen, die sexualisierte Gewalt erlebt haben, führte in den ersten zwei Jahren nach ihrer Eröffnung der Online-Beratung rund 850 Beratungen online durch. »Ein Drittel aller Mädchen haben sich uns in der Online-Beratung überhaupt zum ersten Mal anvertraut und melden sich hierüber erstmals auch ohne Bezugsperson. Fällt diese Möglichkeit jetzt weg, fallen diese Mädchen zurück ins Dunkelfeld. Das jüngste Mädchen, das sich meldete, war 11 Jahre.« Mit der Online-Beratung werden die Mädchen viel früher erreicht als in der Face-to-Face-Beratung. https://schattenriss-onlineberatung.de/

Für Kinder und Jugendliche ist die Online-Hilfe gleich viel wert wie ein persönliches Gespräch! Sie machen keinen Unterschied zwischen der virtuellen und realen Welt. »Die Beratung über das Internet ist eine eigenständige Beratungsform, die einen Personenkreis erreicht, der entweder aktuell oder grundsätzlich nicht bereit ist, eine Beratungsstelle aufzusuchen. Sie ist keine Konkurrenz zur ambulanten Beratung, eher eine Ergänzung der bestehenden Beratungsinfrastruktur durch spezielle Internetangebote. Beratung über das Internet kann helfen, Schwellenängste gegenüber der Inanspruchnahme ambulanter Hilfen abzubauen. Sie kann damit ein erster hilfreicher Schritt sein, auch persönliche Beratung in Anspruch zu nehmen«, so steht es schon vor 15 Jahren im Jahresbericht der Psychologischen Beratungsstellen für Familie und Jugend in Esslingen und Nürtingen. https://www.landkreis-esslingen.de/site/LRA-Esslingen-ROOT/get/74129/online-beratung-2005.pdf

Im Jahresbericht 2018 der *Dargebotenen Hand* der Schweiz heißt es: »Die Onlineberatung wird von einem deutlich jüngeren Publikum genutzt. Nur rund 10 Prozent der Nutzerinnen und Nutzer waren über 40. Und bei den Themen war augenfällig, dass das Thema Suizidalität mit rund 7 Prozent aller Kontakte bei der Onlineberatung deutlich wichtiger war als am Telefon. Das entspricht der langjährigen Beobachtung, dass eher stigmatisierte Themen in der noch anonymeren Onlineberatung häufiger vorkommen.« https://www.143.ch/Dokumente/Jahresberichte/Jahresbericht-2018

Die Online-Beratung der *Deutschen Aidshilfe* bestätigt, was auch andere Online-Beratungsstellen berichten: »Die Tatsache, dass man ganz und gar anonym bleiben kann, weder Realname, Gesicht oder Stimme preisgeben muss und seine Fragen zu jeder Tages- und Nachtzeit via Internet stellen kann, lässt Menschen häufig Dinge aussprechen, die sie sich in klassischen Beratungsgesprächen nicht trauen würden.« https://magazin.hiv/2015/05/13/anonymitaet-als-chance/

Das *Berliner Behandlungszentrum für Folteropfer* (überleben.org) weiß, dass die visuelle Anonymität des Internets und der fehlende Gesichtskontakt zur Therapeutin oder zum Therapeuten traumatisierten Menschen hilft, sich zu öffnen.

https://dissoziation-und-trauma.de/neues-aus-psychiatrie-und-medien/453-traumatherapie-per-e-mail

Als 2008 die *Online-Beratung gegen Rechtsextremismus* gestartet ist, lag die Vermutung nahe, dass gerade bei diesem Thema die Möglichkeit einer anonymen und zeitlich unabhängigen Beratung es Menschen erleichtern würde, sich jemanden anzuvertrauen. Und die Vermutung hat sich bestätigt! 1445 Beratungsanfragen (Stand 31. Oktober 2018) wurden beantwortet. https://www.online-beratung-gegen-rechtsextremismus.de/fileadmin/user_upload/Gegen_Vergessen/Dokumente/Broschueren/OBgR_online_gut_beraten-2018.pdf

2.1.2 Online-Beratung als eigenständige Beratungsform

Online-Beratung kann an eine Face-to-Face-Beratung oder Psychotherapie heranführen und sie wirkt auch als eigenständige Beratungsform. Dies zeigt sich in vielen Studien und im Versorgungsalltag. In Großbritannien, den Niederlanden und Schweden sind Internetbehandlungen fester Bestandteil der Gesundheitsversorgung. In Deutschland finanzieren immer mehr Krankenkassen Online-Therapien gegen Ängste, Depression und Suchtprobleme. Die virtuellen Hilfen sollen unter anderem helfen, Wartezeiten zu überbrücken. Die Onlinekurse wurden gemeinsam mit Universitäten oder Forschungsinstituten entwickelt und auf ihre Wirksamkeit geprüft. So zum Beispiel der *DepressionsCoach* der Techniker Krankenkasse, der die klassische psychologische Therapie mit den Vorteilen neuer Medien verbindet. Auch die Nachsorge übers Internet gehört für viele Kliniken mit zum Behandlungskonzept. Die Bundespsychotherapeutenkammer sieht »die Zukunft vor allem in einer Integration des Internets in die Psychotherapie«.

https://www.bptk.de/wp-content/uploads/2019/01/20170629_bptk_standpunkt_internet.pdf

2.1.3 Überblick über die Beratungsformate

Als Online-Beratungsformate bieten sich an:

- die textbasierte Online-Beratung asynchron per Mail und
- synchron als Chat
- die synchrone Video-Beratung,
- die asynchrone Voicemail,
- Apps.

Jedes virtuelle Format fordert andere Schwerpunkte in Sprache und Verhalten. Alle Formate sind bedeutend für die Beratung und Therapie. Sie dienen Ratsuchenden dazu, sich mitzuteilen und Unterstützung, Hilfe oder Lösungen für ihre Probleme zu finden. Die Formate unterscheiden sich neben der Synchronität und Asynchronität auch in den verfügbaren Sinneskanälen. So können wir visuell, auditiv, kinästhetisch, olfaktorisch, gustatorisch wahrnehmen. Bekanntermaßen ist die Sinneskanalwahrnehmung unterschiedlich ausgeprägt. Die meisten Menschen haben einen Lieblingswahrnehmungskanal. So machen sich Menschen, die visuell geprägt sind, »ein Bild von etwas«, »geben einen Einblick« oder »haben den Durchblick verloren«. Menschen, die auditiv geprägt sind, »finden, dass der Ton die Musik macht«, »es sich gut anhört« und »sie wollen nicht auf taube Ohren stoßen«. Die Kinästhetikerinnen und Kinästhetiker bewegt etwas, es geht ihnen schlecht, sie begreifen rasch und wollen den Durchbruch schaffen. Menschen, die olfaktorisch geprägt sind, haben eine Nase für etwas oder riechen den Braten. Gustatorisch Orientierte schmecken. In der nachstehenden Auflistung sehen Sie die Wahrnehmungskanäle in den jeweiligen Beratungsformaten:

	Beratungsformat	Übertragung	Zeitgleiche Anwesenheit notwendig?	Abfolge der Beiträge	übertragen wird:	angesprochener Sinneskanal
1	Face-to-Face	synchron	ja	gleichzeitig	Bild, Ton, Geruch, Fühlen	visuell, auditiv, kinästhetisch, olfaktorisch
2	Video-Beratung (Video-Chat)	synchron	ja	gleichzeitig	Bild und Ton	visuell, auditiv
3	Telefongespräch	synchron	ja	gleichzeitig	Ton	auditiv
4	Sprachnachrichten	asynchron	nein	nacheinander/ sequentiell	Ton	auditiv
5	(Messenger)Chat	synchron	ja, bei einem vereinbarten Termin	nacheinander *sequentiell	Schrift	visuell aufzunehmende Schrift
6	(Messenger)Chat	asynchron	nein, wenn es keinen vereinbarten Termin gibt	nacheinander *sequentiell	Schrift	visuell aufzunehmende Schrift
7	Mail	asynchron	nein	nacheinander/ sequentiell	Schrift	visuell aufzunehmende Schrift

* Damit ist gemeint, dass die Reihenfolge der Beiträge nicht hintereinander erfolgen muss, sondern auch »durcheinandergeredet« werden kann oder aufgrund von technischen Problemen die Beiträge nicht direkt nacheinander gezeigt werden.

Egal welches Format Sie wählen: Die Sprache ist das wichtigste Medium. Sie hilft, die meist diffus erlebten Probleme kognitiv und emotional differenzierter und strukturierter wahrzunehmen und mitzuteilen. Im Folgenden stellen wir Ihnen die verschiedenen Online-Beratungsformate vor und beginnen mit dem Mailen.

2.2 Beratung per Mail

Schreiben statt sprechen – Lesen statt hören

Mailen ist ein asynchrones Beratungsformat, das unserer Zeitautonomie entgegenkommt. So wie wir heute zwischen linearem Fernsehen, der zeitversetzten Nutzung von TV-Sendungen und dem Streamen auswählen, wollen wir auch bestimmen, wann wir schreiben und wie viel Zeit wir uns dafür nehmen. Mailen bietet ein Setting, welches nicht auf 45 oder 60 Minuten begrenzt ist: Ratsuchende (und Beratende) können, ohne auf eine zeitliche Begrenzung zu achten, so lange an ihrem Text (ihrer Mail) formulieren, wie sie dafür brauchen. Und sie sind beim Verfassen alleine. Menschen äußern sich oft freier über ihre Gefühle, wenn sie alleine sind. Sie können erst einmal überlegen, sortieren, reflektieren, Druck loswerden und aufschreiben, ohne dass sie durch die Reaktion des Gegenübers beeinflusst werden. Sie können selbstbestimmt und kontrolliert ihre Emotionen dosieren und fühlen sich stärker geschützt. *»Hallo! Hier über ein Mail Hilfe zu suchen, ist für mich ein großer Schritt. Um meine Geschichte nicht allzu in die Länge zu ziehen, versuche ich mich kurz zu fassen.«*

Mailen ermöglicht, das Selbstgeschriebene und auch die Antworten immer wieder nachzulesen und so vielleicht neue Aspekte zu entdecken. Es findet eine zeitliche Dehnung statt, der Abstand zwischen den Mails trägt zur Entschleunigung bei. Dies schafft Raum nachzudenken, den eigenen Gefühlen nachzugehen und gleichzeitig eine Distanz zu haben, die dieses Nachdenken stressfrei ermöglicht. Schreiben als Form der Selbstreflexion kann zu unbewussten Entdeckungen führen. (Knatz & Dodier, 2003)

2.2.1 Schreiben zu jeder Tages- und Nachtzeit

Mailen ist zu jeder Tages- und Nachtzeit möglich. *»Hallo! Es ist drei Uhr nachts. Das ist die Zeit, in der mein Wunsch, meinem Leben ein Ende zu setzen, am stärksten ist! So wie heute ist es fast immer in den letzten Wochen! Ich schwanke, ob ich es tun soll oder doch versuchen soll, da wieder raus zu kommen! Doch um drei Uhr nachts ist das nicht so einfach, da sieht alles nur schrecklich aus! Anja«* (Knatz, 2013)

Neben der TelefonSeelsorge gibt es keine andere Beratungsstelle, die man nachts erreichen kann. So kann das Mailen in der Nacht eine Möglichkeit sein, seinen Ängsten Worte zu geben und sie somit vielleicht weniger bedrohlich, handhabbarer zu machen. Mit dem Angebot »Schreiben statt Schweigen«, einer Mail-Begleitung für trauernde und sterbende Jugendliche, bieten ehrenamtlich ausgebildete junge Frauen und Männer des Ambulanten (Kinder-) Hospizdienstes Oldenburg ihre Begleitung an. Gerade wenn Kinder oder Jugendliche eine finale Diagnose bekommen, ist das Umfeld besonders hilflos. Aus Unsicherheit oder Hilflosigkeit reagieren Eltern oder Verwandte häufig mit Schweigen. Für die betroffenen Mädchen und Jungen entsteht das Gefühl, dass keiner da ist, der zuhört. Und da ist es gut, dass sie jederzeit eine Mail an die jungen, in der Online-Beratung geschulten Beraterinnen und Berater von *da-sein.de* schreiben können. Wann und wo die Ehrenamtlichen die Mails beantworten, ist ihnen überlassen. Dauer und Intensität des Kontaktes unterscheiden sich von Fall zu Fall. Mit ihrem Angebot erreichen sie gerade auch Ratsuchende in ländlichen Regionen. Durch die Mails kann man selbst entscheiden, wann man schreibt und kann sich mehr Zeit lassen, die richtigen Worte für die eigenen Gedanken zu finden. Nutzer*in auf da.sein.de.

2.2.2 Schreiben als Ressource – Das Schreiben ist hilfreich

1. Schreiben hilft beim Reflektieren und Verarbeiten von emotionalen Krisen, Schwierigkeiten und Ängsten. Wenn wir schreiben, setzen wir uns mit uns selber auseinander, wir gewinnen Klarheit über unsere Denk- und Verhaltensmuster und können unsere Gedanken und Gefühle ordnen. Es ist ein Lösungsansatz, der an

jedem Ort anwendbar ist und von jedem als Selbstanalyse- und Selbstcoachinginstrument genutzt werden kann. *»Das war ein langer Brief. Danke, dass ich mit Ihnen reden konnte. Es tut so gut.«*

2. Das Schreiben verschafft Raum und entschleunigt: *»Ich kann mir mal alles von der Seele schreiben, bin den ersten Druck los, habe wieder Luft zum Atmen, kann meine Situation noch einmal in Ruhe überdenken. Ich kann emotionaler reagieren, enthemmter schreiben und mich auch intensiver beschweren.«*
3. Schreiben ist eine bewusste Ausdruckshandlung, bei der wir nicht nur handeln, sondern gleichzeitig unser Ergebnis anschauen können. Emotionen und Erinnerungen aufzuschreiben heißt, sich zu konzentrieren und intensiv nachzudenken und ist ein selbstreflexiver Prozess. Die Tatsache, Gedanken und Probleme aufgeschrieben zu haben, ist von großem Nutzen: *»Seit ich schreibe, geht's mir viel besser, denn ich muss mein Problem und meine Sorgen relativ genau beschreiben. Dabei denke ich noch mal über alles nach und mir wird vieles viel klarer …«*
4. Menschen beschäftigen sich intensiver mit ihren Ängsten und Gefühlen, wenn sie diese verschriftlichen. Der Schreibprozess hilft, Geschehnisse nach außen zu bringen und schafft somit eine emotionale Distanz zum Erlebten. Diese Distanz schafft eine andere Perspektive und das trägt mit zur Problemfindungslösung bei. Wenn wir unsere Emotionen aufschreiben, finden wir Wörter für Situationen, in denen wir sonst vielleicht sprachlos sind und können Gefühle und Gedanken ausdrücken. *»Seit jeher schreibe ich und habe dabei auch den Anspruch, mich selbst zu reflektieren und mir selbst weiterzuhelfen. Meist gelingt es, dass ich durch das Schreiben Zusammenhänge erkenne, die ich sonst nicht sehe oder mir mein Verhalten und mich selbst besser erklären kann.«*
5. Wer schreibt, liest sich selbst und schaut sich beim Denken zu. Es ist falsch, dass sich beim Schreiben nur das Sprachliche abbildet. Das Schreiben holt auch etwas Bildhaftes und Vorbewusstes hervor. Durch das Schreiben werden Gefühle bewusst. Was vorher im Kopf herumschwirrte, steht nun aufgeschrieben und nachlesbar da.
6. Schreiben hat eine befreiende Wirkung und ist ein Ventil für aufgestaute Gefühle und hilft, sie zu bewältigen; es ist eine Form der

Entlastung. Durch Schreiben können quälende Gedanken besser losgelassen und Abstand gewonnen werden; schwierige Zeiten und Krisen können besser gemeistert werden. *»Hallo, es ist 6 Uhr morgens und ich bin schon seit Stunden wach. Ich wache häufig nachts auf und schaffe es nicht mehr einzuschlafen. Es beginnt immer harmlos. Ich mache mir irgendwelche Gedanken, steigere mich dann aber wahrscheinlich sehr rein, bekomme dann Panik, sehe mein ganzes Elend und habe dann heftige Weinanfälle … Ich habe mich nun wieder ein bisschen durch das Schreiben beruhigt.«*

7. Schreiben schafft Distanz und Problemstrukturierung: Durch die Notwendigkeit, das eigene Erleben darzustellen, begeben wir uns in eine Erzähl- oder Berichtsposition, die in sich schon eine Distanz schafft. Wir schreiben aus der Perspektive einer anderen Innenperson, wir sind sozusagen Erzählerin oder Berichterstatter. Und damit können wir uns von dem Vorgefallenen emotional distanzieren. Die Erzählerin oder der Berichterstatter wählt aus, was wichtig und aufschreibenswert ist und was auch nicht. Sie entscheiden, welchen Gedanken- oder Auslegungssträngen sie nachgehen und welche sie vernachlässigen. Beim Schreiben findet so eine Distanzierung und Problemstrukturierung statt.
8. Schreiben schafft Zugang zum »drinnen« und zum »draußen«: Der Schreibprozess hilft, Geschehnisse und Umstände nach außen zu bringen und schafft so eine Distanz zum eigenen Erlebten. Diese Distanz ermöglicht das Finden einer Lösung, da ein neuer erweiterter Blickwinkel entsteht. Der Schreibprozess kann aber auch helfen, Geschehnisse und Umstände nicht nur aus dem »Drinnen« der Gefühle, sondern auch aus dem »Draußen« der Distanz, Sachlichkeit und Komplexität zu betrachten.
9. Manche Ratsuchenden nutzen das Mailen auch als ein Tagebuch, das antwortet. Oft findet schon beim Schreiben ein Prozess der Verarbeitung statt. Die Schreibenden haben dabei Zeit, ihre Gedanken zu ordnen, sie zu notieren und dann wieder zu verwerfen.

Schreiben ist immer auch Probehandeln, wir können eine Handlung gedanklich durchspielen und uns dabei Handlungsalternativen überlegen, um zu einer Entscheidung zu gelangen. Schreiben fördert das

Selbstbewusstsein, wir sind stolz auf unsere Texte, auf das, was wir produziert haben, auch beim Chatten. (Knatz & Dodier, 2003)

2.3 Chat-Beratung

Fasse dich kurz!

Chatten (aus dem Englischen abgeleitet von »plaudern, sich unterhalten«) gehört zu den populärsten Formen der Online-Kommunikation. Chatten ist eine Art schriftliches Gespräch: eine hybride Form von gesprochener und geschriebener Sprache, medial schriftlich und konzeptionell eher mündlich, sozusagen eine Kommunikation zwischen Schriftlichkeit und Mündlichkeit. Petzold (2006) spricht von einer Oraliteralität. Beim Chatten konzentriert man sich auf das Wesentliche, denn Schreiben dauert länger als Sprechen.

Die Kontaktaufnahme ist von jedem Ort, unabhängig wie laut oder leise, öffentlich oder privat, möglich. Wohlfahrtsverbände wie die AWO, die pro familia, Caritas und Diakonie, die TelefonSeelsorge und viele andere (Fach-)Beratungsstellen bieten mittlerweile selbstverständlich auch Chat-Beratung an. Auf der Webseite der Landeskoordinierungsstelle Glücksspielsucht NRW lesen Sie: »Mit unserem Chat können Sie direkt in ein ›schriftliches Gespräch‹ mit unseren Beraterinnen oder unserem Berater kommen. Dieser Austausch ähnelt einem Gespräch unter vier Augen. Sie haben hier die Wahl zwischen einem Sofort-Chat und einem Chat zu einem vereinbarten späteren Termin: Ein Sofort-Chat ist immer möglich, wenn gerade ein geöffneter Chat-Raum zur Verfügung steht. Einen Termin für einen Chat vereinbaren Sie, indem Sie einen der zur Verfügung stehenden Chat-Termine buchen. Zum gebuchten Zeitraum ist nach der Anmeldung ein Chat-Raum für Sie geöffnet. Mit einem Gastzugang (also ohne Anmeldung) können Sie nur offene Sofort-Chats nutzen, keine Chats für einen späteren Zeitpunkt buchen.« https://www.gluecksspielsucht-nrw.de/onlineberatung/index.html

Chatten bietet sowohl eine äußere als auch innere Niederschwelligkeit. Für manche Menschen ist es der einzige Kontakt zur Außenwelt: *»Mit 14 Jahren habe ich mit dem Chatten angefangen. Damals* *war das quasi mein einziger Kontakt zur Außenwelt, da ich eine ziemlich starke soziale Phobie hatte. Der Chat diente mir zum Wiedereinstieg, gab mir auf Dauer Selbstbewusstsein und verhinderte, dass ich komplett vereinsamte.«*

Beim Chatten entsteht eine paradoxe Situation: Nähe durch Distanz! Der Kontakt kann jederzeit abgebrochen werden. Ratsuchende können besser als in der Face-to-Face-Beratung kontrollieren, was sie nach draußen geben. Diese Distanz bewirkt, dass sich Menschen leichter trauen, Kontakt zur Beratungsstelle aufzunehmen: *»Ich habe mir einen Chattermin geholt, weil ich nicht sprechen kann, naja, klar kann ich sprechen, aber irgendetwas ist in mir drin, das hindert mich. Tief in mir sitzt was und das verhindert, dass ich sprechen kann. Die Wörter bleiben mir im Hals stecken.«*

Im Chat kommen die Menschen sehr schnell zum Kern einer Sache. Vermutlich, weil man keine Stimme und kein Bild hat und anonym ist. Die Anonymität des Chats hat weitere Vorteile: Es melden sich mehr Menschen in Akutsituationen als über Telefon, wo man auf eine Stimme trifft und die Scham, über heikle Themen zu sprechen, größer ist. Im Chat melden sich zum Beispiel Menschen, die sich von Familienmitgliedern bedroht fühlen: »Bei mir haben sich schon Mitglieder der Zeugen Jehovas oder Frauen gemeldet, die von ihren Vätern oder Stiefvätern geschlagen oder missbraucht werden. Für sie ist der Chat sehr wertvoll, weil sie nicht nachverfolgt werden können.« https://www.swisscom.ch/de/magazin/digitalisierung-im-alltag/im-chat-mit-hilfesuchenden/

Für Chatberaterinnen und -berater ist dies Herausforderung. »Ich finde chatten zunehmend schwieriger, weil junge Leute manchmal recht krass einsteigen und nur wenige Informationen preisgeben«, formuliert es eine Chatberaterin. Beim Chatten kann innerhalb derselben Zeitspanne etwa nur etwa ein Viertel der Information eines mündlichen Gesprächs gesendet werden. Dadurch entsteht eine Verlangsamung. Was in der verbalen Kommunikation über die Stimme rüberkommt, muss beim Chatten geschrieben zum Ausdruck kommen. (Knatz & Schumacher, 2019) Neben der Herausforderung durch »krasse« Einstiege bietet der Chat auch für Beratende eine Verlangsamung: »Die Leute hören mich nicht. Wenn ich mit einem schwierigen Thema konfrontiert werde, kann ich schreiben: ›Erzählen Sie mir mir davon‹, dann kann ich durchatmen und mich fangen.« https://www.swisscom.ch/de/magazin/digitalisierung-im-alltag/im-chat-mit-hilfesuchenden/

Anders als beim Mailen ist das Chatten synchron und es gibt Unterschiede zwischen den beiden Beratungsformen.

- Beim Chatten entsteht eine Diskrepanz zwischen dem »vertrauenswürdigen« Text und dem Zweifel an der Authentizität der Chatterin oder des Chatters, bedingt durch die Anonymität, Pseudonymität und den eher saloppen Schreibstil beim Chatten.
- Im Chat entsteht eine größere Diskrepanz zwischen der Professionalität der Beratenden und der Lockerheit der Ratsuchenden.
- Beim Chatten spielen Rechtschreibung, Zeichensetzung und Grammatik eine untergeordnete Rolle. Im Sinne der Ökonomisierung (im Vergleich zum Mailen gibt es wenig Zeit für das Verfassen der Texte) wird häufig durchgängig kleingeschrieben. Und man verzichtet auf Interpunktionen.
- Ein Chat bricht häufiger ab. Auf der Webseite der *Dargebotenen Hand* (die Schweizer TelefonSeelsorge) steht: »Beachten Sie bitte: Der Chat-Kontakt setzt stabile Verbindungen voraus. Dies ist bei Wireless oder Smartphone nicht immer gegeben. Verbindungsabbrüche können wir nicht beeinflussen, wenn sie auf Nutzerseite liegen. Wenn also die Verbindung gekappt oder der Chatraum plötzlich geschlossen wird, versuchen Sie es bitte nach einer kurzen Pause erneut.« https://www.143.ch/Beratung/Chat-Kontakt
- Durch die synchrone Form des Chattens entsteht der Eindruck des fließenden Schreibens. Was aber im Chatdialog zu lesen ist, ist ein Ausschnitt der Gedanken, die sowohl Ratsuchenden als auch Beratenden durch den Kopf gehen. Anders als beim Mailen wird das Geschriebene immer wieder durch das Gegenüber unterbrochen. Es gibt keinen Textfluss wie beim Mailen.
- Chats sind für einen spontanen und sofortigen Kontakt über das Smartphone möglich.
- Chats sind in der Regel (außer das Konzept der Beratungsstelle

oder Einrichtung bietet Folgechats an) nicht auf einen längeren Zeitraum ausgelegt. Sie sind schnelllebiger.

- Chats sind durch die Synchronität einem Gespräch ähnlicher. Man hat schnell »mal eben was gesagt«.
- Chatten ermöglicht sofortiges Nachfragen.
- Beim Chatten besteht ein gewisser Zeitdruck, in der vorgegebenen Zeit etwas zu schreiben. Die Wartezeiten zwischen Schreiben, Absenden und Lesen sind für manche Menschen schwer auszuhalten.
- Chatten ist, anders als das Mailen, für eine akute Intervention durchaus geeignet. Es ist zeitnah und ein spontaner Dialog kann stattfinden.
- Chatten bietet sowohl ein One-to-one-Format als auch einen Gruppenkontakt, der ein Gespräch auch mit mehreren Beteiligten zulässt.

Wie beschrieben, begeben sich die Ratsuchenden im Chat in eine Erzähl- oder Berichtsposition, die eine Distanz zum Erlebten schafft. Sie wählen aus, was wichtig und aufschreibenswert ist und was weggelassen wird. Sie entscheiden, welchen Gedanken oder Auslegungssträngen sie nachgehen und welche sie vernachlässigen, um ein Problem zu beschreiben. Ähnliches gilt für Sprachnachrichten. Auch hier entscheiden wir, was wir aufsprechen und was wir weglassen.

2.4 Beratung über Sprachnachrichten

Ich muss dir kurz was erzählen

Sprachnachricht: 4:38 Minuten

Sprachnachrichten sind längst in unseren Kommunikationsalltag angekommen! Es ist ein vertrautes Bild geworden, überall auf den Straßen, in Bussen und Bahnen überwiegend Jugendliche und junge Frauen und Männer zu sehen, die mit dem Smartphone vor dem Mund Nachrichten aufsprechen, während sie unterwegs sind. Um eine Sprachnachricht aufzunehmen, muss der Mikrofon-Button im gewünschten Messenger-Dienst (Chat) gedrückt werden und sofort geht es los. Ähnlich wie ein Diktiergerät nimmt das Smartphone die Nachricht auf und sendet sie nach dem Loslassen des Buttons. Eine weitere Funktion ermöglicht auch freihändiges Sprechen. Manche Messenger-Dienste bieten die Möglichkeit, sich die Nachricht auch noch einmal anzuhören, bevor man sie abschickt.

Nach einer Studie des Bundesverbands Digitale Wirtschaft (BVDW) e. V. schicken mehr als 60 Prozent der Messenger-Nutzerinnen und -Nutzer Sprachnachrichten. 73 Prozent sind es sogar bei den 14- bis 29-Jährigen. Voicemail ist eines der großen Zukunftsthemen in der Beratung, denn immer mehr Menschen verwenden sie in ihrer täglichen Mediennutzung. https://www.horizont.net/tech/nachrichten/yougov-studie-deshalb-sind-sprachnachrichten-fluch-und-segen-zugleich-172058

Nun kann man sich fragen, was denn der Unterschied zum guten alten Anrufbeantworter ist. Weshalb brauchen wir Voicemail-Nachrichten? Schon alleine das Aufsprechen sieht so aus, als wollte man in ein Butterbrot beißen ;-) Und für die Menschen, die sich die Nachricht anhören müssen, ist es eine Zumutung. Das Abhören dauert gefühlt eine Stunde, da Menschen länger reden als schreiben. Der Unterschied zum Anrufbeantworter ist, dass ich mich bewusst entscheide, meine Nachricht als Monolog aufzusprechen. Auf den Anrufbeantworter spricht man, wenn man die gewünschte Gesprächspartnerin nicht direkt erreicht. Telefonate funktionieren in Echtzeit. Gesprochene Worte können korrigiert, aber nicht gelöscht werden. Sprachnachrichten sind dagegen beabsichtigt und kein Ersatz für das Telefonieren. Sie sind als eigenständiges Format in der Beratung und Therapie zu nutzen, da sie dieselben Vorteile wie die Mail- und Chat-Beratung haben. Sprachnachrichten:

- bieten Menschen, deren Themen schambesetzt sind und die nicht in einen Dialog mit einem Gegenüber gehen können oder wollen, die Möglichkeit, ihre Not zu erzählen;
- helfen Menschen, die nicht in der Lage sind, ihr Problem schriftlich darzulegen, wenn sie physisch oder psychisch nicht in der Lage sind zu schreiben;

- geben Menschen nach einem Unfall, wenn der Gebrauch von Arm und Hand vorübergehend oder dauernd eingeschränkt ist, die Möglichkeit zu kommunizieren;
- sind für Menschen hilfreich, für die das Schreiben zu mühsam und anstrengend ist (Krankheit, Erschöpfung, etc.);
- unterstützen Menschen, die mit der deutschen Sprache im Schriftlichen nicht oder noch nicht vertraut sind, ihr Problem inhaltlich verständlich zu artikulieren, z. B. auch Menschen mit primärem und sekundärem Analphabetismus;
- bieten sich für Menschen an, die es als Selbstverständlichkeit erachten, dass man über Sprachnachrichten kommuniziert.

Einige Beraterinnen und Berater empfinden das Abhören einer Sprachnachricht als lästig. Es wird oft von einer Diskrepanz zwischen der Länge der Sprachnachricht und dem übermittelten Inhalt berichtet. In einem Telefonat würde man den anderen unterbrechen. Für das Abhören einer Sprachnachricht brauchen wir den gleichen Zeitaufwand, der auch für das Verfassen benötigt wurde. Dies ist auch bei einem Telefongespräch der Fall, jedoch bestimmen beide, Ratsuchende und Beratende, die Länge des Gespräches. Bei der Sprachnachricht wird sie von der Absenderin oder dem Absender bestimmt. Es geschieht schon häufiger, dass man etwas akustisch nicht versteht. Sei es, weil undeutlich oder zu schnell gesprochen wird, dass Hintergrundgeräusche stören oder dass man sich »verhört«. Sprachnachrichten lassen sich für die Beratenden über vorhandene Desktop-Anwendung der gebräuchlichen Messenger benutzen. Sie lesen, schreiben, hören und sprechen ihre Sprachnachrichten an ihrem Computer im Büro. Dabei sind sie mit ihrem Smartphone synchronisiert. Tipp: Es gibt auch Programme, die Sprachnachrichten transkribieren. Das geht, auch ohne die Nachricht dabei laut abhören zu müssen. Diese kleinen Programme sind schon sehr gut, wenn auch natürlich alle Satzzeichen fehlen und das Lesen dadurch etwas mühevoll wird.

Sprachnachrichten sind weniger aufwändig als Schreiben, was vor allem bei längeren Mitteilungen von Vorteil sein kann, der Redefluss wird nicht gestört. Sie sind losgelöst von Zeit und Raum und von überall aus durch das Smartphone als technische Basis zu nutzen. Sie sind das bevorzugte Medium der Jugendlichen. Wenn Sie also für diese Altersgruppe Beratung anbieten wollen, dann ist dieses Format sehr aktuell und Sie werden jüngere Menschen darüber erreichen. Die Möglichkeiten und Bedingungen sind nahezu gleich wie in der Mail-Beratung, allerdings ohne die Limitierung des Schriftlichen. Sie sind ungehemmter und offener in dieser Kommunikationsform, weil keine Beschränkungen wirksam sind. Wann ich will, was ich will, so lange ich will, und das ungestört.

- Menschen drücken sich anders und unmittelbarer aus, wenn sie sprechen. Dies ist für die Schilderung und das Aussprechen von Gefühlen für viele Menschen einfacher als das Schreiben.
- Sprachnachrichten eignen sich durchaus zur Krisenintervention, wenn klar benannt ist, innerhalb welcher Zeit eine Antwort versandt wird.
- Sprachnachrichten ermöglichen es, Gefühle und Befindlichkeit einem anderen unmittelbar und sofort mitzuteilen. Gefühle können so auch von sich weg gleichsam zu einem anderen hingeschoben werden.
- Sprachnachrichten können über Messenger-Dienste auch anonym versendet werden, z.B. Threema, Hoccer, Wire, Skype benötigen nicht zwingend einen Zugriff auf ihre Kontakte. Insofern eignen sie sich auch für eine anonyme Beratung.
- Sprachnachrichten sind sicher und in den gängigen Messenger-Diensten mit Ende-zu-Ende-Verschlüsselung übertragen.
- Sprachnachrichten bieten mehr Kontrolle in der Kommunikation.

Beratungsstellen, die mit traumatisierten Mädchen und Jungen arbeiten, berichten, dass gerade für sie dies ein Weg ist, sich Hilfe zu suchen. In einer Supervision einer Erziehungsberatungsstelle berichtete die Beraterin, dass sie letztens eine Mutter beraten hatte. Diese machte sich Sorgen um ihren ältesten Sohn (elf Jahre alt). Er hatte sich in sein Zimmer verkrochen und sprach nur noch das Allernötigste, wollte nicht mehr mit der Familie essen und hatte sich abgekapselt. Alle Versuche, mit ihm zu reden, scheiterten. Nach einigen Tagen schrieb die Mutter der Beraterin: *»Gott sei Dank hat sich mein Sohn letzte Nacht per Sprachnachricht gemeldet und alles ausgesprochen, was ihn an uns allen stört. Heute kam er auch wieder aus dem Zimmer und hat auch ganz gut mit mir geredet und auch gegessen.«*

Die Kommunikation ist wie beim Mailen asynchron; ich habe Zeit nachzudenken, kann meine Textnachricht zu jeder Tages- und Nachtzeit aufsprechen. Ich bin sicher, dass mich niemand unterbricht, meinen Gedankengang durcheinanderbringt oder ich Fragen beantworten muss.

Ich kann komplexere Themen einfacher erklären, ohne zwischendurch etwas gefragt zu werden. Ich kann die Sprachnachricht so lange neu aufnehmen, bis es passt. Ich weiß, dass, anders als wenn ich anrufe und der Anrufbeantworter sich einschaltet, die Empfängerin oder der Empfänger meiner Nachricht nicht sofort »drangeht«. Es besteht keine Gefahr, dass ich in den direkten Kontakt komme.

Eine Sprachnachricht aufzusprechen ist weniger zeitintensiv, als zu tippen. Sprechen geht schneller als Schreiben. Je mehr man berichten möchte, desto leichter ist es, einfach drauflos zu sprechen. Sprachnachrichten führen zu weniger Missverständnissen und sie sind zeitlich unabhängiger als ein Telefonat. Bei Sprachnachrichten schwingt die Stimme mit und bietet dem Gegenüber mehr Informationen: Gefühle übertragen sich leichter als über Textnachrichten. Manche Menschen können so ihre Gefühle besser ausdrücken und finden die Kommunikation persönlicher.

Vielleicht kennen Sie das: Eine Freundin oder ein Freund hinterlässt Ihnen eine längere Sprachnachricht und endet mit den Worten: *»Es tat einfach gut, Dir das mal zu erzählen! Du brauchst nicht zurückzurufen.«* Hier zeigt sich Ähnliches wie beim Schreiben: Das Aufsprechen hat eine Entlastungsfunktion. Ich kann mir mein Problem von der Seele sprechen, verschaffe mir Raum. Beim Sprechen sortiert sich manches, ich habe wieder Luft zum Atmen und sehe Dinge anders als vorher. Die Entlastung passiert schnell und unmittelbar, da auch das Aufsprechen und Verschicken von Sprachnachrichten an keine Geschäftsöffnungszeiten gebunden ist. Sprachnachrichten lassen sich, wie Mails und Chats, immer wieder hören und haben einen Wiedererinnerungswert.

Auf der Seite der systemischen Online-Beratung (haltsam.com) ist zu lesen: »Die Sprachnachrichtenberatung kann für Menschen, die ungern schreiben oder telefonieren und sich ihre Themen, Sorgen und Gefühle lieber in Ruhe vom Herzen sprechen, eine gute Möglichkeit sein, sich mitzuteilen. Du bist flexibel und kannst immer, wenn Dich etwas beschäftigt, Dir etwas durch den Kopf geht oder Du dich einsam fühlst, eine Sprachnachricht aufnehmen. Das Aufnehmen einer Sprachnachricht ist meist schneller als das Verfassen einer Mail und es kann leichter sein, Dinge zu formulieren. Du kannst Emotionen mit in Deine Sprachnachricht legen und so im wahrsten Sinne des Worts Deine Gefühle herauslassen und vom Herzen reden. Du kannst spontan und intuitiv antworten oder Dir so lange mit Deiner Antwort Zeit nehmen, wie Du möchtest. Du kannst so ausführlich sprechen, wie Du magst, ohne dass Dich jemand unterbricht oder Reaktionen zeigt, die Dich verunsichern. Das kann gerade für eher introvertierte Menschen hilfreich sein, die in Gesprächen sonst still und zurückhaltend sind. Mit der Sprachnachrichtenberatung erhältst Du den Raum und die Zeit, die Du benötigst.

Dein Berater hört Deine Worte, Deine Geschichten und Gedanken gerne aufmerksam an und antwortet sorgfältig. Deine Nachricht wird dabei immer nur von einem Berater empfangen, gehört und beantwortet.«

https://haltsam.com/sprachnachrichtenberatung/

2.5 Video-Beratung: Hören Sie mich? Sehen Sie mich?

Spätestens seit der COVID-19-Pandemie gehört die Beratung per Video zum Alltag vieler Beratungsstellen. Sie hat sich als eine Form der Online-Beratung etabliert und einen exorbitanten Aufschwung erhalten. Für Beraterinnen und Therapeuten war die Video-Beratung, neben dem Telefongespräch, das naheliegendste Setting als Ersatz für Face-to-Face-Beratung und Therapiesitzung. Das ist nachvollziehbar, denn sowohl in der Video-Beratung als auch in Face-to-Face-Beratung kann ich mein Gegenüber sehen. Der Beratungskontakt von Angesicht zu Angesicht gibt Therapeutinnen oder Beratern und Ratsuchenden die Gelegenheit, sich ein Bild vom Gegenüber, von seinem Aussehen, seiner Mimik, seiner Gestik und Stimmungslage zu machen, und die Kommunikation läuft synchron. Allerdings ist die Sichtbarkeit auf den Porträtausschnitt begrenzt, beide Seiten sehen nur einen Ausschnitt, sozusagen das Porträt. Was fehlt, ist die körperliche Kopräsenz, da sich Beratenden und Ratsuchende nicht im selben Raum befinden.

Wie auch in der Face-to-Face-Beratung gibt es keine Anonymität. So gesehen stellt die Video-Beratung für manche Menschen eine Zugangsbarriere dar. Das kann der Fall sein, wenn es einer schwer kranken Person unangenehm oder peinlich ist, offen über gesundheitliche Probleme zu reden oder wenn Ratsuchende durch die Kontaktaufnahme zum Hilfesystem Eingriffe in die eigene Autonomie befürchten. In diesen oder ähnlichen Situationen werden sich die Betroffenen wahrscheinlich eher für eine anonyme Form der Kontaktaufnahme entscheiden.

Neben der verbalen Kommunikation können in der Video-Beratung Mittel der nonverbalen Kommunikation eingesetzt werden. Verbale und nonverbale Kommunikation können als sich gegenseitig verstärkende und ergänzende Aspekte zwischenmenschlicher Interaktion bezeichnet werden, die in ihrer komplementären Form in der Online-Beratung nur in der Video-Beratung zum Tragen kommen. Dieser Sachverhalt kommt Ratsuchenden zugute, die über geringere Sprach- und Ausdrucksmöglichkeiten verfügen.

Ganz banal ermöglich die Video-Beratung eine gemeinsame Einsicht und Erörterung von schriftlichen Unterlagen. So brauchen manche Ratsuchende Hilfestellungen beim Verfassen einer Patientenverfügung oder haben Fragen zu Behandlungsplänen. Bei diesen oder ähnlichen Problemen ist es hilfreich, wenn man die zugehörigen Dokumente gemeinsam einsehen kann. Manchen Ratsuchenden eröffnet es die Möglichkeit, ihre Probleme deutlicher zu machen.

Das wohl Schwierigste in der Video-Beratung sind die technischen Einschränkungen, wie eine unvertraute oder komplizierte

Technik, instabile Internetverbindungen und eine zu kleine Bildschirmgröße. Das heißt im Umkehrschluss, dass eine userfreundliche und datengeschützte Software ein »must-have« sein muss.

Neben den Formaten, die als Konzept ein direktes Gegenüber haben, unabhängig ob die Reaktion zeitversetzt, wie beim Mailen oder den Sprachnachrichten, oder synchron wie beim Chatten und der Video-Beratung ist, gibt es Apps.

2.6 Apps

Hilfe zur Selbsthilfe

Eine App (Abkürzung für »Application Software«) ist eine Anwendungssoftware, ein Computerprogramm, das verschiedene Funktionen erfüllen kann. Die Anwendungen erstrecken sich von Spielen über digitale Werkzeuge bis hin zu umfangreichen Ratgebern. Eine App war ursprünglich eine spezielle Programmart, die für Smartphones oder Tablets optimiert waren. Mittlerweile nennt man jede Art von Software »App«.

Gesundheits-Apps sind ein Millionengeschäft geworden, und in Zeiten der COVID-19-Pandemie erleben die Anwendungen eine noch größere Bedeutung, sie sind ein notwendiges Hilfsmittel zur Aufrechterhaltung des Alltags geworden. Apps unterstützen bei Migräne, Tinnitus, Stress oder in der Schwangerschaft, sie helfen bei Angst und Depressionen. Die Bundespsychotherapeutenkammer (BPtK) beschäftigt sich seit einigen Jahren mit der Frage des Einsatzes von Apps und internetgestützten Programmen in der Therapie. Der Präsident des Vorstandes der Bundespsychotherapeutenkammer, Dietrich Munz, betont, »dass nicht nur die Nutzerinnen und Patienten über die Qualität von Onlinemedien zur Beratung und Behandlung von psychischen Erkrankungen besser informiert werden müssten. Auch die Kolleginnen und Kollegen bräuchten Orientierung über den Einsatz der neuen Medien in der psychotherapeutischen Versorgung.«

https://www.lpk-bw.de/news/2016/qualitaet-internetbasierter-behandlungsangebote-sichern

Apps richten sich an bestimmte Zielgruppen: So können zum Beispiel Allergikerinnen und Allergiker sich eine Pollenflug-Vorhersage-App installieren und sind so auf dem Laufenden, welche Pollen gerade fliegen, und können sich dementsprechend schützen. Allergikerinnen und Allergiker gelten als chronisch erkrankte Menschen und gehören zu einer der drei großen Nutzergruppen von Gesundheits-Apps (Mobile Health genannt). Die beiden anderen Gruppen sind sportlich aktive und übergewichtige Menschen. »Sportlich Aktive bilden mit 50 Millionen Personen die größte der drei Nutzergruppen. Sie treiben im Durchschnitt mindestens einmal pro Woche Sport. Um die eigene Leistung zu messen, verwenden sie vor allem Fitness-Apps. Die 20 Millionen chronisch Kranken sind die zweite Hauptzielgruppe für M-Health-Anwendungen.« 40 Millionen übergewichtige Mädchen und Jungen, Frauen und Männer nutzen Apps im Bereich Ernährung, Fitness und Monitoring. Sie werden von den Krankenkassen aktiv dazu ermutigt. https://www.healthrelations.de/mobile-health-anwendungen/

Anders als in den vorher aufgezeigten Beratungsformaten braucht eine App keine Psychologin oder Berater als Gegenüber. Es gibt Apps und Programme, die informieren, die stabilisieren und die Selbstheilungskräfte aktivieren. Wissen ist eine Gesundheitsressource; verlässliche, wissenschaftlich fundierte und verständliche Gesundheitsinformationen sind eine wichtige Voraussetzung für ein gesundes Leben. »Studien zeigen, dass Patienten, die gut über ihre Diagnose informiert sind, die ihre Therapieoptionen kennen und Entscheidungen gemeinsam mit ihren Ärzten treffen, sich besser an die Therapie halten. Experten sprechen hier von der sogenannten Adhärenz (Therapietreue). Das Wissen um Wirkungszusammenhänge wirkt positiv auf die Gesundheit beziehungsweise den Krankheitsverlauf.« https://www.tk.de/resource/blob/2040318/a5b86c402575d49f9b26d10458d47a60/studienband-tk-studie-homo-digivitalis-2018-data.pdf

In der Versorgung von Menschen mit psychischen Erkrankungen sind inzwischen viele Behandlungsangebote als App verfügbar. Apps bieten beispielsweise Unterstützung bei Depression, Posttraumatischen Belastungsstörungen oder Angstzuständen. Aber auch bei

Suizidgedanken oder Cyber-Mobbing können Apps helfen. Viele der Apps (Online-Programme) sind mittlerweile erprobt. Sie werden sowohl als Selbsthilfe als auch mit therapeutischer Unterstützung genutzt. Viele der Apps haben die Funktionen eines Messenger-Dienstes integriert und sind somit darauf ausgelegt, mit der Beraterin oder dem Therapeuten zu kommunizieren. Studien zeigen, dass sie bei psychischen Erkrankungen ebenso wirkungsvoll sind wie eine ambulante Psychotherapie, wenn sie gut gemacht wird. Auch Krankenkassen bieten immer öfter Online-Programme an, wie den *DepressionsCoach* der Techniker Krankenkasse. Im Folgenden stellen wir Ihnen einige der Apps vor. Beginnen wir mit dem DepressionsCoach der Techniker Krankenkasse.

2.6.1 TK-DepressionsCoach

Der DepressionsCoach der Techniker Krankenkasse ist ein Programm, das Menschen mit bestehenden depressiven Belastungen helfen soll, besser mit diesen umzugehen. Er stellt vielfältige Informationen, insbesondere zur Psychoedukation, sowie Tools und Übungen online zur Verfügung und bietet gleichzeitig eine Betreuung durch Beraterinnen und Berater.

Der DepressionsCoach ist ein auf kognitiv-verhaltenstherapeutischen Interventionsmodulen basierendes, onlinegestütztes, strukturiertes Beratungsprogramm zur Förderung von Selbstmanagementkompetenzen bei Menschen mit leicht- bis mittelgradigen Depressionen.

Der TK-DepressionsCoach übersetzt gut etablierte und empirisch überprüfte therapeutische Strategien aus der Face-to-Face-Psychotherapie in den Online-Kontext und kombiniert diese mit den Vorteilen neuer Medien. Zusätzlich hat er zahlreiche weitere günstige Eigenschaften, die aus seiner Charakteristik als Online-Intervention hervorgehen. https://www.tk.de/techniker/gesundheit-und-medizin/behandlungen-und-medizin/psychische-erkrankungen/tk-depressionscoach-2016410

2.6.2 Moodgym App

Die Gesundheitskasse AOK bietet ein Online-Selbsthilfeprogramm (moodgym) zur Prävention und Linderung depressiver Symptome an. Das Online-Selbsthilfeprogramm bietet Hilfe zur Vorbeugung oder Verringerung von depressiven Symptomen. Es unterstützt dabei, aktiv erste Schritte zu gehen, um Depressionen zu überwinden. In fünf verschiedenen Bausteinen lernen Betroffene, negative Gedankenmuster zu erkennen und durch neue zu ersetzen. Eine Studie der Universität Leipzig belegt, dass die depressiven Symptome bei Patientinnen und Patienten, die zusätzlich zur Behandlung durch ihre Hausärztin oder ihren Hausarzt das Programm nutzten, signifikant stärker zurückgingen als in einer Kontrollgruppe. Die Stiftung Warentest hebt in ihrer Bewertung die Nutzerfreundlichkeit und den anonymen Zugang hervor. Niedrigschwelliger geht es nicht. Das Programm steht allen Interessierten zur anonymen und kostenlosen Nutzung unter www.moodgym.de zur Verfügung.

2.6.3 HelloBetter

Die Barmer Krankenkasse bietet den Online-Kurs HelloBetter an, der Stress abbaut und für mehr Gelassenheit sorgt. Das Online-Training bietet Strategien, Tipps und konkrete Übungen, die auf wissenschaftlichen Erkenntnissen basieren und helfen sollen, den mit Stress verbundenen Beschwerden vorzubeugen. Es wurde speziell für Menschen entwickelt, die nachhaltig lernen wollen, mit stressauslösenden Gefühlen besser umzugehen. Wichtige Bestandteile des Trainings sind: das Erlernen von Methoden zum Umgang mit belastenden Situationen, Entspannungs- und Vorstellungsübungen und interaktive Möglichkeiten zur Reflexion. Wer will, kann sich von einem Coach aus dem HelloBetter-Team virtuell begleiten lassen. https://www.barmer.de/kursangebote/psychische-gesundheit/weniger-stress

2.6.4 deprexis® APP

Die DAK und die IKK Südwest übernehmen die Kosten für das Online-Therapieprogramm, das für leichte bis mittelschwere Depressionen eingesetzt werden kann.

Gleich drei Online-Programme bei psychischen Erkrankungen stellen die Barmenia, AXA, Gothaer für ihre Mitglieder zur Verfügung:

2.6.5 Novego

Das Online-Programm novego unterstützt bei depressiven oder psychosomatischen Symptomen, Symptomen einer Anpassungsstörung, Burnout-Syndrom und Angstsymptomatik im Bereich Panik und Phobien. Die Programme basieren auf verschiedenen psychologischen Methoden. Sie dauern 12 Wochen und bieten Interaktion und individuelle Übungen, die an die Bedürfnisse der Patientinnen und Patienten angepasst sind. Zudem gibt es einen schriftlichen Austausch mit einer Psychologin oder einem Psychologen zu Übungen oder persönlichen Anliegen über einen geschützten Bereich.

2.6.6 Selfapy

Online Kurse zu generalisierten Angststörungen, Phobien, Panik, Depressionen, Binge-Eating-Störung, Bulimie, Stress, Achtsamkeit und chronischen Schmerzen von Selfapy stehen zur Verfügung. Die Programme beinhalten Übungen, Telefonate oder Chats mit Selfapy-Psychologinnen und Psychologen. Die Selfapy-Kurse basieren auf Elementen der kognitiven Verhaltenstherapie.

2.6.7 ProPerspektive.online

Das Online-Programm ProPerspektive.online ist für Menschen, die an einer chronischen Depression oder an einer Burnout-Symptomatik leiden, gedacht. ProPerspektive.online bietet Information zum Krankheitsbild, Hilfe zur Verhaltensänderung, um die Symptomatik zu verbessern.

2.6.8 APP CoachPTBS

Die App CoachPTBS für Betroffene von Traumafolgestörungen und deren Angehörige ist ein Wegweiser bei psychischen Folgestörungen. Sie wurde von einem Team aus Ärztinnen, Psychologen und Betroffenen entwickelt. Die App ist als niederschwelliges Ergänzungs- und Informationsangebot gedacht. Sie gibt Informationen über das Krankheitsbild einer Posttraumatischen Belastungsstörung. Es werden Kontakt- und Therapiemöglichkeiten aufgezeigt und erläutert. Darüber hinaus bietet die App die Möglichkeit, eine Selbsteinschätzung durchzuführen, und enthält verschiedene Übungen zum Umgang mit Symptomen. Betroffene können ihr eigenes Unterstützungsnetzwerk erstellen und sich austauschen. In Rücksprache mit der behandelnden Ärztin oder dem Therapeuten kann CoachPTBS auch in die Therapie eingebunden werden. https://www.uniklinikum-dresden.de/de/das-klinikum/kliniken-polikliniken-institute/pso/forschung-und-lehre/forschung-1/ehealth-projekte

2.6.9 KrisenKompass App

Neben den überwiegend von Krankenkassen entwickelten Apps gibt es seit 2020 die KrisenKompass App der TelefonSeelsorge. Die KrisenKompass App ist für suizidgefährdete Menschen und Menschen aus deren Umfeld. Zugleich bietet sie Hinterbliebenen Hilfe bei der Bewältigung ihres Verlusts. Sie wurde von einem Team der TelefonSeelsorge Deutschland entwickelt. Mit der KrisenKompass App hat sie auf die steigende Zahl von suizidalen jungen Menschen reagiert, die sich kaum oder gar nicht an Beratungsstellen wenden und meist, wenn es fast zu spät ist, an die Chatbegleitung der TelefonSeelsorge wenden. Die App ist als Hilfe gedacht, wenn kein Gespräch möglich ist, weil man sich nicht traut oder sich schämt oder weil gerade kein freier Chat da ist. Sie will Menschen erreichen, die sonst nicht erreicht werden, denn eine App ist niederschwelliger als Telefonieren, Chatten oder Mailen.

Der KrisenKompass ist eine Art Notfallkoffer für Krisensituationen. Mit verschiedenen Funktionsweisen wie Tagebuchfunktion und persönlichen Archiven, um positive Gedanken oder beispielsweise Fotos, Erinnerungen oder Lieder zu speichern, kann ein ganz persönliches Rüstzeug für schlechte Momente gepackt werden. Darüber hinaus gibt es Materialien, die in Krisensituationen hilfreich sind, Hinweise zu beruhigenden Techniken sowie direkte Kontaktmöglichkeiten zur TelefonSeelsorge und anderen professionellen Anlaufstellen. Das Angebot des KrisenKompass ist als App jederzeit in Griffweite auf dem Handy und damit immer dabei, wenn es nötig wird. Der KrisenKompass funktioniert sowohl online als auch offline. Die App ist auch für beraterisch-therapeutische Zwecke zu nutzen. Wie das konkret aussehen kann, zeigen wir Ihnen im Kapitel »Suizid«. https://www.telefonseelsorge.de/krisenkompass/

2.6.10 Cyber-Mobbing App

Eine ebenfalls gut in der Beratung einzusetzende App ist die Cyber-Mobbing App. Die Cyber-Mobbing Erste-Hilfe-App ist von Mitgliedern des klicksafe-Youth Panels entwickelt worden, um Mädchen und Jungen, die von Cyber-Mobbing betroffen sind, zu helfen. »In kurzen Videoclips geben die Coaches Tom und Emilia konkrete Verhaltenstipps, sprechen Mut zu und begleiten bei den ersten Schritten, gegen Cyber-Mobbing vorzugehen. Neben rechtlichen Hintergrundinformationen und Links zu anonymen Beratungsstellen finden Jugendliche Tutorials zum Melden, Blockieren oder Löschen von beleidigenden Kommentaren auf Social-Media-Plattformen wie Instagram, YouTube und TikTok oder im Messenger WhatsApp. https://www.klicksafe.de/service/aktuelles/klicksafe-apps/

Wie beschrieben, ist auch diese App für beraterische Zwecke nutzbar, wie wir Ihnen im Kapitel Mobbing zeigen. Die App gibt es in Deutsch, Englisch, auf Luxemburgisch, Französisch, Litauisch und Slowenisch.

2.6.11 Lola App

Seit 2014 gibt es die Lola APP (www.lola-nrw.de) für Sexarbeiterinnen und Sexarbeiter. Sie ist ein Informationsportal zum Thema Sexarbeit, bietet Kontakt zu Beratungsstellen und Gesundheitsämtern und steht in fünf Sprachen zur Verfügung. Die App wird ebenfalls von Behörden (z.B. Ordnungsämter, Gesundheitsämter) genutzt, um ihre erweiterten Beratungspflichten nach dem Prostituiertenschutzgesetz zu erfüllen. Die Landesregierung Nordrhein-Westfalen hat die Entwicklung einer App in NRW finanziert.

2.6.12 mbeon-App

Die Migrationsberatung hat eine App für erwachsene Zuwanderinnen und Zuwanderer entwickelt. Mit diesem Projekt wurde ein digitales Angebot entwickelt, welches Ratsuchenden die Möglichkeit bietet, über die mbeon-App eine Chat-Beratung in Anspruch zu nehmen: kostenfrei, anonym und datensicher. Gleichzeitig werden als erste Orientierungshilfe in der App und auf dieser Webseite umfangreiche Informationen zur Migration bereitgestellt zu Themen wie Arbeit und Beruf, Gesundheit, Deutsch lernen, Wohnen, Familie und Aufenthalt. Alle Beraterinnen und Berater sind qualifizierte Fachkräfte der Migrationsberatung. Sie antworten innerhalb von 48 Stunden und helfen bei Fragestellungen und Problemen, die das Leben in der neuen Umgebung mit sich bringt. mbeon wird von unabhängigen Wohlfahrtsverbänden angeboten und vom Bundesministerium des Innern, für Bau und Heimat (BMI) finanziert. https://www.mbeon.de/home/

KAPITEL 3

Besonderheiten der Online-Beratung

Was Beraterinnen und Berater wissen sollten

In diesem Kapitel stellen wir Ihnen die Besonderheiten der Mail- und Chat-Beratung, der Video-Beratung und der Sprachnachrichten vor. Zudem beschreiben wir die Merkmale von Apps für die Beratung und Therapie. Online-Beratung will gelernt sein. Es kommt auf die richtige Auswahl von Methoden und Interaktionsmöglichkeiten an. Mailen und Chatten findet textbasiert statt. Neben der Anonymität, dem Nicknamen, der Kanalreduktion und der inneren und äußeren Niederschwelligkeit geht es um Unterschiede von Sprechen und Schreiben sowie von Hören und Lesen.

Der Unterschied zwischen Mails sowie Sprachnachrichten und Chatten ist die Zeit: Mailen und Sprachnachrichten finden zeitlich versetzt statt, sind also eine asynchrone Form der Kommunikation. Chatten hingegen ist ein zeitgleicher (synchroner) Austausch. Während im Gespräch (auch per Video) das Gesagte spontan ist und oft schon nach kurzer Zeit nicht mehr genau erinnert wird, ist geschriebener Text in der Mail und das Gesagte bei den Sprachnachrichten überlegter und weniger flüchtig.

Menschen, die den Überblick verloren haben und keinen klaren Gedanken mehr fassen können, haben durch das Aufschreiben einen ersten Schritt getan, um sich zu sortieren. Ähnlich verhält es sich bei den Sprachnachrichten. Das Aufsprechen hat eine Entlastungsfunktion, auch beim Sprechen sortiert sich manches. So viel Zeit zum Überlegen ist beim Chatten nicht. Chatten ist eine Art schriftliches Gespräch: Es bietet die Spontaneität der mündlichen Kommunikation und hält gleichzeitig die Gedanken schriftlich fest, eine hybride Form von gesprochener und geschriebener Sprache. »Anders als bei der Mail ist der Austausch dialogisch aufgebaut. Das Chatten ist Kommunikation in Echtzeit, mit geringer Verzögerung. Es gibt Frage- und Ausrufezeichen, Pünktchen …, chatübliche Abkürzungen und Emoticons, um Stimmungen deutlich werden zu lassen. Diese Hilfsmittel werden öfter als beim Mailen benutzt. Der Austausch ist kreativ; es gibt viele Nachfragen von beiden Seiten, Probleme werden eingegrenzt, Emotionen benannt. Der Zwang zum Schreiben macht es einfacher, Dinge auf den Punkt zu bringen.« (Michel-Pill, 2020)

Mails, Chats und Voicemailnachrichten können immer wieder nachgelesen oder abgehört werden. Viele Ratsuchende schreiben, dass sie das als hilfreich erleben. Manche zeigen die Beratungsmail ihrer Partnerin oder dem Partner, andere besprechen den Beratungschat auch mit einer Freundin und wieder andere spielen die Sprachnachrichten einem guten Freund vor.

Die Vertraulichkeit des schriftlichen Dialogs schafft einen schnellen Vertrauensgewinn. Ratsuchende öffnen sich leichter in diesem Medium; demgegenüber geraten Beraterinnen und Berater eher in ein Gefühl der Ohnmacht, wenn es darum geht, bei bewegenden, drängenden Anliegen auch handeln zu wollen, und zwar außerhalb der Online-Beratung. Diese Merkmale sollten bewusst sein, um beraterisch damit umzugehen. Wir beginnen mit den Medien: Smartphone und Laptop oder PC.

3.1 Smartphone

Da Smartphones unsere selbstverständlichen Begleiter für alle Lebenslagen geworden sind, werden sie auch für die Online-Beratung genutzt. Jede Online-Beratungsstelle hat eine Webseite, über die sie erreichbar ist und über die die Online-Beratung angeboten wird. Wie genau das funktioniert, beschreiben wir im Kapitel »Virtuelle Beratungsstelle«.

Je jünger die Ratsuchenden sind, desto selbstverständlicher wird das Smartphone für die Beratung genutzt. Viele Kinder und Jugendliche haben keinen Laptop oder PC. Ausnahmen gibt es bei den Computer- und Videospielerinnen und -Spielern, die eine Spielekonsole oder einen PC mit großem Monitor besitzen.

Die Geschwindigkeit, mit der auf dem Smartphone getippt wird, ist bei vielen Menschen genauso schnell wie auf einem Computer. Eine Studie hat 37000 Menschen auf ihre Tippfähigkeiten getestet. Das Ergebnis: Sie können am Handy genauso schnell tippen wie am Computer!

https://userinterfaces.aalto.fi/typing37k/resources/Mobile_typing_study.pdf

Mit dem Handy schreibt man am schnellsten, wenn man beide Daumen verwendet. Es gibt auch Userinnen und User, die die Spracheingabefunktion für Mails oder Chats nutzen, so dass das Tippen keine Rolle spielt.

3.1.1 Bedeutung für Beratung

3.1.1.1 Die Monitorgröße

Auch wenn wir schnell auf dem Smartphone tippen können, empfiehlt sich für Beratung unbedingt ein großer Monitor. Wir lesen auf einem größeren Bildschirm viel besser als auf dem kleinen Display des Smartphones. Auch das Verfassen unserer Texte, unabhängig von der Tippgeschwindigkeit, ist mit einer großen Tastatur wesentlich komfortabler als auf dem »Mäuseklavier« des Smartphones. Zudem spielt auch der ergonomische Faktor eine Rolle. Wenn der Monitor auf dem Schreibtisch steht, kann sich der Körper auf eine klare Position einstellen. Zudem gibt es für die berufliche Nutzung in der Arbeitsstättenverordnung klare Vorgaben zur Größe des Monitors, zur Flimmerfreiheit, zum Drehen und Neigen des Bildschirms und dem Abstand zwischen Augen und Monitor.

Neben den äußerlichen Bedingungen gibt es auch innere Bedingungen, die für die Beratung oder Therapie mit einem PC oder Laptop sprechen. Das Smartphone ist näher an unserem Körper als ein PC. Durch den Schreibtisch haben wir eine gewisse räumliche Distanz, die für die Beratung Sinn macht. Wenn wir mit dem Smartphone beraten, sind wir räumlich auf einer Ebene, sind nah dran und haben weniger Distanz. In der Regel nutzen wir unser Smartphone privat. Wenn wir nun das Smartphone für die Online-Beratung nutzen, besteht die Gefahr, dass sich privat und beruflich zu sehr mischen und wir salopper schreiben, als es wir es in der Beratungsrolle tun würden.

3.1.1.2 Monitore und Papier sind als Lesemedien nicht gleichwertig

Lesen am Bildschirm ermüdet stärker und verläuft bis zu 25 % langsamer. Texte werden am Bildschirm schlechter erfasst. Das »Scrollen« verlangt Konzentration und motorische Fähigkeiten, die dann für das Lesen nicht mehr zur Verfügung stehen. Texte am Monitor werden eher überflogen, das heißt die Inhalte werden selten sorgfältig gelesen. »Die Forschung zeigt, dass Papier weiterhin das bevorzugte Lesemedium für einzelne längere Texte bleiben wird, vor allem, wenn es um ein tieferes Verständnis der Texte und um das Behalten der Inhalte geht. Außerdem ist Papier der beste Träger für das Lesen langer informativer Texte.« https://www.lesen.bayern.de/stavangererklaerung/

Drucken Sie sich eine längere Mail unbedingt aus! Denn ein No-Go in der Mail-Beratung ist das nachlässige Lesen der Texte.

Kleine Apps, die hier helfen: Sie können Messenger-Dienste auch als Desktop-Anwendung benutzen. Das heißt, dass Sie all das, was auf Ihrem Smartphone an Nachrichten ein- und ausgeht, auch am großen Bildschirm Ihres Computers lesen, bearbeiten, eventuell abhören (bei Sprachnachrichten) und beantworten können. Die Inhalte zwischen Smartphone und PC sind synchronisiert. Das ist für eine berufliche Anwendung viel bequemer und durch die Darstellung auf dem großen Bildschirm übersichtlicher. Auch lassen sich Sprachnachrichten automatisch in Text umwandeln, wenn Sie möchten. Auch dazu gibt es hilfreiche kleine Apps.

Responsive Design

Ihre Webseite muss passend für die kleinen Endgeräte sein und in einem responsiven Design aufgebaut sein. Unter Responsive Design versteht man die technische Möglichkeit des Sich-Anpassens von Webseiten-Layouts an das Endgerät der Nutzerinnen und Nutzer, also flexibel auf die Größe und die Eigenschaften des abrufenden Gerätes zu reagieren. Die Darstellung der Webseite ist auf kleinen Bildschirmen, wie dem eines Smartphones, genauso gut zu lesen wie auf dem Monitor eines PC. Die Software passt das Design automatisch an. Achten Sie zudem darauf, dass auch die Daten auf Ihrer Webseite für den mobilen Abruf aufbereitet werden, so dass sich die Seiten schnell laden. Wählen Sie unbedingt eine gute Usability: Nichts ist nerviger, als wenn sich eine Webseite nicht von selbst erklärt und völlig unübersichtlich ist. Eine gute Benutzeroberfläche hält gewisse Prinzipien ein, die darauf basieren, wie Menschen denken. Nur bequeme, bedienbare und vertrauenswürdige Seiten werden auch genutzt, sonst klickt man einfach weiter. Wie heißt es so schön in Krugs drittem Gesetz der Usability: »Werfen Sie die Hälfte aller Wörter auf jeder Seite raus, und vom Rest noch einmal die Hälfte ;-)« (Krug, 2006)

3.2 Anonymität und innere Niederschwelligkeit

Mailen, Chatten und Sprachnachrichten

Sich Hilfe zu holen und Unterstützung zu suchen, ist schwer. Viele Menschen können oder wollen sich keine Hilfe holen. Es gilt als ein Zeichen von Schwäche. »Das muss ich alleine schaffen« oder »Ich bin doch nicht bekloppt – ich brauche keine Therapie«. Wer kennt sie nicht, die Sprüche und die oft dahinterstehenden Werte oder auch den Perfektionsanspruch, mit dem wir großgeworden sind.

Ratsuchende, die sich online Beratung suchen, können während des gesamten Kontaktes anonym bleiben. Sie müssen an keiner Stelle ihren Namen und ihre Adresse angeben. Diese Anonymität hilft Menschen, sich zuzugestehen, dass sie alleine nicht mehr weiterkommen.

Die Anonymität macht es möglich, Angst oder Scham aufzuschreiben oder aufzusprechen. Es gibt Gedanken, Gefühle, Probleme, die mag man keinem Menschen sagen, aber auch nicht für sich behalten. Was liegt näher, als sie aufzuschreiben, z. B. in einer Mail oder im Chat oder als Sprachnachricht? Wie erwähnt, macht der Schutz der Anonymität es leichter, von scham-, angst- oder schuldbesetzten Themen zu erzählen. Für manche Menschen ist das Internet das einzige Medium, in dem sie Kontakt und Austausch über ein für sie schwieriges Thema zulassen können. Sie können sich freier über ihre Gefühle äußern, wenn sie allein mit ihrem Smartphone sind oder an ihrem Computer sitzen, wie z. B. Frauen, die körperliche oder sexualisierte Gewalt erleben (oder erlebt haben) und (noch) nicht darüber sprechen können. (Knatz, 2013)

Wichtige Themen kommen in der Mail- und Chat-Beratung und bei Sprachnachrichten häufig schneller zutage als in der Face-to-Face-Beratung. Viele Ratsuchende schreiben: *»Das würde ich meiner Therapeutin nie erzählen, was ich Ihnen schreibe!«* Man muss keine Angst haben, das Gesicht zu verlieren, Ansehen einzubüßen, jemandem unter die Augen zu treten oder jemanden anzuschauen. (Wurmser, 1993) Man muss sich nicht schämen, rot zu werden, denn es sieht ja niemand. Diese Art der Anonymität hat einen enthemmenden Effekt und bietet gleichzeitig einen Schutzraum.

Mailen, Chatten und Sprachnachrichten sind ein niederschwelliges Kommunikationsangebot. Es ermöglicht, dass sich auch ängstliche, vorsichtige und scheue Menschen Hilfe und Unterstützung suchen. Ein Ratsuchender im Chat drückte es so aus: *»Ich kann mit niemandem drüber reden, aber ich kann es auch nicht für mich behalten. Also schreibe ich.«*

Ohne ein sichtbares Gegenüber, welches die Stirn runzelt und damit Missfallen ausdrücken könnte, können im »schriftlichen Dialog«, egal ob synchron beim Chatten oder asynchron beim Mailen, Gefühle einfacher gezeigt werden. Man muss sich weniger kontrollieren. Affekte entfalten sich freier. (Knatz & Schumacher, 2019)

Ähnlich ist es beim Aufsprechen von Sprachnachrichten; auch hier gibt es kein zeitgleiches und sichtbares Gegenüber. Auch hier bin ich alleine mit meinen Gedanken und Gefühlen. Meine Sprachnachricht kann ich, wie auch eine Mail, löschen und neu aufsprechen. Ich habe das Gefühl, die Kontrolle zu behalten, da ich entscheide, was ich abschicke und was auch nicht.

Auch die Angst vor Interventionen ist in der Online-Beratung geringer. Drogenabhängige können ohne Angst vor strafrechtlicher Verfolgung Beratung in Anspruch nehmen, Menschen mit psychischen Erkrankungen müssen keine Zwangsmaßnahmen befürchten und Personen mit Verdacht auf eine Krebserkrankung werden nicht unmittelbar mit operativen Eingriffen oder einer Chemotherapie konfrontiert. Anders ausgedrückt wahren Ratsuchende im Schutze der Anonymität in vollem Maße ihre Autonomie und Entscheidungsfreiheit, ohne sozialem Erwartungsdruck oder gar Zwangsmaßnahmen ausgesetzt zu werden. (Schaeffer und Schmidt-Kaehler, 2011)

3.2.1 Bedeutung für die Beratung

3.2.1.1 Enthemmung

Die Niederschwelligkeit und enthemmende Wirkung der Kommunikation bestehen nicht nur auf Seiten der Ratsuchenden. Auch Beraterinnen und Berater geht manches leichter »über die Fingerspitzen«. Der saloppe Ton, der beim Chatten oder auch in den Mails herrscht, verführt auch in der Beratungsrolle dazu, salopper zu schreiben. Bitte denken Sie immer daran: Schreiben Sie nichts, was Sie nicht auch in der Face-to-Face-Beratung sagen würden. Das gilt auch für die Antworten auf Sprachnachrichten: Bleiben Sie in der Rolle und sagen Sie nichts, was Sie nicht auch in der Face-to-Face-Beratung sagen würden. Das Schöne ist, Sie haben Zeit und Ruhe, (strukturiert) auf die Sprachnachricht zu antworten. Hinzu kommt die Tatsache, dass Mailen, Chatten und Sprachnachrichten aufsprechen durch den Wegfall eines visuellen Gegenübers die Entstehung von Phantasiebildern fördert. (Aus diesem Grund wird die Reduzierung optischer Reize und Präsenz etwa in der Psychoanalyse bewusst eingesetzt.)

3.3 Fakes

Immer wieder werden wir gefragt, wie man denn feststellen kann, ob die Mail oder der Chat echt oder gefakt sind. Durch den Wegfall der visuellen und auditiven Wahrnehmung ist die Online-Beratung projektionsfördernder und die Verunsicherung auf Seiten der Beratenden größer. Sie sind ausschließlich auf ihre Resonanz auf den Text angewiesen und haben keine anderen Informationen zur Verfügung. Zudem bietet die Anonymität der Selbstdarstellung (ob gefakt, inszeniert oder echt) einen großen Spielraum. Ratsuchende haben in der Online-Beratung eine größere Kontrolle über die Informationen, die sie von sich und über sich herausgeben.

Online-Beraterinnen und -Berater haben kaum die Möglichkeit, die Angaben und Informationen zu überprüfen. Aus Erfahrung wissen wir, dass die Möglichkeit, in der Online-Beratung zu faken, genauso groß ist wie in der Face-to-Face-Beratung. Dort fällt es nur nicht so auf, da Beraterinnen und Berater mehr Informationen haben und sich somit sicherer fühlen. Dies erschwert es, in der Beratungsrolle zu bleiben.

Wenn Online-Beraterinnen und -Berater einen Fake-Verdacht haben, liegt eine besondere Gefahr im Rollenwechsel, raus aus der Beratungsrolle und rein in die Rolle der Staatsanwältin oder des Staatsanwalts. So wird aus der verstehenden Beraterin eine für die Verfolgung von Straftaten zuständige Staatsanwältin. Bekanntermaßen leiten Staatsanwälte Ermittlungsverfahren ein und erheben Anklage vor Gericht. Also völlig konträr zu der Therapie- oder Beratungsrolle, in der Vertrauensaufbau und Verstehen den Erfolg der Therapie und Beratung ausmachen.

Fakes oder Fake News sind Berichterstattungen, die falsch oder irreführend sind. Fakes sind im Zeitalter des Internets erfunden, und das Wesensmerkmal ist das gewollte Provozieren und das bewusste Täuschen. Im Gegensatz zur Inszenierung beabsichtigt das Faken die bewusste Manipulation des Gegenübers. Fakes verfolgen eine Täuschungsabsicht, ihnen ist die Wahrheit gleichgültig. In den Mails oder Chats können wir Fakes oft daran erkennen, dass die Ratsuchenden immer mehr dramatisieren. Es kommt immer noch etwas hinterher.

Inszenieren, in Szene setzen, können wir Dinge, Werke, Geschichten und Erzählungen und uns (Selbstinszenierung). In der Beratung verstehen wir die Inszenierung aus der Psychoanalyse heraus. Die Psychoanalyse geht von widerstreitenden Kräften in unserer Persönlichkeit aus. Sie bietet eine Methode an, um unbewusste Motive zu erforschen, ihre Existenz anzuerkennen und zu integrieren. Die Erforschung findet im Dialog, in der Beziehung statt. Die Ratsuchenden weisen sich und uns Beratenden Rollen zu. Dies kann bewusst oder unbewusst geschehen. Sie inszenieren, um verstanden zu werden. Das Interessante ist, dass die Ratsuchenden am Telefon, im Chat oder per Mail mit ihren Inszenierungen und ihren Themen bei einigen Mitarbeitenden den Verdacht auslösen, ihre Geschichte sei gefakt, und bei anderen nicht. Eine mögliche Antwort liegt in uns, in unseren Wertvorstellungen, Normen und Weltanschauungen, die durch die Geschichten der Ratsuchenden in Frage gestellt werden. Vielleicht auch verletzt oder abgewertet. Das löst Gefühle von Unsicherheit, Ohnmacht, Hilflosigkeit aus.

Hilfreich ist es, in der Rolle zu bleiben und sich zu fragen: Was steckt dahinter, wenn Ratsuchende mit ihren Themen den Verdacht in mir auslösen, ihre Mail oder der Chat sei gefakt? Oder ist eine Inszenierung? Oder dass alles gar nicht stimmt, im Sinne von »Es ist nicht zu glauben«? Vielleicht kann man an das Problem eher im Sinne einer Ethnologin oder eines Ethnologen und nicht eines Staatsanwalts oder einer Detektivin herangehen? (Knatz & Dodier, 2021) Jede Geschichte basiert auf der Konstruktion des subjektiven Erlebens und die Dramaturgie ist geleitet von den Gefühlen, Motiven, Absichten oder Perspektiven der Betroffenen. Was uns vielleicht zu schaffen macht, ist das Maß der Dramatisierung. »Inszenierte Geschichten sind nicht bewusst für uns gestaltet worden. Sie folgen einer unbewusst-intuitiven Dynamik des psychischen Geschehens mit den zugehörigen neurologischen Abläufen. Die Inszenierung dient zuallererst sich selbst, indem sie immer wieder eine auf sich selbst bezogene Sinnhaftigkeit sucht oder erzeugt.« (Knatz & Schumacher, 2019) Indem ich meine Geschichte erzähle, bekomme ich Kontrolle und kann meine Angst reduzieren.

Daher ist die Frage: Welchen Sinn macht es, zu inszenieren? Vielleicht ist das Anliegen so schambesetzt oder angstbesetzt, dass es erst einmal nur über den Weg der Inszenierung geht? Eine weitere Idee in der Begleitung ist, die Erzählungen der Ratsuchenden in einen »Als-ob-Rahmen« zu stellen. Wir reagieren so, als ob es wahr wäre und versuchen die Wirkung der Geschichte und dabei die positiven Absichten der Ratsuchenden zu verstehen. Ohne die Inszenierung zuerst einmal anzunehmen, bliebe beraterische Kommunikation, gerade in der Anfangsphase der Beziehung, unmöglich. Es geht ums Verstehen und nicht um die Wahrheit.

Wenn wir schon bei der Ethnologie angekommen sind, dann müssen wir uns kurz mit der Gattung der Trolle beschäftigen.

3.4 Trolle

Etwas für die Gruppenchats Spezifisches sind sogenannte Trolle. »Als Troll bezeichnet man im Netzjargon eine Person, die ihre Kommunikation im Internet auf Beiträge beschränkt, die auf emotionale Provokation anderer Gesprächsteilnehmer zielen. Dies erfolgt mit der Motivation, eine Reaktion der anderen Teilnehmer zu erreichen. In darauf bezogenen Bildern wird oft der aus der Mythologie bekannte Troll dargestellt.« https://de.wikipedia.org/wiki/Troll_(Netzkultur) Sie werden dieser Spezies vor allem in Chats und in Foren begegnen.

Trolle sind Menschen, denen es anscheinend Vergnügen bereitet, zu »trollen«, also zu spielen. Nach Judith Donath ist das Trollen für den Autor ein Spiel, in welchem das einzige Ziel das Erregen von möglichst erbosten und unsachlichen Antworten ist. Eine der Ursachen für das Trollen ist der Online-Enthemmungseffekt (Online Disinhibition Effect) Wikipedia schreibt dazu:

»Während manche Menschen in der schriftlichen Kommunikation im Internet zu verstärkter Empathie neigen (Gutartige Disinhibition), treten im Gegensatz dazu bei manchen anderen Menschen vermehrt Sarkasmus, grobe Ausdrucksweise, unverhohlene Kritik, Hasskommentare, Respektlosigkeit, Mangel an Empathie und Cyber Mobbing auf.« Im Weiteren liest man:

»Die gutartige Online-Disinhibition beschreibt Situationen, in denen Menschen von der fehlenden Zurückhaltung im Internet profitieren. Mit Hilfe der Internet-Anonymität könnten Menschen persönliche Gefühle teilen oder sich so offenbaren, wie sie es im realen

Leben nicht tun wollen. So fühlen sich junge Menschen erleichtert, wenn sie in Online-Chats unausgesprochene Geheimnisse oder persönlich peinliche Details preisgeben. Solche Selbstenthüllungen ermöglichen es Menschen, schneller und stärker eine intime zwischenmenschliche Beziehung aufzubauen, als sie dies in der realen Welt von Angesicht zu Angesicht tun würden. Die Vertrautheit mit dem verwendeten Medium (PC und Website) senkt zudem die Hemmschwelle zu Äußerungen Fremden gegenüber. Weitere positive Effekte der benignen Online-Disinhibition umfassen das Beraten von Unbekannten, Freiwilligenarbeit, das Mitteilen von Emotionen, philanthropisches Verhalten und emotionale Unterstützung. Der Online-Disinhibitionseffekt bietet auch Menschen, die nicht bereit sind, in der realen Welt zu kommunizieren, wie z. B. Menschen, die introvertiert, schüchtern, sozialphobisch und Menschen mit Stottern oder Hörschäden sind, die Möglichkeit, sich auszudrücken.«

Das sind Menschen, die in der Online-Beratung durchaus profitieren können, da sie die Kommunikation unter anderem offener gestalten können.

Die Kehrseite erleben wir durch die Trolle. Sie agieren absichtlich, wiederholt und schädlich (intentional, repetitive and harmful).

»Diese negative Art der Online-Enthemmung wird als toxische Disinhibition bezeichnet, die oft feindselige Sprache, Fluchen und sogar Bedrohungen, sowie verstärktes Ausleben von Ärger, Diffamierung, emotionale Erpressung, Online-Flaming (vorsätzlich einen verbalen Disput entfachen), Störung der Kommunikation, ausgeben als eine andere Person, Flutung mit Kommentaren und Sabotage enthält.« https://de.wikipedia.org/wiki/Troll_(Netzkultur)

1. Trolle ignorieren und verletzen die Grundsätze der Community.
2. Trolle richten nicht nur inhaltlichen Schaden an, sondern versuchen auch, Konflikte innerhalb der Community zu schüren.
3. Trolle sind innerhalb der Community isoliert und versuchen ihre virtuelle Identität zu verbergen, etwa durch die Nutzung von Sockenpuppen (Fake-Account).

Aus den Fallanalysen ergaben sich verschiedene Motivationen der Trolle:

1. Langeweile, Suche nach Aufmerksamkeit, Rache
2. Spaß und Unterhaltung
3. Wunsch, der Community möglichst großen Schaden zuzufügen.

https://smg.media.mit.edu/papers/Donath/IdentityDeception/IdentityDeception.pdf

Wie kann ich einen Troll erkennen und wie reagiere ich darauf?

Trolle äußern sich, ohne zu argumentieren. Üble Nachreden, die oft nicht zum Thema des Chats passen, sind ein Kennzeichen eines Trolls, egal ob männlich oder weiblich.

- Ihre Beiträge passen nicht zum Thema.
- Wenn jemand Ihr Angebot einfach diskreditiert, ohne nähere Details zu benennen, handelt es sich vermutlich um einen Troll.
- Pauschale Urteile sind oft ein Kennzeichen.
- Es geht darum zu erzürnen, also eine emotionale Reaktion in Ihnen zu induzieren.
- Es geht um Hetze, Beleidigungen und den Versuch der Erniedrigung.
- Es geht ihm nicht um richtiges oder falsches Verhalten, sondern um Zerstörung.

Was können Sie tun?

- Bitte nicht ärgern lassen! Sie können einem Troll keinen größeren Gefallen tun, als genau die Reaktionen zu zeigen, die er provozieren will.
- Lassen Sie sich nicht auf Diskussionen ein. Sie können einen Troll nicht argumentativ überzeugen oder erreichen.
- Lassen Sie sich auch nicht aufs Argumentieren ein mit anderen Personen im Chat, die diesen Troll mit Argumenten wie Meinungsfreiheit unterstützen. Diese sind sich nicht darüber bewusst, dass es ein Troll ist und seine Absichten destruktiv sind.

- Bitte Trolle nicht füttern! Diesen Satz liest man immer wieder als Empfehlung, wie man einem Troll adäquat begegnen kann. Das heißt mit anderen Worten, Sie dürfen ihm nicht das geben, was er am meisten möchte: Aufmerksamkeit und Erfolg in seinem Bemühen, agitatorisch destruktiv zu wirken.
- Schaffen Sie sich die Möglichkeit, ihn zu bannen. Dazu müssen Sie auf Ihrer Internetseite Ihres Angebotes im Netz klare Regeln formulieren, deren Nichtbeachtung Ihnen die Möglichkeit gibt, einen unliebsamen Besucher zu sperren.

3.5 Der Nickname

Mailen, Chatten

Eine datengeschützte Mail- und Chat-Beratung findet immer über ein gesichertes Webmailsystem statt. Ratsuchende melden sich mit einem Benutzernamen und Passwort an. In manchen Fällen ist der Benutzername auch der Nickname, ansonsten geben sich die Ratsuchenden einen Nicknamen. Dieser ist nicht gleichbedeutend mit unserem Spitznamen. Der Spitzname wird uns gegeben; in der Schule, von der Familie oder von Freundinnen und Freunden oder beim Sport. Wir suchen ihn uns nicht aus. Anders beim Nicknamen! Den geben wir uns selbst. Meist ist er auf die Identität im Internet begrenzt. Für manche Menschen ist er auch Teil einer gewünschten Identität. Der Internetsoziologe Stephan Humer erklärt, dass ein Nickname mehr als die bloße Aneinanderreihung von Buchstaben, Zahlen und Sonderzeichen ist. Er ist der erste Eindruck, den wir im Netz hinterlassen und oft das einzig vermeintliche Persönlichkeitsmerkmal, das wir auf den ersten Blick preisgeben. Ratsuchende wollen mit dem gewählten Nick eine Wirkung, ob bewusst der unbewusst, erzeugen. Der Nickname transportiert Bilder. »Stellen Sie sich vor, Sie stellen sich vor. Es klingt zwar zweideutig, ist jedoch der erste Schritt, etwas von sich preiszugeben. Was für Bilder gehen Ihnen durch den Kopf, wenn Sie: depressed-bianca, darkangel, itsover, hummelchen, hoffnung lesen oder hören?

Bei der Wahl des Nickname verhält es sich ähnlich wie bei der

Wahl der Mailadresse: Er beeinflusst den Eindruck, den wir bei anderen hinterlassen und beinhaltet nicht selten auch etwas von den Persönlichkeitsanteilen.« (Knatz, 2013)

3.5.1 Bedeutung für die Beratung

Ratsuchende entscheiden, mit welchen (Nick-)Namen sie sich vorstellen. Auch Beratende entscheiden, mit welchem Namen sie sich vorstellen. Möchten Sie ebenfalls anonym bleiben, wie zum Beispiel die Mitarbeitenden der TelefonSeelsorge oder einiger Frauenberatungsstellen? Oder möchten Sie sich mit Ihrem richtigen Namen vorstellen? Egal für welche Form Sie sich entscheiden, bitte machen Sie dabei Ihr Geschlecht deutlich. Auf der anderen Seite macht es Sinn, sich für den Nicknamen der Klientin oder des Patienten zu interessieren. Sie können Ratsuchende auf ihren Nicknamen ansprechen. Die Frage nach der Bedeutung des Nicknamens ist ein Versuch in Kontakt zu kommen, etwas zu verstehen. Ein junger Mailer nannte sich »Sabishiran«. Auf die Frage, was es bedeutet, meinte er: »Es ist in dieser Schreibweise eine einsame Orchidee. So wie ich mich fühle.«

Information

In Deutschland zählt § 13 Abs. 6 Telemediengesetz (TMG) zu den Pflichten des Dienstanbieters:

1. »Der Diensteanbieter hat die Nutzung von Telemedien und ihre Bezahlung anonym oder unter Pseudonym zu ermöglichen, soweit dies technisch möglich und zumutbar ist. Der Nutzer ist über diese Möglichkeit zu informieren.«
2. »Der Nutzer soll ein Pseudonym verwenden dürfen, um zu verhindern, dass man auf seine wahre Identität schließen kann. Bestimmte Daten darf ein Diensteanbieter speichern. Die Bestandsdaten (§ 14 Abs. 1 TMG) können Namen usw. des Nutzers umfassen. Zu den Nutzungsdaten (§ 15 Abs. 1 TMG) zählt der Nick- oder Screen-Name. https://de.wikipedia.org/wiki/Pseudonymit%C3%A4t_im_Internet

3.6 Die Kanalreduktion

Mailen und Chatten

Mailen und Chatten kommen ohne körpersprachliche Kommunikation aus. Mimik, Gestik, Haltung und Proxemik (Raumverhalten) fallen als Informationsquellen weg. Sie können also nicht sehen, ob ihr Gegenüber seine Stirn in Falten zieht und den Mund zusammenkneift und so ausdrückt: »Na, ob das so stimmt?« Auch sehen Sie nicht, ob der Ratsuchende die Schultern hochzieht und damit zeigt: »Ich weiß es nicht« oder ob der Blick nach unten gesenkt ist, die Beine übereinandergeschlagen sind und damit ebenfalls Informationen transportieren. Sie erleben auch nicht, wie die Patientinnen und Klienten durch Gestaltung des Raumes Nähe und Distanz vermittelt. Es entfällt das Händeschütteln, vielleicht auch mal das Schulterklopfen oder eine Berührung am Arm.

Wir senden mit unserem Gesicht Signale aus, selbst wenn wir glauben, keine Miene zu verziehen. In Gesichtern zu lesen ist in vielen Fällen nicht schwer. Eindeutige Gefühlsregungen wie Freude, Trauer, Abscheu, Wut oder Langeweile sind leicht zu erkennen, da sie mit anderen Körpersignalen einhergehen. Sowohl beim Mailen als auch beim Chatten »ersetzen« Beraterinnen und Begleiter das fehlende Vorhandene. »Diese fehlenden Möglichkeiten in der Kommunikation werden in der Literatur als »Kanalreduktionstheorie« beschrieben.

Die Abwesenheit sozialer Begleitinformationen mittels Sinneskanälen führt, so könnte man vermuten, zu einer Entfremdung und Verarmung des zwischenmenschlichen Kontaktes und der Beziehung. Allerdings konnte diese Vermutung empirisch nicht nachgewiesen werden. Im Gegenteil, es gibt mittlerweile viele Studien und Erfahrungen aus der Praxis, die diese These als unzutreffend belegen. (Knatz & Schumacher, 2019) In der schriftlichen Kommunikation haben wir nur die Worte. »Sie stehen im Vordergrund. Die Worte sind die Verbindung. Sie zeigen Belange, Emotionen, Bedeutungen, die den Menschen ausmachen. Sie transportieren auch in ihrer Schriftform Bilder, Ideen und Vorstellungen, die wir uns durch das geschriebene Wort einbilden, imaginieren und die Bilder im Kopf freisetzen.« (Rhode, 2010)

3.6.1 Bedeutung für die Beratung

3.6.1.1 Die schriftliche Kommunikation

Dadurch, dass alleine der Text zur Verfügung steht, gibt es vielfältige Interpretationsmöglichkeiten. Es gibt nicht die eine Wahrheit oder das eine Richtige. Einen Text zu lesen, ob als Mail oder Chat, geschieht immer in konkreten Kontexten, vor dem Hintergrund der eigenen Erfahrungen, der Lebensgeschichte, des fachlichen Wissens. Wie bereits erwähnt, fehlt in der textbasierten Online-Beratung die Möglichkeit, Gefühle und Emotionen mit Hilfe von Gestik und Mimik auszudrücken. Das kann zu mehr Missverständnissen führen. Wahrscheinlich kennen Sie dies aus eigener Erfahrung aus WhatsApp-Gruppen oder auch aus Mails.

3.6.1.2 Emoticons, Inflektive und Akronyme

Im Chat, der konzeptionell an die Mündlichkeit angelehnt ist und sich an der gesprochenen Sprache orientiert, wird die fehlende Information mit Emoticons, Inflektiven und Akronymen ausgeglichen. Am bekanntesten sind die Smileys: Um 90 Grad nach rechts gedreht, stellt der Doppelpunkt die Augen, der Bindestrich die Nase und die Klammer den Mund dar: :-) = ☺.

Smileys können Humor, Ironie, Zynismus, Traurigkeit, Wut und Enttäuschung ausdrücken. Sie helfen, einen beträchtlichen Teil der nonverbalen Kommunikation zu transportieren. Die Verwendung von Emoticons lässt Sie als Online-Beraterinnen und -Berater kompetent und freundlich wirken. Interessant ist in diesem Kontext eine Studie von we are social, die zeigt, dass während der COVID-19-Pandemie mit den Kontaktverboten mehr Emoticons benutzt werden: am liebsten die Gesichter, die starke Emotionen zeigen. wearesocial.com/de/

Emoticons helfen, Inhalte präziser auszudrücken, einen bestimmten Ton zu vermitteln, und helfen, Missverständnisse geringer zu halten. Achten Sie allerdings darauf, dass Sie Ihre Chats nicht zu vollpacken, dann besteht die Gefahr, dass Sie unprofessionell oder wie ein Berufsjugendlicher wirken ;-) Beim Mailen werden Emoticons sparsamer eingesetzt als beim Chatten.

Neben den Emoticons gibt es die sogenannten parasprachlichen

Phänomene, die Kommunikation, die neben der Lautsprache stattfindet. Sie betrifft einerseits die Modulation von Lautstärke, Tonhöhe, Sprechmelodie und Tempo, des Tonfalls oder des Dialekts. Und anderseits das Räuspern, Seufzen, Grunzen, Lachen, Schluchzen und anderes Unartikulierte. »Inflektive« werden diese in der digitalen Kommunikation genannt: *gähn*, *breitgrins*, *stirnrunzel* oder als Soundwörter: *grrr*, *pff*. Bauen Sie in Ihren Chat einige wenige Inflektive ein. Sie unterstützen die Beziehungsebene der Online-Kommunikation. Sprachliche Eigenschaften wie Akzent, Intonation, Sprechpausen sowie Sprechgeschwindigkeit und Sprachrhythmus werden durch Wiederholungen oder Verdopplungen (Iterationen) ausgedrückt: »Haaalloooo!«, »Wie SCHAAADE!!!« Sie dienen der Betonung und Intensivierung des Geschriebenen.

Weitere Mittel der Ausdrucksbetonung sind das Auseinanderziehen von Buchstaben, das »Sperren«: S O R R Y oder die GROSSSCHREIBUNG als Ausdruck des Schreiens. Großbuchstaben sollten Sie nur in Ausnahmefällen als Betonung verwenden.

Und es gibt das Akronym, das aus den Anfangsbuchstaben mehrerer Wörter gebildet wird: LOL (laughing out loud – laut lachen), OMG (oh my god – oh mein Gott), FYI (for your information – zu deiner Information), IMHO (in my humble opinion – meiner bescheidenen Meinung nach), BFF (best friends forever – für immer beste Freunde).

Es gibt Akronyme, die nur in Chaträumen verwendet werden, und andere, die auch in Mails auftauchen. Ein »BRB« (»be right back« für »bin gleich zurück«) oder ein »AFK« (»away from keyboard« = »bin kurz weg«) macht beim Mailen keinen Sinn. In einem Chatdialog signalisiert es, dass der Ratsuchende mal kurz weg ist, um sich vielleicht etwas zu trinken zu holen. Akronyme werden in den geschriebenen Satz eingefügt oder dem Satz vorangestellt. Akronyme, die Gefühlsregungen ausdrücken, werden in eckige Klammern oder in Sternchen gesetzt. Ein <g> oder *g* ist für andere Chatteilnehmer(innen) einfacher als »Grinsen« zu erkennen als ein einfaches g mitten im Satz. Zu den Akronymen zählen auch lautmalerische Abkürzungen; sie klingen gelesen wie der auszudrückende Satz: CU (see you) oder »gute n8« (gute Nacht).

3.7 Lesen und Schreiben

Lesekompetenz und Schreibkompetenz

Wie beschrieben geht es in der Mail- und Chat-Beratung weg vom Sprechen hin zum Schreiben und vom Hören zum Lesen. Wir verwenden beim Sprechen andere Ausdrücke als beim Schreiben. So sagen wir z.B. »gucken« und schreiben »schauen« oder sagen »sowieso« und schreiben »ohnehin«. Mailen und Chatten richtet sich ans Auge und nicht ans Ohr. Beratende und Ratsuchende haben einen Text vorliegen. Wir erfahren von der Situation der Klientin oder des Patienten aus den Worten, dem Schreibstil. Als Online-Beratende müssen wir in der Lage sein, unsere Mails und Chats so zu formulieren, dass wir verstanden werden, und uns dabei dem Sprachniveau und den Sprachkenntnissen des Ratsuchenden anpassen, ohne unsere beraterische Authentizität zu verlieren. Das heißt, wir brauchen mehr als in der mündlichen Beratung oder Therapie eine Schreibkompetenz. Gerade kommunikative Menschen, die ihre Stärke im Sprechen mit einem Gegenüber haben, tun sich beim Verfassen von Texten manchmal schwer. In der schriftlichen Kommunikation wird mit einem abwesenden und unbekannten Gegenüber kommuniziert. Das Produzieren des Textes ist erstmal eine monologische, die sich über eine gewisse Zeit erstreckt und an dem unterschiedliche Teilhandlungen wie das Planen, das Formulieren, das Niederschreiben und das Überarbeiten beteiligt sind.

Gepaart mit der Schreibkompetenz ist auch immer eine Lesekompetenz. Eine Lesekompetenz meint die Fähigkeit, geschriebene Texte in ihren Aussagen, ihren Absichten, ihrem Sinnzusammenhang und ihrer formalen Struktur zu verstehen. Sie in einen größeren Zusammenhang einzuordnen. Lesekompetenz heißt, die geschriebenen Worte aufzunehmen, zu erfassen und daraus ein Verständnis dessen zu erlangen, was die Verfasserin oder der Verfasser erzählen wollte. Es geht um die Unterscheidung zwischen Gemeintem, Geschriebenem und Verstandenem.

Die medienspezifische Lesekompetenz spielt eine entscheidende Rolle, insbesondere in Texten medienerfahrener Ratsuchender. Neben solchen pragmatischen Aspekten ist das methodisch gezielte inhaltliche Erfassen der Texte wesentliche Bedingung für eine gelingende Beratung. Das lesende Erfassen des Falles ist die einzige Grundlage für die Erstellung einer Diagnose, und nur durch Textverständnis lässt sich die kommunikative Anschlussfähigkeit sicherstellen. So ist z. B. fallspezifisch abzuwägen, inwieweit die Differenz zwischen Ich-Erzähler des Textes und dem Autor von Bedeutung ist. (https://www.e-beratungsjournal.net/ausgabe_0209/weinhardt.pdf)

Mit der Sprache ordnen wir unsere Wirklichkeit. Mit Hilfe von Begriffen fassen Mailerinnen und Chatter ihre Wahrnehmungen, Gefühle und Eindrücke zusammen, genauso wie es Online-Therapeutinnen und Online-Berater tun. Das Schreiben geschieht in der Ambivalenz zwischen einem Trägheitsprinzip und einer medienspezifischen Neuerung. Es geht sowohl um sprachliche Genauigkeit und Differenzierung als auch um den internetspezifischen Gebrauch von Schriftsprache und eine fallspezifische Anpassung der Sprache. Die Fähigkeit, zu denken und sich auszudrücken, hängt maßgeblich mit der Anzahl von Wörtern zusammen, die wir kennen und benutzen. Das Schreiben erfordert wegen der besonderen Rahmenbedingungen besondere kognitive Fertigkeiten, da der Text eine Wirkung erzeugen soll. (Knatz, 2013)

3.7.1 Worte: Grundkurs für Schreibende

Sowohl beim Chatten als auch beim Mailen geht es um die Verschriftlichung von Gefühlen und Gedanken. Mails zu verfassen ist eine sprachlich anspruchsvolle Aufgabe, auch für Sie. Achten Sie in Ihren Mails darauf, dass Sie verständlich schreiben. Wolf Schneider, ein deutscher Journalist, Sachbuchautor und Sprachkritiker beschäftigt sich seit vielen Jahren mit Sprache. In vielen Büchern (siehe Literaturverzeichnis) gibt er konkrete Tipps für verständliches Schreiben. In der schriftbasierten Online-Beratung geht es um ein Ineinandergreifen von »Wie bringe ich einen Text zum Sprechen?« und »Wie bringe ich meine beraterischen Fähigkeiten und Kompetenzen ein?«, »Wie schreibe ich empathisch, einladend und unterstützend?« Bevor wir Ihnen dazu das bewährte Vier-Folien-Konzept für die Mail-Beratung und das Fünf-Folien-Konzept für die Chat-Beratung vorstellen, möchten wir Ihnen hier einige »Tipps« geben, wie Sie Ihren Schreibstil ausdrucksvoller und verständlicher machen können:

1. Ein Wort ist umso verständlicher, je weniger Silben es hat, sagt die Verständlichkeitsforschung.
2. Lassen Sie Ihren Satz nur so lang werden, wie ihn Ihr Atem trägt. (Allerdings sind nur kurze Sätze auch langweilig. Der Rhythmus macht den Text lebendig; in einem guten Text wechseln kurze und lange Sätze ab und es gibt Satzzeichen. Es gibt mehr als Punkt und Komma ;-) Sieben Satzzeichen haben wir, um die Melodie der mündlichen Rede in den geschriebenen Text zu holen.)
3. Denken Sie daran: Ein Gedanke, ein Satz! Ein Gedankengang, ein Absatz! Ein gut strukturierter Text ist nicht nur eingängiger, sondern wird auch besser verstanden und macht mehr Freude beim Lesen.
4. Regen Sie die Phantasie Ihres Gegenübers an und nutzen Sie eine bildreiche Sprache! Schreiben Sie auf, was Sie mit allen Sinnen erleben. Lesen ist wie Fernsehen im Kopf!
5. Bringen Sie die Dinge auf den Punkt und formulieren konkret. Achten Sie bei der Wahl der Verben darauf, die Handlung so konkret wie möglich zu beschreiben. Manchmal dauert es länger, nach dem richtigen Wort zu suchen, doch es lohnt sich. Es entsteht ein anderes Bild, wenn Sie lesen: »Er geht« oder »Er rennt«.
6. Schreiben Sie im Aktiv! »Peter schiebt sein Rad in die Garage« ist dynamischer und verständlicher als: »Ein Fahrrad wird in die Garage geschoben.« Nicht Dingen oder Personen etwas antun – sondern sie machen lassen.
7. Verwenden Sie Adjektive sparsam! Nutzen Sie informative oder farbenreiche Adjektive. Sie verleihen einem Text Emotion und sprechen unsere Sinne an. Unser Gehirn verknüpft diese sofort mit unseren Erfahrungen und es entsteht ein Bild. Wenn sie, die Adjektive, dies nicht tun, müssen sie weg!
8. Benutzen Sie starke Verben wie backen, fahren, graben, laden, schaffen, schlagen, tragen, wachsen, waschen … Sie verleihen ei-

nem Satz Kraft. Eine Liste von starken Verben finden Sie unter: https://www.deutschplus.net/pages/Tabelle_starker_Verben.

9. Vermeiden Sie Füllwörter! Sie blähen einen Text auf und verwässern Aussagen. Streichen Sie Wörter, die überflüssig sind und Ihren Sätzen keine zusätzliche Bedeutung verleihen, beispielsweise: sehr, irgendwie, gewissermaßen, auch, allzu, bereits, denkbar, eigentlich, etwas, fortwährend, genau, häufig, in diesem Zusammenhang, manchmal, nun, offenbar, plötzlich, relativ, schon, sicher, trotzdem, unbedingt, vielleicht, voll, wieder, ziemlich …
https://www.zeit.de/serie/stilkunde-deutsch

Achten Sie auf Bedeutungsunterschiede ähnlicher Worte. Wir lesen z.B. immer wieder, dass vielen Menschen der Bedeutungsunterschied zwischen anscheinend (Adverb) und scheinbar (Adjektiv) nicht klar ist. Der Duden erklärt es so: »Mit anscheinend wird die Vermutung zum Ausdruck gebracht, dass etwas so ist, wie es erscheint. […] Das Adjektiv scheinbar besagt, dass etwas nur dem Schein nach, nicht aber in Wirklichkeit so ist, wie es sich darstellt.« Scheinbar gaukelt uns den schönen Schein nur vor. Scheinbare Dinge sind vorgetäuscht und entsprechen nicht der Wirklichkeit. Der Schein trügt! In den meisten Fällen, in denen scheinbar gebraucht wird, ist in Wirklichkeit anscheinend gemeint. Sätze wie »Das ist ihm scheinbar egal« oder »Scheinbar weiß es keiner« sind häufig zu hören, doch leider – meistens – falsch. Richtig muss es heißen: »Das ist ihm anscheinend egal« und »Anscheinend weiß es keiner«. Andernfalls würde es bedeuten, die Gleichgültigkeit und die Unwissenheit wären nur vorgetäuscht.

https://www.spiegel.de/kultur/zwiebelfisch/zwiebelfisch-truegerischer-anschein-des-scheinbaren-a-276326.html

Wenn Sie nun schreiben: »Du bist scheinbar gerade verzweifelt«, heißt dies, dass Sie der Schreiberin oder dem Schreiber nicht glauben. Richtig würde es heißen: »Du bist anscheinend sehr verzweifelt« oder noch besser: »Du schreibst, dass du, als du die Mail geschrieben hast, verzweifelt warst.«

Chats sind im Umgang mit Sprache toleranter, lockerer und entsprechen oft der Alltagssprache (von Jugendlichen). Achten Sie daher darauf, dass Sie nicht als »Berufsjugendlicher« rüberkommen und geben Sie auch im Chat Ihrem Text eine persönliche und professionelle Note. Der Chat ist an Regeln und Zeit gebunden. Nicht nur die Ratsuchenden, auch Sie stehen unter einem gewissen Zeitdruck, in der vorgegebenen Zeit etwas zu schreiben. Die Wartezeiten zwischen Schreiben und Absenden und Lesen sind für manche Menschen schwer auszuhalten.

Schreiben Sie klar und beschönigen Sie nichts. Sie nehmen damit die Ratsuchenden ernst! Geben Sie der Mail, die Sie schreiben, und dem Chat, den Sie führen, Ihre Note!

3.8 Die Nivellierung sozialer Hintergründe

Mailen, Chatten

Ein weiteres Merkmal der Online-Beratung ist die Nivellierung sozialer Hintergründe. Im Gespräch sehen wir unser Gegenüber, wir nehmen die Haltung und die Kleidung wahr, sehen, ob sie oder er gepflegt ist oder nicht; wir sehen, ob jemand übergewichtig oder mager ist. Aus solchen Informationen wie dem Aussehen oder der Sprechweise machen wir uns schnell ein Bild. Durch den Wegfall optischer Eindrücke im Chat- oder Mailkontakt sind wir erst einmal unvoreingenommener.

3.8.1 Bedeutung für die Beratung

Projektionsfördend

Sie erinnern sich: Die textbasierte Online-Beratung wird nicht durch Mimik, Gestik, Sprache beeinflusst. Alleine das geschriebene Wort zählt. So sind besonders Mails projektionsfördernd, sowohl für die Ratsuchenden als auch für Sie. Die Bilder, die in uns entstehen, sind unsere Bilder! Es sind nicht die der Ratsuchenden. Dies kann zu falschen Interpretationen der Textaussage führen, die dem weiteren Beratungsprozess hinderlich sein können. Seien Sie vorsichtig mit Bildern, die in Ihnen entstehen. Sie wissen nicht, ob diese stimmen. Fragen Sie nach!

3.9 Äußere Niederschwelligkeit und zeitliche Flexibilität

Mailen, Chatten, Sprachnachrichten

Flatrates, WhatsApp und andere Messenger-Dienste verursachen kaum Kosten. Angesichts der geringen finanziellen Belastung, der Bequemlichkeit, der Ad-hoc-Verfügbarkeit, der zeitlichen Flexibilität und der Tatsache, dass die reale Präsenz oft mit einem sehr viel höheren Zeit- und Kostenaufwand verbunden ist als die virtuelle Präsenz, lässt sich die Reichweite der Beratung verbessern. Über das Internet erhalten Bewohnerinnen und Bewohner dünn besiedelter Gebiete nun Zugang zu Beratung. In Städten und Ballungszentren ist die Online-Beratung von zeitlich stark eingebundenen Personen ebenfalls eine gute Möglichkeit. Auch für Menschen mit eingeschränkter Mobilität ist die Online-Beratung von Vorteil. Somit kommen Online-Angebote den Menschen entgegen, und es können durch entsprechende Präsenz im Netz, wie in den sozialen Netzwerken, viele Menschen erreicht werden. Die Kontaktaufnahme kann von jedem Ort, unabhängig wie laut oder leise, öffentlich oder privat aufgenommen werden. Zum Beispiel im Bus:

Silence	Hallo
Viktoria	Hallo. Was kann ich tun?
Silence	Ich hab, glaub ich, gerade eine Panikattacke oder so ... ich bin im Bus, und hier sind so viele Menschen um mich rum und viel zu nah ... Ich bekomme kaum Luft und hab Herzrasen und mir ist schlecht
Viktoria	Und das Schreiben klappt?
Viktoria	Müssen Sie denn noch weit fahren?
Silence	10 oder 15 min noch
Viktoria	Wenn Ihnen schlecht ist, gehen Sie in Richtung Tür, um ein bisschen mehr Luft zu bekommen. Und gucken am besten nach vorne, damit Ihnen nicht noch schlechter wird
Silence	Ich kann es versuchen ...
Silence	Aber hier sind so viele Menschen ... ich hab Angst ...
Viktoria	Machen Sie das. Und wenn es gar nicht geht, steigen Sie aus

	und nehmen den nächsten Bus, wenn das terminlich möglich ist
Silence	Der nächste fährt erst in einer Stunde und dann komm ich zu spät
Viktoria	Dann tatsächlich Richtung Tür. Und meistens bleibt es nicht die ganze Zeit so voll, halten Sie ein paar Stationen aus, es wird sicher gleich leerer
Silence	Ich versuche es, aber mir ist schwindelig und so
Viktoria	Ja, glaube ich, packen Sie das Handy jetzt mal weg und gucken Sie nach vorne. Dann wird's gleich besser.

(Knatz & Schumacher, 2019)

3.9.1 Bedeutung für die Beratung

3.9.1.1 Ortsunabhängig

Was bedeutet es, wenn Ratsuchende sich von jedem Ort an Sie wenden können? Von zu Hause, von der Arbeit, aus dem Auto. Online-Beratung verläuft selten emotionslos, manchmal fließen Tränen oder die Klientinnen und Patienten sind aufgewühlt oder wütend. Was passiert, wenn dann gerade die Kollegin reinschaut? Oder das Baby wach wird? Oder das Auto vor Ihnen plötzlich bremst? Bitte fragen Sie, besonders beim Chatten, nach, wo sich Ihr Gegenüber gerade befindet und stimmen Sie Ihre Beratung darauf ab.

Nicht nur die Ratsuchenden können von jedem Ort und zu jeder Zeit schreiben. Auch Sie können es, im Zug, im Café oder von zu Hause. Wenn Sie im Zug arbeiten, schützen Sie Ihren Laptop mit einer Schutzfolie vor den Blicken der Mitfahrenden. Denken Sie daran: Homeoffice simuliert eine Privatheit. Überlegen Sie, wo ein guter Ort für Sie ist. Es ist nicht ihr Bett ;-) Und überlegen Sie, gerade als Freiberuflerin oder Freiberufler, wie Sie es im Urlaub handhaben wollen.

3.9.1.2 Schreiben und Sprechen zu jeder Zeit, auch in der Nacht

»Am Tag, da kann man über vieles erhaben sein, aber nachts, mein Gott, da ist es etwas ganz anderes«, schrieb Ernest Hemingway. Die

Nacht hat ihr eigenes Gesicht. In der Nacht erfährt die Tageswelt eine Spiegelung und einen Kommentar, es ist eine Zeit der Aufrechnung und der Abrechnung. Man ist mit seinen Gedanken, seinen Gefühlen und Wahrnehmungen allein. Intensiver als bei Tag erlebt man das Vergehen der Zeit. Im Schutz der Dunkelheit kann man sich den Erinnerungen und Phantasien, dem Zweifel und den Ängsten hingeben. Dem Kopfkino sind keine Grenzen gesetzt. Das Mailen in der Nacht bietet eine Möglichkeit, seinen Ängsten Worte zu geben. (Knatz, 2013)

Auch Sie können Ihre Mails und Sprachnachrichten zu jeder Tages- und Nachtzeit verfassen. Auch bei Ihnen erfährt die Tageswelt eine Spiegelung. Überlegen Sie, ob das für Ihre Beratungsrolle passt.

3.9.1.3 Zeitliche Flexibilität

Die Zeitverzögerung in der Kommunikation ermöglicht die Reflexion des Geschriebenen und die Chance, die Antwort erneut zu lesen. Das gilt für Beratende und Ratsuchende gleichermaßen. Allerdings werden Sie in der Regel kaum die zeitlichen Ressourcen für Antworten haben, wofür Sie zwei bis drei Stunden benötigen. Im Beratungsalltag hat sich bewährt, für die erste Antwort etwa eine Stunde anzusetzen. Wenn Sie die Antwort geschrieben haben, lassen Sie das Rechtschreibprogramm darüber gehen (Beratungsantworten mit vielen Fehlern lassen Sie für Ratsuchende nicht besonders kompetent erscheinen). Wenn Sie dann ein gutes Gefühl haben, schicken Sie die Mail ab. Am Anfang macht es Sinn, vielleicht etwas mehr Zeit vergehen zu lassen bis zum Abschicken. Es macht keinen Sinn, wenn Sie die Mail zu lange liegen lassen und dann am nächsten Tag noch einmal verändern. Das kostet Sie Zeit und hat für die Beratung keinen entscheidenden Einfluss. Anders verhält es sich, wenn Sie nicht zufrieden mit Ihrer Antwort sind. Dann ist es sinnvoll, eine Kollegin oder einen Kollegen zu bitten, sich die Mail durchzulesen und Ihnen Rückmeldung zu geben. Falls Sie keine Kollegin oder Kollegen haben, schlafen Sie am besten eine Nacht drüber und lesen sich dann die Mail am nächsten Tag noch einmal durch. Oft klärt es sich dann. Dieser zeitliche Rahmen für das Lesen und Schreiben einer Antwort, also die Zeit, die vergeht zwischen dem Zeitpunkt des Absendens durch den Ratsuchenden bis zum Zeitpunkt des Absendens der Antwort des Beraters, ist für manches entscheidend und sollte möglichst kurz gehalten werden.

3.10 Merkmal: Nähe durch Distanz

Mailen, Chatten, Sprachnachrichten

In der Online-Beratung entsteht die paradoxe Situation einer Nähe durch Distanz: Menschen äußern sich oft freier, direkter, persönlicher, wenn sie alleine sind. Sie haben das Gefühl: »Ich kann kontrollieren, was ich abschicke!« oder: »Ich kann jederzeit den Kontakt abbrechen!« oder: »Mein Gegenüber kennt mich ja nicht, ich habe nichts zu verlieren.« Diese Distanz bewirkt, dass Themen, die mit dem eigenen Scheitern zu tun haben, leichter zur Sprache kommen können.

Online-Beraterinnen und -Berater bestätigen, dass die Beratungen emotional und intensiv sind. Das hat auch damit zu tun, dass die Möglichkeit besteht, einen unangenehmen Dialog einfach abzubrechen, weil er vielleicht zu nah und zu emotional ist, wie im Chat oder auf eine Mail oder Sprachnachricht nicht mehr zu antworten.

Online-Dialoge lassen durch die Aufrechterhaltung gleichzeitiger Distanz eine abgesicherte und risikofreie Nähe zu und kommen damit dem Schutzbedürfnis der Ratsuchenden entgegen. Dies bewirkt eine größere Offenheit, eigene Probleme anzusprechen. Der Wegfall von Hemmungen über die medienvermittelte Kommunikation ermöglicht es, Unangenehmes mitzuteilen und auszusprechen, obwohl es schwerfällt. Sie kennen es bestimmt aus eigener Erfahrung: Wir haben mehr Mut, da wir die erwartete Reaktion in unmittelbarer Nähe nicht zu fürchten brauchen. Und so können tabuisierte Themen wie Fragen zur Sexualität, Gewalterfahrungen, grenzverletzendes Verhalten oder der Wunsch, sterben zu wollen, ausgesprochen oder aufgeschrieben werden. So schrieb eine Frau: *»Guten Tag, ich bin Frauke. Helfen, ich glaube das kann keiner. Ich muss weiterhin die Schläge von meinem Mann aushalten und ich kann mit niemandem sprechen.«* (Knatz & Schumacher, 2019)

3.10.1 Bedeutung für die Beratung

Auch für Sie als Beratende kann eine Nähe durch Distanz entstehen. Auch Sie können freier, direkter, persönlicher werden, wenn Sie alleine sind. Achten Sie darauf, dass Sie in der Rolle bleiben. Dadurch, dass Ratsuchende sich mehr trauen, tabuisierte Themen anzusprechen, ist es wichtig, dass Sie Ihre Grenzen und Werte mit im Blick haben und bei grenzverletzendem Verhalten, wie z. B. bei Anfragen von Pädophilen, überlegen, ob Sie sich eine Beratung zumuten oder auch nicht und eventuell weiterverweisen.

3.11 Merkmal Stimme

Sprachnachrichten und Video-Beratung

Es ist für die Geschwindigkeit des Verfassens der Nachrichten nicht mehr von Bedeutung, ob wir das Zehnfingersystem beherrschen oder noch mit dem Zwei-Finger-Adler-Kreis-System liebäugeln, und auch die Zwei-Daumen Schreibgeschwindigkeit wird nicht mehr weiter trainiert, denn die textbasierten Nachrichten haben Konkurrenz durch die Sprachnachrichten bekommen. Sprachnachrichten:

- sind schneller verfasst als geschriebene Mitteilungen; es ist nun mal schneller, einen Text zu sprechen, statt ihn zu schreiben.
- werden dann aufgesprochen, wenn die Zeit oder das Bedürfnis da ist.
- sind asynchron, weil sie nicht die gleichzeitige oder besser zeitgleiche Anwesenheit des Gegenübers brauchen.
- die prosodischen Merkmale der Sprache werden übermittelt. Emotionen sind klar zu hören und einzuordnen. Was in einer Textbotschaft über Messenger mit einem Smiley als Interpretationshilfe versehen werden muss, wird in seinem emotionalen Gehalt direkt verstanden. Wir hören, wenn jemand weint, ärgerlich oder aufgebracht ist, wir hören, wenn jemand gehetzt ist, betrunken ist oder zu viele Medikamente genommen hat.

Über die Stimmlage, den Tonfall, die Lautstärke und den Sprachrhythmus können wir Emotionen ausdrücken und erkennen:

- Meist wird eine kräftige, aber nicht zu laute Stimme als ein Zeichen für Vitalität und Dominanz gesehen.
- Übermäßige Lautstärke wird in unserer Kultur als bedrohlich interpretiert.
- In Stress- oder Frustsituationen oder wenn wir überrascht, erstaunt oder besonders höflich sein wollen, sprechen wir häufig mit erhöhter Stimmlage.
- Wenn wir unsere Tonhöhe variieren, werden wir kompetenter, wohlwollender, selbstbewusster und extrovertierter eingeschätzt.
- Unsere Stimme zittert, wenn wir unsicher, aufgeregt oder nervös sind.

»Der Grund dafür liegt in der Erzeugung der Stimme, an der mehr als 100 Muskeln beteiligt sind. Damit diese Muskeln gut zusammenwirken, bedarf es einer perfekten Feinabstimmung.« (Amon, 2003) Qualifizierte Zuhörerinnen und Zuhörer bekommen mit, wenn Menschen einen stark gefühlsbetonten Zustand verbergen wollen. In dem Wunsch, den emotionalen Zustand auszuklammern oder zu überspringen, kommt es zu einem innerpsychischen Konflikt: Die Feinabstimmung wird gestört und die Stimme spiegelt den inneren Konflikt wider. Beispielsweise wird die Stimme als resonanzlos, distanziert oder dissoziiert wahrgenommen. Vielfach enthält die Tonalität dann eine unnatürliche Note in ihrer Wirkung, die nicht zum Thema oder zum Kontext des Gesprächs zu passen scheint. Zuhörerinnen und Zuhörer bekommen das Gefühl, ihr Gegenüber nicht zu spüren.« (Knatz & Schumacher, 2019)

3.12 Merkmal Video-Beratung

Drei Merkmale machen die Video-Beratung aus: die Überbrückung von Entfernung, die Beratung von jedem Ort und zu jeder Zeit. Die Beratung kann von zu Hause, sowohl für Ratsuchende als auch Beraterinnen und Berater, durchgeführt werden. Dieses Merkmal ist gerade in Zeiten der Corona-Pandemie so wertvoll geworden. Programme wie Zoom, Microsoft Teams, Cisco WebEx, Adobe Connect, GoToMeeting, BBB (BigBlueButton) und andere haben Vorteile:

- Sie können von jeder Ratsuchenden oder jedem Klienten genutzt werden ohne Einschränkung auf bestimmte Betriebssysteme. Alle können teilnehmen, unabhängig davon, welchen Computer sie haben. Auch eine Teilnahme von unterwegs mit dem Smartphone ist möglich.
- Beratende können jede Art von Anwendungen und Dateien zeigen und eine Bildschirmfreigabe aktivieren.
- Beratende können die Sitzung, mit Genehmigung der Ratsuchenden, aufzeichnen.
- Die Programme haben eine Chatfunktion, sodass die Teilnehmenden sich auch schriftlich benachrichtigen können.
- Es gibt ein gemeinschaftlich zu benutzendes Whiteboard.

Die meisten Ratsuchenden und Klientinnen haben zumindest ein Smartphone, mit dem sie in der Lage sind, an einer Video-Beratung teilzunehmen. (Was sich in den Weg stellt, ist die unzureichende Infrastruktur in unserem Land. Die Bandbreiten für eine störungsfreie Kommunikation über das Internet sind nicht vorhanden. Durch die Corona-Situation hat sich die Zahl der Nutzer sehr schnell erhöht und in bestimmten Regionen zu bestimmten Tageszeiten kann man schon eine Überlastung feststellen.)

Auf der Webseite der Beratungsstelle donum vitae ist zu lesen: »Der außergewöhnliche Zustand im Zusammenhang mit der Corona-Virus-Pandemie hat auch die Beratungsstellen von donum vitae erfasst. Selbstverständlich sind wir weiterhin in vollem Umfang für Sie da. Unsere digitalen Angebote der Video- und Online-Beratung sichern Ihnen auch zukünftig einen geschützten Zugang und das Recht auf Beratung. Vertraulichkeit und Datenschutz sind gewährleistet. Sie können sich telefonisch oder per E-Mail für eine Video-Beratung anmelden. Dann erhalten Sie einen Termin und erhalten den Zugangscode für eine verschlüsselte Video-Beratung für Ihren

Rechner, Tablet oder Smartphone.« https://www.donumvitae-hd.de/beratung-hilfe/digitale-beratung 12.12.2020

Auch auf der Webseite der pro familia ist zu lesen, dass es neben den Telefonaten auch die Möglichkeit zur Video-Beratung gibt. »In einer Videosprechstunde läuft das Gespräch zwischen Ihnen und Ihren Berater*innen ähnlich ab wie in der Beratungsstelle. Sie und Ihre Berater*innen befinden sich nur nicht am selben Ort. Der Austausch erfolgt am Bildschirm, ohne dass Sie hierzu in die Beratungsstelle kommen müssen. So sind wir alle gut geschützt. Für die Videosprechstunde benötigen Sie keine besondere Technik: Computer oder Tablet (zur Not auch ein Smartphone) mit Bildschirm oder Display, Kamera, Mikrofon und Lautsprecher sowie eine Internetverbindung reichen aus. Bitte achten Sie bei der Videosprechstunde auf eine gute Beleuchtung und vor allem eine ruhige Umgebung.«

https://www.profamilia.de/bundeslaender/nordrhein-westfalen/beratungsstelle-guetersloh/psychosoziale-beratung.html

3.12.1 Bedeutung für die Beratung

Die Vorteile liegen auf der Hand. Ich sehe und höre die Klientinnen und Ratsuchenden, ich kann also auf die Erfahrungen in der Interaktion mit Menschen zurückgreifen. Allerdings ist die digitale Präsenz in einem Videochat anders als die physische Präsenz. Informationen aus Gesten, Tonfall, Mimik und Körpersprache werden zu einem gewissen Teil übertragen, andere gehen verloren. Auf dem Bildschirm erscheint nur ein Ausschnitt der Agierenden. Augenkontakt passiert z. B. nicht einfach so, sondern muss hergestellt werden!

In Supervisionen berichten die Psychotherapeutinnen und Berater, dass Video-Beratungen anstrengender sind. Wenn sie drei Beratungen von Angesicht zu Angesicht hintereinander machen, sind sie weniger ausgelaugt, als wenn sie drei Video-Beratungen durchführen. Erschwerend können technische Mängel, wie eine schlechte Akustik durch instabile Internetverbindung und schlechte Mikros, hinzukommen. Wie auch beim Chatten ist die Gefahr größer, dass technische Probleme die Video-Beratung erschweren. Die Video-

Beratung braucht mehr psychische Energie, etwa doppelt so viel, als wenn wir jemanden in einem Raum gegenübersitzen. Vor der Kamera zu sprechen heißt, aktiver zu sein, wir brauchen ein höheres Energielevel. Das sollten Sie bei der Taktung der Video-Beratungen mit einplanen.

Dadurch, dass wir auf einen Bildschirm schauen, der meist die Größe einer Seite hat, müssen wir uns mehr anstrengen, um die für die Beratung wichtigen Informationen zu bekommen, die wir sonst in einem Gespräch von Angesicht zu Angesicht erhalten.

Zudem ist Bildschirmarbeit an sich anstrengender; Nacken und Schultern verspannen sich, die Augen fühlen sich trocken an und brennen und wir bekommen Kopfschmerzen. Unser Auge ist nicht dafür ausgerüstet, lange in eine Lichtquelle wie den Bildschirm zu schauen, sondern nur für die Aufnahme von reflektiertem Licht. Achten Sie also neben der Psychohygiene auch auf »Augenwellness«.

Wenn wir von Angesicht zu Angesicht beraten, sehen wir uns nicht selbst. Während einer Video-Beratung beobachten wir uns permanent selbst, wie wir sprechen und wie unser Gegenüber darauf reagiert. Die Kamera ist wie ein Spiegel. Wir sehen uns ständig und wir fragen uns, wie unser Gegenüber uns sieht und welchen Eindruck wir wohl machen. Sieht er die Ringe unter den Augen oder dass die Haare nicht liegen, den faltigen Hals …? Das ist anstrengend und vielleicht auch unangenehm. Es bedarf der Übung, solche Gedanken auszuschalten, oder eines Videokonferenzprogramms, das es ermöglicht, die Selbstansicht auszuschalten. Dazu kommt das Wissen, dass es unserem Gegenüber ähnlich geht ;-)

Diese Videokonferenzen, die wir von »Zu Hause«, also aus unserer privaten Umgebung, durchführen, stellen einen Spagat dar. Wir sind alleine in unserer vertrauten Umgebung und doch verbunden mit einer Anzahl von Menschen, deren Gesichter wir auf unserem Bildschirm sehen und die wir hören. Wir bekommen eine Menge an Informationen über den auditiven und visuellen Kanal. Der kinästhetische ist außen vor. Aber auch das, was wir mitbekommen, entspricht nicht ganz dem, was wir bei gleichzeitiger Anwesenheit in einem Raum mithören würden. Es ist um einige Frequenzen ärmer, es ist verzerrt und manchmal (technisch bedingt) von anderen Geräuschen überlagert. Niemand in diesen Konferenzen hat ein entsprechendes Equipment zu Hause, das die Übertragung (das Senden) in Hi-Fi-Qualität ermöglichen würde.

Das Homeoffice forciert die Beratung mittels Videokonferenz von zu Hause, sowohl für die Beratenden als auch die Ratsuchenden. So ist es notwendig, das Verhalten an das Setting anzupassen. Die Kamera zeigt nicht nur uns, sondern auch unsere Umgebung. Daher sollten wir uns Gedanken zu dem passenden Ort und Bildausschnitt machen. Wahrscheinlich kennen Sie das Interview mit dem Politikprofessor Robert Kelly, der dabei war, der BBC ein Interview zur Amtsenthebung von Südkoreas Präsidentin Park Geun Hye zu geben, als seine Kinder in das Arbeitszimmer stürmten. Die Kinder und seine Frau, die versuchte, die Situation zu retten, wurden zur viralen Sensation ;-)

1. Sie brauchen eine funktionierende Technik, mit der Sie vertraut sind. Achten Sie darauf, dass die Internetverbindung stabil ist, die Kamera gut positioniert (die Lichtquelle sollte sich hinter der Kamera befinden) und das Mikrofon leistungsfähig ist.
2. Räumen Sie hinter sich auf, sodass hinter Ihnen keine Unordnung herrscht und Ihr Gegenüber abgelenkt und seine Aufmerksamkeit nicht gestört wird. Zum professionellen Eindruck trägt eine schlichte, neutrale und vor allem ordentliche Einrichtung bei. Dazu gehört auch, dass der Kabelsalat nicht sichtbar ist. https://bellevue.nzz.ch/auto-gadgets/home-office-5-tipps-fuer-eine-videokonferenz-ohne-stoerungen-ld.1547070
3. Vor dem Beginn sollte sichergestellt werden, dass Ihr Handy und Telefon auf lautlos gestellt sind, niemand während der Videoübertragung stört, sich durch den Aufnahmebereich begibt und dass keine Geräusche durchs offene Fenster zu hören sind. Auch Nebengeräusche wie z. B. klappernde Kaffeetassen stören.
4. Kein Multitasking! Ihr Gegenüber merkt es, wenn Sie andere Dinge nebenher erledigen – und das stört den Beziehungsaufbau und das Vertrauensverhältnis. Man kann es zwar nicht sehen, aber es fällt trotzdem auf, wenn Sie unter der Tischplatte eine WhatsApp beantworten.

5. Ebenso wichtig ist Ihre Kleidung, sie ist bei Videokonferenzen genauso eine Intervention wie in der Beratungsstelle vor Ort ;-) Auch wenn das Homeoffice zu gemütlicher Kleidung einlädt, sollte das Oberteil bürotauglich sein. Auffällige Muster, Streifen oder Karos lenken ab und können die Bildqualität beeinträchtigen. Ebenso sind schwarze oder weiße Kleidung eher ungeeignet. Sie beeinflussen den Kontrast. Und Kleinkariertes kann einen sogenannten Moiré-Effekt ergeben, dann flimmert das Bild.
6. Seien Sie auf Augenhöhe mit der Webcam, und das im wahrsten Sinne des Wortes. Am einfachsten gelingt dies, wenn das Gerät so platziert wird, dass sich die Kamera mittig auf Augenhöhe befindet. Darunter kann man Bücher oder Schachteln stapeln, bis die Höhe erreicht wird. Der Abstand zwischen Ihnen und der Kamera sollte etwa eineinhalb Meter betragen. https://bellevue.nzz.ch/auto-gadgets/home-office-5-tipps-fuer-eine-videokonferenz-ohne-stoerungen-ld.1547070
7. Wenn es möglich ist, dann besorgen Sie sich eine externe Kamera. Benutzen Sie nur ausnahmsweise die eingebaute Kamera Ihres Notebooks. Sie müssen sonst immer wieder die Position Ihres Bildschirms nachregulieren, und man sieht Sie nur von unten. Sieh da, ein Doppelkinn!
8. Halten Sie Augenkontakt und schauen Sie in die Kamera. Denken Sie daran, sich die Kamera wie ein Fenster vorzustellen ;-) Viele schauen auf den Bildschirm, sodass das Gegenüber dauernd eine Person mit gesenktem Blick vor sich sieht.
9. Vielleicht haben Sie noch ein wenig Geld auf der hohen Kante, dann besorgen Sie sich eine Bildschirm-Brille. Entspiegelt bitte! Dann reflektiert nichts, und man kann in Ihren Brillengläsern Ihren Bildschirm nicht mehr erkennen. Auch ist diese auf eine entsprechende Entfernung zum Bildschirm eingestellt.
10. Starren Sie Ihr Gegenüber nicht an. In einem Face-to-Face-Gespräch schauen wir ca. alle neun Sekunden kurz weg, um vielleicht nachzudenken oder … In der Video-Beratung sollten Sie das auch tun, sodass sich die Begegnung »natürlich« anfühlt. Zudem strengt das »Starren in den Bildschirm unsere Augen

mehr an und wir sollten darauf achten, ab und zu die Augenlider zu bewegen ;-)

11. Mit der Video-Beratung entfällt der Fahrweg für die Ratsuchenden und auch für Beraterinnen und Berater und somit die Zeit der gedanklichen Vor- und Nachbereitung der Sitzungen. Manchmal werden kurz vor der Beratung die Kinder ins Bett gebracht oder direkt nach der Sitzung mit der Partnerin oder dem Partner diskutiert oder ein weiteres Meeting schließt sich an. Die Video-Beratung erfordert sowohl von den Ratsuchenden als auch von den Beratenden, sich vor und nach der Sitzung ein paar Minuten bewusst Zeit zu nehmen. Zum Ankommen, zum Nachdenken oder einfach nur zum Atmen.
12. Halten Sie es verständlich und einfach. Wenn Sie zu einem Videomeeting einladen, stellen Sie sicher, dass die Instruktionen für die Einwahl einfach und verständlich beschrieben sind und die anderen Teilnehmer sich schnell und problemlos einwählen können. https://www.computerwoche.de/a/knigge-fuer-video-conferencing,2554307
13. Jederzeit und überall zu arbeiten ist zwar ein Plus der modernen Technik. Doch Supermarkt, Bahnhofshalle oder Flughafen sind eher unpassende Orte für ein Video-Meeting. https://www.computerwoche.de/a/knigge-fuer-video-conferencing,2554307
14. Musik und andere Hintergrundgeräusche wie spielende Kinder lenken andere ab. Im Büro hängen Sie am besten ein »Nicht stören«-Schild vor die Türe. https://www.computerwoche.de/a/knigge-fuer-video-conferencing,2554307

Ein Videochat ist trügerisch. Uns wird vorgegaukelt, in direktem Kontakt zu sein. Das ist aber nicht so. Wir sind für uns alleine, genauso wie es die Klientin oder der Kunde auch ist. Wir geben nur einen kleinen Ausschnitt unseres Selbst in die Übermittlung. Wir dürfen die Distanz, die durch die digitale Übertragung von Bild und Ton zeitweise verschwimmt, nicht vergessen. Sie ist da und entfaltet auch ihre Wirkung. Nähe, Ferne und Abstand bemisst sich auch im digitalen Zeitalter immer noch in Zentimetern, Metern oder Kilometer. Wir müssen nicht diskutieren, dass selbstverständlich die

Astronauten in der ISS sich freuen, mit ihren Angehörigen zu sprechen und sie am Bildschirm zu sehen. Das ist keine Frage, aber an diesem Beispiel wird vielleicht deutlich, dass wir die Atmosphäre, die Umgebung, die Bedingungen nicht direkt mitbekommen und an den damit verbundenen Gefühlen und Eindrücken dieser Menschen nicht teilhaben können. Sie können sie uns mitteilen und zu veranschaulichen versuchen. Das wird aber nur bruchstückhaft gelingen. Wenn in einer Therapiesitzung oder einem Beratungsgespräch ein Mensch vor uns sitzt, der von seinen Gefühlen überwältigt anfängt zu weinen, dann sind wir da in diesem Raum, wir sind beteiligt und können ein Taschentuch reichen. Wir sind nicht nur Augenzeugen und Ohrenzeugen am Bildschirm. Wir nehmen teil an dem, was dieser Mensch ausdrückt, was, wie und wer er ist, in diesem Moment. Wir sind da, nehmen das mit allen uns zur Verfügung stehenden Sinnen auf, was dieser Mensch uns mit allen seinen zur Verfügung stehenden Ausdruckmöglichkeiten mitteilt. Mehr Nähe ist, wenn wir die Körperlichkeit ausklammern, nicht möglich. Mehr ist aus unserer Innenwelt nicht mitteilbar. Gemeinsames Erleben ist auch an Gemeinsamkeit im Raum gebunden. Insofern ist die Nähe, die wir in einem Zoom-Meeting verspüren, vielleicht trügerisch. Sie lässt uns in dem Moment vielleicht fühlen, dass es uns gelungen ist, den Abstand zwischen uns kleiner zu machen. Und das ist gut so.

KAPITEL 4

Wie aus Daten Beziehungen werden

Methoden und Werkzeuge

Online-Beratung stellt Therapeutinnen und Berater vor neue Herausforderungen, da die Bedingungen des Face-to-Face-Gesprächs anders sind. Was allerdings gleich ist: Online-Beratung geht, genauso wenig wie die Face-to-Face-Beratung, nebenbei! Sie ist nicht Ersatz oder Konkurrenz; die Ratsuchenden entscheiden je nach Situation und Anlass frei über die Inanspruchnahme. Das Knowhow der Face-to-Face-Beratung lässt sich nicht eins zu eins übertragen. Schriftliche Kommunikation lässt Raum für Phantasie. Ähnlich, wie ein Buch mehr Raum für Phantasie lässt als der Film dazu. Die digitalisierte Form der Beratung braucht eine Umsetzung und Anpassung beraterischer Fähigkeiten an die Schriftlichkeit und Asynchronität. »Als Beraterin kann ich korrespondieren – im doppelten Sinn des Wortes. Ich versuche der Mail zu entnehmen, ob jemand sich ohne Punkt und Komma etwas von der Seele schreiben möchte, ob er selbst eine Struktur vorgibt, sehe wo die Prioritäten liegen. Beim Lesen kann ich die Worte in mich einsacken und wirken lassen. Ich kann eine Nacht darüber schlafen, ich kann mir Zeit lassen mit meiner Antwort und überlegen, auf was ich eingehen möchte, in welche Richtung mein Schreiben weisen könnte. Durch Anrede und Abschiedsgruß, Entscheidung über Länge und Kürze der Mail, Absätze, Wahl der Sprachebene und der Inhalte versuche ich mich auf die Ratsuchenden einzustellen und bin gespannt auf die Reaktion. Ich versuche zwischen den Zeilen zu lesen, um Emotionen auf die Spur zu kommen. Meine Wahrnehmung teile ich mit und erfrage, ob ich damit richtig liege. So kann der Austausch in die Tiefe gehen, und im Verlauf des Mailkontaktes kann ich prozesshaft immer wieder nachjustieren.« (Michel-Pill, 2020)

Online-Beratungsformate bringen Innovationen mit sich, die es zu lernen gilt. Unsere Kommunikationsgewohnheiten haben sich mit der Nutzung von Smartphones und sozialen Netzwerken verändert: Der Umgangsstil ist salopper geworden, die Hemmschwelle niedriger und die Kommunikation offener, schneller und direkter. »Ich sehe Schwierigkeiten beim Chatten. Manchmal sind Sätze so bruchstückhaft, dass es zu Missverständnissen kommt. Auch das Tempo des Schreibens kann Probleme machen. Als Chatberaterin muss ich meine Worte prompt finden, und was ich einmal abgeschickt habe, ist unwiderruflich angekommen. Meistens lassen sich durch Nachfragen Ungereimtheiten aufklären. Eine andere Herausforderung entsteht, wenn Ratsuchende eine ganze Passage mit der Beschreibung ihrer Probleme in den Chat kopieren. Ich begegne dem Ungleichgewicht in der Kommunikation, indem ich mir Zeit zum Lesen und Verstehen erbitte und anschließend versuche, ins eigentliche Gespräch zu kommen. Insgesamt beobachte ich, dass besonders junge Leute sich im Medium Chat zu Hause fühlen.« (Michel-Pill, 2020)

Mail- und Chat-Beratung, Video-Beratung, die Beratung über Sprachnachrichten und die Nutzung von Apps haben ihre Besonderheiten, auf die sich die Psychologinnen und Berater einstellen müssen. Online-Beratungsformate verlangen Kompetenzen, Methoden und Werkzeuge, mit denen Kontakt und Beziehung online möglich werden. Es braucht eine Verbindung von digitaler Kommunikation und Kommunikationspsychologie.

4.1 Beziehung

Studien belegen, dass die Beziehung zwischen Beratenden und Ratsuchenden einer der wesentlichsten Wirkfaktoren ist, der zum Gelingen der Beratung führt. Entscheidend für den Therapie oder Beratungserfolg sind die interpersonellen Kompetenzen. Psychologinnen und Psychologen der Universität Oslo fanden heraus, dass Patientinnen und Patienten vor allem eine warmherzige, involvierte, sensitive und unterstützende Art schätzen. Wenn die Therapeutin oder der Therapeut verbal und nonverbal empathisch, authentisch, freundlich zugewandt und respektvoll rüberkommt, wird dies von Klientinnen und Klienten positiv aufgenommen. Sie honorieren dies mit Vertrauen und einer konstruktiven Zusammenarbeit, was sich wiederum fördernd auf das Arbeitsbündnis und den Therapieerfolg auswirkt. Das eigene Wohlbefinden, eine psychosoziale Grundorientierung hinsichtlich der zu behandelnden Störung sowie eine angemessene Selbstöffnung, echt zu sein, sich nicht hinter der Rolle zu verstecken, wirken sich ebenfalls günstig aus. Berufliche Erfahrung, Verfahren, Geschlecht oder Alter spielen kaum eine Rolle. https://www.aerzteblatt.de/archiv/161041

Davon ausgehend, dass ein Therapie- oder Beratungserfolg an die interpersonellen Kompetenzen gebunden ist, erübrigt sich die Frage, ob das auch online gelingt. Bekanntermaßen verlieren wir unsere interpersonellen Kompetenzen nicht, wenn wir online sind. Authentizität, Wertschätzung und Respekt sind ebenso online zu vermitteln. Man muss sich nicht im selben Raum von Angesicht zu Angesicht begegnen. Eine Beratung kann auch erfolgreich sein, wenn sich Beraterin oder Berater und Ratsuchende online und virtuell begegnen. Virtuell ist keine zweite Wahl! Es ist eine bewusste Entscheidung.

Dadurch, dass eine Beziehung virtuell ist, wird sie nicht »entmenschlicht«: Sie verliert nicht ihren Charakter einer menschlichen Beziehung. Eine Begegnung zweier Menschen, egal ob persönlich, telefonisch oder schriftlich, ist immer real! Physisch oder virtuell! Aus unserer fünfundzwanzigjährigen Erfahrung in der Ausbildung, Weiterbildung und Supervision können wir voller Überzeugung sagen: Eine beraterische Beziehung kann online hergestellt werden und ist genauso hilfreich wie eine »offline« hergestellte Beziehung! Beziehungen werden immer real erlebt, sie gehen ihrer Wirklichkeit nicht dadurch verlustig, dass ihre Kommunikation über ein technisches Medium hergestellt wird.

4.2 Beratungsverständnis

In der Beratung haben wir es mit menschlichen Problemen zu tun. Viele Menschen, die Beratung oder Therapie suchen, befinden sich in einer belastenden Situation. Um dem zu begegnen, brauchen wir ein Therapie- oder Beratungsverständnis. Beratung bezieht sich auf Menschen, »die in Fragen der allgemeinen Lebensplanung, der Gestaltung von menschlichen Beziehungen und im Umgang mit Konflikten und Entwicklungsproblemen in Partnerschaft und Familie nach Veränderungen und neuen Lösungen suchen. Beratung hat prozesshaften Charakter und ist darauf angelegt, dass Ratsuchende mit ihren Fragen und Problemen besser umgehen können und eigene Lösungswege erarbeiten können.« http://www.dakjef.de/pdf/ethische_standars.pdf

Beratung orientiert sich an der individuellen und gesellschaftlichen Situation der Ratsuchenden mit dem Ziel, Selbsthilfemöglichkeiten zu entfalten. Fachwissen wie menschliche Fähigkeiten bestimmen den Verlauf. Beraterinnen und Berater müssen dem Ratsuchenden offen und verständnisvoll begegnen, seine Persönlichkeit akzeptieren und wertschätzen. Wenn sich der Ratsuchende verstanden fühlt, kann sie oder er die Probleme besser beschreiben und selbst Ideen zur Lösung entwickeln. Wir liefern keine Antworten, die haben wir auch nicht, sondern wir werden mit den Ratsuchenden gemeinsam herausfinden, was sie tun können. In diesem Sinne verstehen wir uns als Zuhörerin und Zuhörer von »Geschichten«, wir sind neugierig und lesen gerne.

Vielleicht kennt die Eine oder der Andere von Ihnen die Geschichte mit dem Wanderzirkus und dem Elefanten? Für diejenigen, die sie nicht kennen oder nur noch bruchstückhaft erinnern: »Ein Wanderzirkus hatte seinen Elefanten in einem Stall in der Nähe einer Stadt untergebracht, in der man noch nie einen Elefanten gesehen hatte. Vier neugierige Bürger hörten von dem verborgenen Wunder und machten sich auf, um vielleicht im Voraus einen Blick darauf zu erhaschen. Als sie jedoch zu dem Stall kamen, fanden sie, dass es kein Licht darin gab. Sie mussten ihre Untersuchungen also im Dunkeln vornehmen. Der Eine bekam den Rüssel des Elefanten zu fassen und meinte folglich, dass Tier müsse einer Wasserpfeife ähneln; der zweite erfühlte ein Ohr und schloss, es sei eine Art Fächer; der Dritte, der ein Bein anfasste, konnte es nur mit einer lebenden Säule vergleichen; und der Vierte schließlich, der seine Hand auf den Rücken des Elefanten legte, war überzeugt, eine Art Thron vor sich zu haben. Keiner von ihnen konnte sich ein vollständiges Bild machen und nur den Teil, den jeder erfühlte, konnte er in Begriffen beschreiben, die ihm bekannte Dinge bezeichneten. Das Ergebnis der Expedition war Verwirrung. Jeder der vier war sicher, dass er Recht hatte, und keiner der anderen Bürger der Stadt konnte verstehen, was wirklich geschehen war.« (Shah, 1964)

Keiner der vier konnte die Komplexität des Elefanten erfassen, jeder von ihnen erwischte einen Teil des Tieres und verband dies mit den eigenen Begriffen und Assoziationen.

Wenn sich Menschen an uns wenden, verstehen wir auch nur einen kleinen Teil ihrer Geschichte. Es ist anmaßend, uns als Expertin oder Experte zu sehen, wir sind eher Ethnologinnen oder Forscher. Wir begegnen den Ratsuchenden mit Respekt; mit Respekt vor ihrer eigenen Geschichte, vor ihrer Art, das Leben zu leben und sich Unterstützung zu holen. Wir lernen von ihnen, und unser Kontakt ist ein Geben und Nehmen. Die Ratsuchenden sind die Kundigen, die Wissenden, und wir sprechen ihnen Anerkennung, Würde und Kompetenz zu.

Luise Reddemann schreibt: »Wir lernten aber mindestens genau so viel von unseren Patientinnen. Am entscheidendsten war die Erkenntnis, die schon Hölderlin so formuliert hat: ›Wo aber Gefahr ist, wächst das Rettende auch.‹ Das lehrten uns unsere Patientinnen, denn sie hatten in den Situationen ihrer größten Not für sich kreative Auswege gefunden. Sie hatten sich innere und manchmal äußere Räume geschaffen, in denen sie sich wohl und geborgen fühlen konnten. Sie hatten innere Begleiter erfunden, Feen, Schutzengel, Tiergestalten und anderes, um sich nicht mehr alleine fühlen zu müssen und um Trost zu erhalten. Als unsere Patientinnen merkten, dass wir sie nicht für verrückt, sondern ihre kreativen Lösungen für höchst achtenswert und wunderbar hielten, ließen sie uns teilhaben an diesen inneren Welten.« (Reddemann, 2007)

Vielen Ratsuchenden fällt es schwer, Hilfe in Anspruch zu nehmen. »Ich muss mir eingestehen, dass ich mit meinen Problemen nicht alleine zurechtkomme. Ich muss meine Situation einer fremden Person erzählen, von der ich nichts weiß.« Von daher ist es wichtig, dass die Psychotherapeutin oder der Berater Bedingungen schafft, die es dem Ratsuchenden erleichtern, sich »angenommen zu fühlen«. Wir haben gute Erfahrungen mit der klientenzentrierten Gesprächsführung (Carl R. Rogers) und dem ressourcenorientierten Ansatz (Steve de Shazer) gemacht.

4.2.1 Klientenzentrierter Ansatz nach Carl Ransom Rogers

Der amerikanische Psychologe Carl R. Rogers hat mit seinem klientenzentrierten Ansatz die Grundlagen hilfreicher menschlicher Beziehungen formuliert. Er beschreibt drei Haltungen oder innere Einstellungen von Beratenden, die die Entwicklung ihres Gegenübers fördern: »Das erste Element könnte man als Echtheit, Unverfälschtheit oder Kongruenz bezeichnen. Je mehr der Therapeut in der Beziehung er selber ist, das heißt, kein professionelles Gehabe und keine persönliche Fassade zur Schau trägt, desto größer ist die Wahrscheinlichkeit, dass sich der Klient ändern und auf konstruktive Weise wachsen wird. … Kongruenz besagt, dass der Therapeut sich dessen, was er erlebt oder leibhaft empfindet, deutlich gewahr wird, und dass ihm diese Empfindungen verfügbar sind, so dass er sie dem Klienten mitzuteilen vermag, wenn es angemessen ist.

Die zweite Voraussetzung für ein Klima, das Veränderung fördert, ist das Akzeptieren, die Anteilnahme oder Wertschätzung. … Wenn der Therapeut eine positive, akzeptierende Einstellung gegenüber dem hat, was der Klient in diesem Augenblick ist, dann wird es mit größerer Wahrscheinlichkeit zu therapeutischer Bewegung oder Veränderung kommen. … Eine solche Zuwendung seitens des Therapeuten ist nicht besitzergreifend. Der Therapeut bringt dem Klienten eine nicht an Bedingungen geknüpfte Wertschätzung entgegen.

Der dritte förderliche Aspekt einer solchen Beziehung ist das einfühlsame Verstehen (Empathie). Das bedeutet, dass der Therapeut genau die Gefühle und persönlichen Bedeutungen spürt, die der

Klient erlebt, und dass er dieses Verstehen dem Klienten mitteilt. Diese Art des sensiblen, aktiven Zuhörens ist äußerst selten in unserem Leben und stellt eine der mächtigsten Kräfte der Veränderung dar, die ich kenne.« (Rogers, 1981).

Im Rahmen ihrer Möglichkeiten werden Ratsuchende Ziele formulieren. Die Beratenden helfen dabei, diese Ziele konkret, klar, überschaubar, realistisch und im Einklang mit ihren Wertvorstellungen auszudrücken. So können die Ziele zu Handlungen führen, die eine Veränderung bewirken.

Bei der Erarbeitung von Lösungswegen und Handlungsstrategien sind Wissen und Kompetenz bedeutsam. Die Beraterin oder der Berater kann Informationen über geeignete Lösungswege zur Verfügung stellen. Sie vermeiden, den Ratsuchenden eigene Lösungen überzustülpen. Klientenzentrierte Beratung stärkt die Selbstheilungskräfte und die Eigenverantwortung. Sie schafft die Grundlage für einen konstruktiven, vertrauensvollen Beratungsprozess.

Rogers sieht seine drei Basisvariablen als eine Haltung der Beratenden und nicht als reine Technik. Von den drei Variablen sind die Umsetzung der Wertschätzung und Achtung (Akzeptanz) der hilfesuchenden Person durch die Beraterin in der schriftlichen Kommunikation relativ unproblematisch, weil sie sich auf Persönlichkeitsmerkmale und Haltung beziehen und sich somit auch im Schriftlichen wiederfinden werden.

Empathie und Kongruenz benötigen als Voraussetzungen die Wahrnehmung von verbalen und non-verbalen Mitteilungen, die Fähigkeit des Verstehens und die Möglichkeit, dies zu kommunizieren.

4.2.2 Lösungsorientierter Ansatz von Steve de Shazer

Der zweite theoretische Hintergrund, den wir in der Online-Beratung nutzen, ist der von Steve de Shazer entwickelte Ansatz der lösungsorientierten Kurztherapie. Lösungsorientierte Kurztherapie bedeutet: Die Lösung steht im Brennpunkt. Die Erklärung für ein Problem ist nicht notwendig. Die Lösung beinhaltet die Erklärung. Sonst wäre sie keine Lösung. Der Ansatz richtet sein Augenmerk auf die Gegenwart, auf das Hier und Jetzt. Aufgabe der Therapeutin oder des Beraters ist, die Aufmerksamkeit der Klientin oder des Klienten darauf zu lenken, »… dass er (der Klient) alle Fähigkeiten besitzt, die nötig sind, um das Problem zu lösen. Die einzige Schwierigkeit besteht darin, dass die Klienten noch nicht wissen, dass sie bereits wissen, wie ihr Problem zu lösen ist.« (de Shazer, 1989, S. 108)

»Um in wirklich passender Weise zu intervenieren, muss man über die Details einer Klage, die der Klient vorträgt, gar nicht so genau Bescheid wissen. Es ist nicht einmal nötig, dass man sich genau vorstellen kann, wodurch die beklagte Situation am Leben gehalten wird, um dann eine Lösung finden zu können. Vor dem Hintergrund all dessen, was ich bis dahin getan hatte, schien diese Erkenntnis zunächst jeder Erwartung zuwiderzulaufen. Und doch ist es ganz offensichtlich so, dass ein beliebiges Verhalten, wenn es nur wirklich ein anderes als das gewohnte Verhalten ist, in einer problematischen Situation ausreichen kann, um eine Lösung herbeizuführen und dem Klienten die Befriedigung zu vermitteln, die er sich von der Therapie erwartet hat. Notwendig ist nur, dass die betroffene Person in ihrer unangenehmen oder lästigen Situation etwas anderes tut, selbst wenn dieses Verhalten scheinbar irrational, ganz und gar irrelevant, eindeutig bizarr oder komisch ist.« (de Shazer, 1997, S. 24)

Sein Konzept basiert unter anderem auf der Kundenorientierung, das heißt, das Angebot ist auf die Nachfrage der Ratsuchenden abgestimmt und die Ratsuchenden sind »kundig«. Kundige kennen sich aus, wissen Bescheid, und daran können wir anknüpfen. *»Hallo! Ich bin mich schon seit einiger Zeit im Internet am Erkundigen, um irgendwie heraus zu bekommen, wo ich am besten Hilfe bekomme, ich habe leider nichts Passendes gefunden! Ich bin auf der Suche nach jemanden, der mir vielleicht dabei helfen kann etwas zu regeln!«* Wir nutzen »das, was der Klient mitbringt, um seine Bedürfnisse in der Weise zu erfüllen, dass er sein Leben zu seiner Zufriedenheit gestalten kann«. (de Shazer, 1997, S. 23) Professionelle Interventionen richten sich nicht nach »objektiver Indikation« oder »Bedürftigkeit«, sondern nach dem jeweils subjektiven Bedarf des Klienten. (von Schlippe & Schweitzer, 1997, S. 125)

De Shazer ordnet Ratsuchende drei Kategorien zu:

4.2.2.1 Besucherinnen oder Besucher

Diese Ratsuchenden sind eigentlich keine Ratsuchenden. Sie werden häufig von anderen geschickt; sie kommen nicht freiwillig. In der Regel gibt keine explizite Beschwerde, keine Veränderungserwartung und keinen Veränderungsauftrag. Bei diesen Ratsuchenden machen Beraterinnen und Berater Komplimente, welche die bisherigen Lösungen positiv werten. Sie bieten weder Beratung noch Therapie noch andere Angebote an, denn wenn jemand kein Problem hat, ist jede Form der Hilfe eher bedrängend.

4.2.2.2 Klagende oder Klagender

Als Klagende werden die Menschen bezeichnet, die sich überwiegend beschweren. Die Veränderung erwarten sie von anderen, wie z. B. der Partnerin oder dem Partner, den Nachbarn, den Kolleginnen und Kollegen … Häufig erleben sie sich als Opfer. In diesem Fall würdigen Beraterinnen und Berater das Problem und zeigen Verständnis. Sie bieten vor allem Aufgaben, wie z. B. das eigene Verhalten oder Denken zu beobachten.

4.2.2.3 Kundin oder Kunde

»Kundinnen und Kunden wollen verändern, wollen aktiv werden. Mit ihnen schließen Beraterinnen und Berater Veränderungskontrakte. Sie bekommen neben Beobachtungs- auch verhaltensrelevante Aufgaben.« (von Schlippe & Schweitzer, 1997, S. 37)

Oft ist es nicht einfach, eine klare Einschätzung und Zuordnung zwischen den drei Kategorien vorzunehmen. In der Online-Beratung, gerade beim Mailen, haben wir die Erfahrung gemacht, dass viele der Ratsuchenden etwas verändern wollen. Dies wird schon dadurch deutlich, dass sie ihr Problem aufschreiben, sich die Zeit nehmen zu reflektieren und etwas von sich erzählen.

»Hallo, vielen Dank für Ihre Antwort, das Schreiben mit Ihnen tut mir richtig gut. Leider gab es bis dato noch keine Möglichkeit, in der ich mal allein war und Ihnen antworten konnte. Sie haben mit Ihren angesprochenen Phantasien völlig recht, genau so ist das bei mir; ständig Druck, ständig der innere Druck nach allem, Arbeit und Uni

perfekt, perfekte Freundin, um nicht wieder enttäuscht zu werden. Das alles ist ganz schön heftig und manchmal sitze ich abends daheim und könnte, nein eigentlich mache ich es auch, nämlich die ganze Zeit heulen.«

4.3 Beratungshaltung: Die großen Sechs

Für Therapeutinnen und Berater stellt sich die Beziehung in einer körperlichen Kopräsenz her. Viele können sich nicht vorstellen, dass eine beraterische oder therapeutische Beziehung medial vermittelt, übers Internet, aufgebaut werden kann. Die Vorstellung, dass sich die Personen nicht leibhaftig gegenübersitzen und die Kommunikation nur über »technische Geräte« erfolgt, schließt ihrer Meinung nach die Entwicklung einer beraterischen Beziehung aus. Mit dieser Haltung schließt sich auch die Online-Beratung aus, es sei denn, die Beraterin oder der Berater lässt sich versuchsweise (vielleicht für einen Zeitraum von einem Jahr) auf diese andere Form der Beratung ein. Im Sinne einer Ethnologin oder eines Ethnologen, der neugierig und interessiert an der fremden Kultur ist ;-) Der Beziehungsaufbau über das Internet ist nichts anderes als die gewollte oder natürlicherweise stattfindende Herstellung einer Beziehung zweier Menschen über eine geografische Distanz, die eine technisch vermittelte Kommunikation notwendig macht. Dies ist seit Jahrhunderten immer wieder gelungen! Oder wollen wir glauben, dass in einem Briefwechsel keine Beziehung zwischen Menschen möglich wird? Hierzu brauchen wir nicht unbedingt die berühmten Beispiele aus der Literatur ins Feld führen, sondern können uns an unsere eigenen Erfahrungen mit stattgefundenen Briefwechseln erinnern. Brieffreundschaft beschreibt die Form und den Beziehungsaspekt eines real stattgefundenen Austausches, ohne die Bedingung, jemals physisch real geworden zu sein. (Dodier, 2014)

Ist diese Form der Beziehung anders, ja vielleicht geringer zu bewerten als eine auf persönlicher Begegnung gründende? Sicherlich nicht. Die weitere Frage wäre, ob es sich bei technisch vermittelter Kommunikation eventuell anders darstellt. Nein! Mail-Wechsel, die als technische Form eines Briefwechsels zu sehen sind, bezeugen innewohnende Beziehungsqualitäten. Sehr schön dargestellt im Roman »Gut gegen Nordwind«. (Glattauer, 2008) Der Roman ist ein Mailwechsel zwischen Leo und Emmi, die zu Beginn über private Themen schreiben und im Laufe der Zeit mehr als ein Interesse füreinander entwickeln. Es entsteht ein vertrauensvolleres Verhältnis, in dem sie sich immer tiefgründiger offenbaren.

Kommunikation über das Internet ist der notwendige oder gewollte Verzicht der persönlichen Präsenz des Gegenübers. Technik verhindert weder Menschlichkeit, noch macht sie sie unmöglich. Das Telefon als technisches Kommunikationsmedium hat nicht die qualitative Beziehung der Menschen untereinander negativ verändert oder gar Beziehung unmöglich gemacht. Technik beeinflusst allenfalls die Kommunikation in ihrer Form und Ausprägung. Sie hat keinen negativen Einfluss auf die menschlich-inhaltliche Qualität des Kommunizierten. (Dodier, 2014)

Selbst Sigmund Freud schrieb schon 1913 in »Zur Einleitung der Behandlung«: »Ich halte an dem Rat fest, den Kranken auf einem Ruhebett lagern zu lassen, während man hinter ihm, von ihm ungesehen, Platz nimmt.« Freud wollte damit vermeiden, dass die Patientinnen und Patienten in seinem Gesicht nach Reaktionen suchen. Persönliche Regungen und der gegenseitige Anblick sollen vermieden werden. Es ist ein Schritt in die Virtualisierung! Des Weiteren schreibt Freud 1912: »Er (der Therapeut) soll dem gebenden Unbewußten des Kranken sein eigenes Unbewußtes als empfangendes Organ zuwenden, sich auf den Analysierten einstellen wie der Receiver des Telephons zum Teller eingestellt ist. Wie der Receiver die von Schallwellen angeregten elektrischen Schwankungen der Leitung wieder in Schallwellen verwandelt, so ist das Unbewußte des Arztes befähigt, aus den ihm mitgeteilten Abkömmlingen des Unbewußten dieses Unbewußte, welches die Einfälle des Kranken determiniert hat, wiederherzustellen.« (Freud, 1912, 1913)

Auch wenn man nicht unbedingt Freud-Fan sein muss, wird deutlich, dass gerade das »Nicht-Sehen« des Gegenübers hilfreich sein kann. Auch in der Online-Beratung und -Therapie kommt es auf unsere Haltung an. Unter Haltungen verstehen wir Einstellungen gegenüber Menschen, Situationen und Arbeitsprozessen, die für das weitere Vorgehen ebenso handlungsleitend sind wie theoretische Vorannahmen. Im Rahmen eines EU-Programmes zur Untersuchung, was eine gute Zuhörerin und einen guten Zuhörer ausmacht, wurden sechs Eigenschaften festgemacht. (http://listening-skills.eu)

1. Empathie: Das verlangt, das Gegenüber aus seinem je eigenen subjektiven Erleben heraus wahrnehmen zu können.
2. Emotionale Stabilität: Das bedeutet, die eigenen und die mir entgegengebrachten Gefühle einordnen zu können und die emotionale Stärke in meinem inneren Erleben zu balancieren.
3. Aktives Zuhören: Dazu gehört, die Hörfähigkeit in ihren verschiedenen Möglichkeiten kennenzulernen und die Sprachkompetenz des aktiven Zuhörens zu erlernen.
4. Respekt: Dazu gehört, dass es mir gelingt, das situative Verhalten und die handelnde Persönlichkeit des Gegenübers zu unterscheiden und für die Person eine wertschätzende Haltung einzunehmen.
5. Gesprächsführung: Darunter wird verstanden, den Prozess des Zuhörens zu steuern und Dialoge mit nützlichen Fragen zu vertiefen.
6. Ressourcenaktivierung: Das meint, die Selbstwirksamkeit und Selbstwerterhöhung des Gegenübers zu fördern, indem ich auf Ressourcen und Fähigkeiten im Kontakt fokussiere.

(Knatz & Schumacher, 2019)

Keine der sechs Eigenschaften ist an eine tatsächliche physische Präsenz gebunden. Empathie kann durch entsprechende Mimik und Gestik unterstrichen werden, ist aber ebenso im schriftlichen Prozess zu vermitteln. Manchmal sogar nachhaltiger, da nachlesbar und unwiderruflich!

Alle Merkmale können auch in der Online-Beratung, ob per Mail oder Chat, über Voicemail oder Video-Beratung umgesetzt werden, da die Eigenschaften beraterische Haltungen und Fähigkeiten beschreiben, die an kein Beratungsformat gebunden sind.

4.4 Beratungsrolle – Rollenverständnis

In unserem Leben nehmen wir viele Rollen ein: Wir sind Tochter, Sohn, Schwester, Bruder, Mutter, Vater, Freundin, Freund, Partnerin, Partner, Kollegin, Kollege, Chefin, Chef … die Liste lässt sich weiter fortsetzten. Und wir sind Therapeutin und Berater; eine Berufsrolle, an die Erwartungen geknüpft sind und an die wir selber Erwartungen stellen. Im Kapitel »Besonderheiten der Online-Beratung und ihre Bedeutung für Beratende« haben wir beschrieben, welche unterschiedlichen Eigenschaften die verschiedenen Online-Settings haben, wie wir damit umgehen können. Sie erinnern sich an die Besonderheit des Chattens, wo wir verführt werden, »hemmungsloser zu sein« und mal schnell etwas zu schreiben, weil wir vielleicht die Pause nicht aushalten können. Oder das Mailen in seiner Asynchronität, wo wir nicht sofort Verständnisfragen klären können, wo wir einen Dialog mit uns selbst führen.

Um eine erfolgreiche Beziehung per Mail oder Chat, in der Video-Beratung oder bei den Sprachnachrichten aufzubauen, ist es wichtig herauszufinden, welche Erwartungen es in Bezug auf unsere Rolle in diesem Setting gibt. Soll es eine Begleitung in schweren Lebenssituationen sein? Oder eine Krisenhilfe? Sollen wir helfen, Probleme und Konflikte zu bewältigen? Oder ist es unsere Aufgabe, zu sortieren, zu trösten, Auskunft zu geben? Neben der individuellen Möglichkeit wie die eigene Kompetenz und die zeitlichen Ressourcen steht der Auftrag der Institution. Wofür steht die Einrichtung? Welches Ziel hat die Institution, die ich vertrete, welchen Auftrag hat meine Einrichtung? Wofür stehen wir und wofür auch nicht?

4.4.1 Vereinbarungen, Absprachen und zeitlicher Rahmen

Wenn wir das herausgefunden haben, geht es darum, dies in einen zeitlichen Rahmen zu fassen. Wie lange soll die Beratung gehen, fünf Termine, ein Jahr, in welchem Abstand … Das Aufklären und gemeinsame Absprachen geben den Ratsuchenden und Beratenden einen Rahmen und ermöglichen so eine Struktur für den Beratungsprozess. In vielen Fällen wissen die Menschen selbst nicht, mit welchen Erwartungen und Wünschen sie sich an die Online-Beratung wenden. Oft ist es sinnvoll, einen Beratungskontrakt, Vereinbarungen oder Absprachen zu treffen. Diese beziehen sich auf klar formulierte Inhalte und Aufgaben und haben für eine festgelegte Zeit Gültigkeit. Daneben halten die Vereinbarungen den zeitlichen Rahmen, die Antwortsequenzen und den Umfang der Beratung fest. Für die Kundinnen und Kunden, Klientinnen und Klienten bieten sie einen sicheren Rahmen und ermöglichen den Aufbau von Vertrauen. Auf der anderen Seite schaffen sie Klarheit über den Auftrag und beugen so Enttäuschungen vor.

Worauf beziehen sich Absprachen in der Online-Beratung?
- den Inhalt und das Thema der Beratung
- die Aufgabe, die sie übernehmen soll
- den zeitlichen Rahmen, Antwortsequenzen …

Vorteile für die Ratsuchenden:
- bietet einen »sicheren Rahmen«
- unterstützt den Aufbau von Vertrauen

Vorteile für die Beratenden:
- gibt Klarheit über den Auftrag
- ermöglicht eine Struktur
- setzt Kapazitäten für eine Prozessbegleitung frei.

Absprachen sollten in der ersten Mail, zu Beginn des Chats oder der Video-Beratung formuliert werden. Sie müssen im weiteren Beratungsverlauf immer wieder auf Aktualität überprüft und gegebenenfalls neu angepasst werden.

Wie beschrieben, suchen gerade Menschen in belastenden Lebenssituation, in Krisen oder mit psychischen Erkrankungen online Unterstützung, Beratung und Therapie. Ihnen stehen nicht alle kognitiven Fähigkeiten zur Verfügung. Daher ist es notwendig, Ihre Interventionen darauf abzustimmen:

- schreiben und sprechen Sie in Bildern
- schaffen Sie Analogien und schreiben und sprechen Sie anschaulich
- passen Sie Ihren Sprachgebrauch an und vermeiden Sie Fachausdrücke
- bieten Sie Gedächtnisstützen an und binden Sie Eselsbrücken ein
- lassen Sie wiederholen
- wenn Sie Wissen vermitteln, tun Sie dies interaktiv
- ein Prise Humor hilft bekanntermaßen in vielen schwierigen Situationen.

4.5 Wie aus Daten Beziehungen werden

Das Vier-Folien-Konzept in der Mail-Beratung

Wie das in der Mail-Beratung gelingen kann, stellen wir Ihnen mit unserem im Jahr 2000 entwickelten Vier-Folien-Konzept vor. Es ist eine Methode, ein »Handwerkszeug«, wie aus Daten Beziehungen werden können, denn Beziehungsaufbau und die Beziehungsgestaltung gehen über Schreiben statt Sprechen und Lesen statt Hören hinaus. Das Konzept gehört mittlerweile zum Standard in der Online-Beratung. Es ist ein Werkzeug, welches der Unterschiedlichkeit der Menschen, der Probleme und der Schreibstile gerecht wird und Sie beraterisch antworten lässt. Denn antworten müssen Sie, so viel ist klar ;-) Vielleicht stellen Sie sich jetzt Fragen wie:

- Was kann ich der Schreiberin, dem Schreiber – ja, was muss ich antworten?
- Muss ich mich an die Sprache der Schreiberin anpassen?
- Kann ich von einem Jugendlichen erwarten, dass er mich und meine Sprache versteht?
- Wie schaffe ich es, auch komplexere Zusammenhänge einfach zu erklären, wie schaffe ich es, meine Gedankengänge und Überlegungen der Mailerin und dem Mailer so zu schreiben, dass ich verstanden werde?
- Kann ich mich schriftlich ausdrücken?

Wie das bei der Beantwortung von Mails gelingen kann, zeigt Ihnen unser Vier-Folien-Konzept.

4.5.1 Zur Anrede und Ansprache

Im Internet ist meist das »Du« als Anrede selbstverständlich. Als Therapeutin oder Berater sollten Sie sich überlegen, ob Sie die Mailerin oder den Mailer duzen möchten: was spricht dafür, was dagegen, wollen Sie sich duzen lassen? Die Praxis zeigt, dass beides möglich ist. Sie sollten es nur klar handhaben. Es kann sein, dass manche Jugendliche Sie duzen werden. Interpretieren Sie es nicht als Übergriffigkeit, sondern als gängige Praxis im Netz und Ausdruck eines ungezwungenen Umgangsstils. Sie können gerne mit »du« antworten, wenn Sie sich bewusst bleiben, dass dies kein Zeichen einer vertrauten Beziehung ist. Sie können aber auch mit Sie antworten.

Sollten Sie mit »Sie« angesprochen werden, besteht kein Anlass, auf das »Du« umzusteigen.

Wenn Sie unsicher sind, welche Anrede Sie wählen wollen, fragen Sie nach: Soll ich Du oder Sie sagen? Wie möchtest Du oder Sie angesprochen werden?

In machen Mails werden Sie gar nicht direkt angesprochen, sodass Sie keine Vorgabe für eine Ansprache haben. Hier bleibt es Ihrer Sensibilität überlassen, eine Wahl zu treffen. Machen Sie aber keine Weltanschauungsfrage daraus; das Internet verträgt manches an Umgangsformen, die im »normalen« Leben falsch verstanden würden.

Was für das Siezen und Duzen gilt, ist sinngemäß auch auf die Anrede selbst zu übertragen. Von »Hi« und »Hallo« über »lieber Berater« bis »Sehr geehrte Damen und Herren« wird Ihnen alles begegnen, was Ihre Phantasie hergibt. Was Sie darauf antworten, ist auch Ihrem Einfühlungsvermögen überlassen.

Wenige Mails sind orthografisch, grammatikalisch oder in der Zeichensetzung korrekt. Die Gründe sind vielfältig: emotionale Anspannung, Erschöpftheit, Unvermögen, Uninteressiertheit, Schnelligkeit, Aufgeregtheit, Lässigkeit oder auch Zeitmangel. Bitte antworten Sie, wie es Ihrer Rolle angemessen ist. Ihre Mails sprechen für Sie, schreiben Sie sie leicht verständlich und übersichtlich. Achten Sie auf die Rechtschreibung; Punkte und Kommata sollten selbstverständlich sein. Rechtschreibschwächen werden gesehen und auch bewertet. Wenn Ihre Mail gegen Orthographie oder Grammatik verstößt, wird der Inhalt entwertet. Wer »nähmlich« schreibt, muss auch in der digitalen Sphäre damit rechnen, für dämlich gehalten zu werden. Satzzeichen retten Leben! »Komm, wir essen, Opa« – »Komm, wir essen Opa«. Groß- und Kleinschreibung machen einen Text leserlicher. Schreiben Sie nur dann in GROSSBUCHSTABEN, wenn Sie einen Punkt besonders hervorheben möchten. Außerhalb von Überschriften werden GROSSBUCHSTABEN im Netz allgemein als SCHREIEN interpretiert. Kennzeichnen Sie Humor mit den entsprechenden Emoticons und Akronymen.

Wissend, dass verbal und nonverbal empathische, authentische, freundlich zugewandte und respektvolle Beraterinnen und Berater hilfreich sind, muss Ihre Sprache mehreren Kriterien gerecht werden:

- authentisch und echt in Bezug auf Ihre Person und Rolle sein
- im Verhältnis zum
  - Bildungsniveau der Ratsuchenden,
  - Alter der Klientin oder des Klienten,
  - sozialen und kulturellen Hintergrund der Klientin oder des Klienten

  stehen.
- Rücksicht auf
  - die aktuelle physische und psychische Befindlichkeit der Klientin oder des Klienten
  - und ein eventuell akutes Krankheitsbild und
  - die Aufnahmefähigkeit und Aufnahmebereitschaft

  nehmen.
- Transportmedium für
  - Ihre Intervention
  - Ihre Haltung
  - Ihre Beziehung

  sein.

Unsere Haltung ist geprägt von unserer Biographie und unseren Wertvorstellungen. Unser Beratungsverständnis ist abhängig von unserer Ausbildung und dem theoretischen Hintergrund (systemisch, ressourcenorientiert, analytisch, verhaltenstherapeutisch ...) und der zu bewältigenden Aufgabe. Mail-Beratung für Kinder und Jugendliche erfordert eine andere Ausdrucksform und Sprache, als es die Seniorenonlineberatung notwendig macht. Die Arbeit mit behinderten Menschen, wie Gehörlosen, erfordert ein anderes Wissen als die Arbeit mit psychisch erkrankten Menschen. Authentizität im Schriftlichen herzustellen heißt zu schreiben, »wie Sie sprechen«. Kurze Sätze! Streuen Sie Fragen ein! Denken Sie an genügend Luft zwischen Ihren Gedanken. Jeder Gedanke ein Absatz! Keine gespreizte Sprache! Verwenden Sie umgangssprachliche Begriffe! Anleihen an die mündliche Sprache machen Ihren Text leichter zu lesen. Wenn Sie schreiben, wie Sie sprechen, klingt der Text mehr nach Ihnen. Er wird authentischer werden. Wie weit Sie dabei gehen können, hängt ganz von Textgattung, Zielgruppe und Sprechanlass ab. Also dann: Hauen Sie in die Tasten und reden Sie los ;-)

Das Vier-Folien-Konzept ist seit mehr als 25 Jahren in Aus-, Fort- und Weiterbildungen erfolgreich erprobt und wird von Beraterinnen und Beratern aus den unterschiedlichsten Institutionen als Gedankenstütze und Orientierungshilfe genutzt. Es will nicht als strenge, unbedingt einzuhaltende Richtlinie für Inhalt und Abfolge verstanden werden. Es ist ein Angebot! Es mag Ihnen als Orientierung auf Ihrem neu einzuschlagenden Weg helfen.

4.5.2 Das Vier-Folien-Konzept – theoretisch

Das wichtigste Anliegen ist, Kontakt mit der oder dem Schreibenden aufzunehmen. Ohne Kontakt kann es keinen gelingenden Dialog und damit auch keine Beziehung geben. Kontakt schaffen Sie, indem Sie Anliegen und Probleme benennen. Damit zeigen Sie: Ich habe die Mail gelesen, mir Gedanken gemacht, etwas verstanden und mache daraus ein Angebot zum Dialog! Sie laden zu Folgemails ein. Manchmal ist ein Anliegen auch mit einer Mail erledigt, zumal wir ja das Schreiben schon als selbstreflexiven Prozess verstehen.

4.5.2.1 Die 1. Folie – Der eigene Resonanzboden

Beim ersten Lesen geht es um Sie. Was löst die Mail in Ihnen an Resonanzen aus?

- Was habe ich für Gefühle?
- Welche Bilder, Phantasien, Ideen entstehen?
- Halte ich das Anliegen für die Mail-Beratung für geeignet?
- Würde ich lieber anderswohin weiterverweisen?
- Kann ich mir vorstellen, mit diesem Menschen in Kontakt, in Beziehung zu treten?
- Was würde ich der Schreiberin, dem Schreiber spontan wünschen?

Solchen Fragen gilt es nachzuspüren; denn sie sind wichtig für Ihre Erstantwort.

4.5.2.2 Die 2. Folie – Das Thema und der psychosoziale Hintergrund

Beim zweiten Lesen geht es um den Inhalt und das Thema der Mail, im Sinne des Kommunikationsquadrates von Schulz von Thun, um die Sachebene:

- Unterstreichen Sie wichtige Schlüsselwörter.
- Welches Bild bekommen Sie von der Schreiberin oder dem Schreiber?
- Bekommen Sie einen Einblick in den sozialen Kontext?
- Was verstehen Sie nicht?
- Wo sehen Sie Stärken und Schwächen?
- Worum geht es vordergründig, was könnte noch dahinterstecken?
- Um welches Thema oder welche Themen geht es? (Sachebene)

4.5.2.3 Die 3. Folie – Die Diagnose

In der dritten Folie geht es um die Person und Intention der Schreiberin bzw. des Schreibers.

- Was sind Fragen, Wünsche, Hoffnungen, Erwartungen an mich?
- Bekomme ich einen Auftrag? Ist dieser klar?

- Ist das Ziel des Ratsuchenden klar?
- Was sagt die Schreibende, der Schreibende über sich selbst?
- Was sind die Fragen oder Wünsche an mich?
- Was sind meine Hypothesen?
- Welche Fragen habe ich noch?

4.5.2.4 Die 4. Folie – Die Intervention

Die vierte Folie bezieht sich auf Ihre Antwort! Es geht um Ihre Sprache, Ihren Stil, Ihre Textgestaltung und damit um Verständlichkeit, Akzeptanz und Mitteilungsfähigkeit. Ziel der ersten Antwort ist es, den ratsuchenden Menschen Sicherheit, Orientierung und Vertrauen zu vermitteln. Bieten Sie einen Dialog an, sodass ein Kontakt aufgebaut werden kann, der weitere Mailwechsel eröffnet. Ihr Kontaktangebot macht deutlich, dass Sie den Ratsuchenden wahrgenommen haben. Der andere spürt es in Ihrem Einfühlungsvermögen. Ein Kontaktangebot ist immer auch eine persönliche Reaktion, wobei die Betonung durchaus auf Ihren Gefühlen liegt, die weder werten noch beurteilen, sondern beschreiben.

Anrede

Passen Sie sich möglichst an den Stil des Ratsuchenden an: Sehr geehrter Herr; Liebe Magdalena; Hallo Franz; Liebe Schreiberin (habe ich das richtig eingeschätzt, dass Sie weiblich sind? Sonst einfach Hallo; Lieber Schreiber, Liebe Schreiberin, noch weiß ich nicht, ob Sie Mann oder Frau sind, daher wähle ich beide Formen der Anrede; Hallo zurück.

Einleitung – Vorstellen der Institution und der eigenen Person

Ihre Anfrage ist bei uns … angekommen. Mein Name ist … ich bin ausgebildete Online-Beraterin … zertifizierter Online-Berater und Familientherapeutin …

Auf generelle Fragen der oder des Ratsuchenden eingehen

z. B. wenn nach Verschwiegenheit oder Mitlesen gefragt wird …

Positive Wertschätzung ausdrücken

Anerkennung ausdrücken, dass die Ratsuchende sich dem Problem stellt und eine Problemlösung anstrebt: Schön, dass Sie den Mut gefunden haben, uns zu schreiben. Wie Sie geschrieben haben, ist es Ihnen nicht leichtgefallen …

Häufig passiert es, dass Wertschätzung mit Lob verwechselt wird. Wer jemanden lobt, stellt sich ein Stück über sie oder ihn. Als Lobende oder Lobender wissen Sie, worauf es ankommt, und urteilen aus einer Position oberhalb. Die Blickrichtung ist beim Lob von oben nach unten. Die Wertschätzung dagegen ist eine Anerkennung unter Gleichwertigen. Der Platz der Wertschätzung ist von gleich zu gleich: auf gleicher Augenhöhe, was nicht heißt, dass Sie Ihre Rolle als Beraterin oder Berater damit verlassen.

Feedback: Teilen Sie mit, was Sie sachlich und emotional verstanden haben

Aus Ihren Zeilen konnte ich Ihre Verzweiflung, Wut, Trauer lesen … und ich kann mir vorstellen … Bitte wiederholen Sie nicht, was die Ratsuchenden geschrieben haben, sondern paraphrasieren Sie!

Teilen Sie mit, was Sie nicht verstanden habe, klären Sie fehlende und unverstandene Dinge

Mir ist nicht klar, was der Anlass war, wenn es einen gibt, der … Wie lange sind Sie schon an dieser Arbeitsstelle? Was hat Sie bewogen, nach Berlin zu ziehen?

Machen Sie Hypothesen und Vermutungen deutlich, keine Unterstellungen:
Könnte es sein, dass … Ich vermute mal, dass … liege ich damit richtig? Wenn ich davon ausgehe, dass … dann würde das bedeuten … trifft das vielleicht zu?

Problemlösungswege aufzeigen und begründen, Alternativen offenlassen

Dies geschieht in der Balance zwischen zunächst einmal für die andere oder den anderen da zu sein und zuzuhören, ohne sofort Lösungen zu suchen und anzubieten und konkrete Unterstützung/ Hilfsmöglichkeiten zu benennen (z. B. aus meiner Erfahrung als Beraterin oder Berater weiß ich, dass Abstand oft hilfreich ist, können Sie sich das vorstellen, … vielleicht wäre für Sie auch eine Möglichkeit, es zunächst mal …, denn … wichtig dabei ist).

Fragen Sie nach, ob der vorgestellte Weg gangbar ist

»Können Sie sich vorstellen, dies einmal zu versuchen?« Das Nachfragen ist für ein Kontaktangebot wichtig, sonst liest es sich leicht wie ein Ratschlag. Sie kennen wahrscheinlich den Spruch aus vielen Beratungsausbildungen: »Ratschläge sind auch Schläge« oder »Das Gegenteil von gut ist gut gemeint!« Mit Ratschlägen oder »gut Gemeintem« stülpen wir unsere Erfahrungen, unsere Wertvorstellungen und unsere Realität dem Gegenüber über und nehmen sie oder ihn nicht ernst. Sinnvoller ist es, durch offene Fragen herauszufinden, wie jemand die Situation beurteilt und erlebt. Falls Sie es gar nicht lassen wollen, können Sie Ihren Tipp ein bisschen wie ein Geschenk verpacken. So könnten Sie z. B. schreiben: »Ich weiß nicht, ob das so für Dich zutrifft, aber vielleicht könntest Du ja mal …« oder: »Eine Freundin von mir hat in einer solchen Situation … Vielleicht könnte das auch bei Dir klappen.« … Wenn Sie Vorschläge machen, fragen Sie bitte nach, ob sich die Ratsuchende oder der Ratsuchende diesen Weg vorstellen kann.

Eine Ausnahme gibt es für die Erteilung von Ratschlägen – dann, wenn der Ratsuchende offensichtlich nicht mehr in der Lage ist, selbst zu entscheiden. Traumatisches Erleben, suizidale Einengung der Gedanken, Zwangsvorstellungen usw., also Situationen und Erleben, die eine freie Entscheidung unmöglich machen. In solchen Fällen dürfen Sie auch klare Worte finden. »Ich empfehle Ihnen aufs Dringendste, unverzüglich den Arzt zu rufen.« Alles andere macht jetzt keinen Sinn. Sie würden ihn sonst nicht ernst nehmen.

Einen Wunsch für die Ratsuchende oder den Ratsuchenden formulieren

»Ich wünsche Ihnen, dass Sie es schaffen, bei Ihrer Frau das Thema anzuschneiden.«

Angebot und Grenzen deutlich machen

Ich bin bereit, mit Ihnen zusammen herauszuarbeiten, wie Sie bezüglich Ihres Studiums zu einer Entscheidung kommen können … Was ich nicht leisten kann, ist, Ihre Panikattacken zu behandeln, … dies erfordert sicherlich eine Behandlung durch eine Therapeutin vor Ort.

Abschluss: Einladung zu einer Antwort

Ich bin gespannt auf Ihre Antwort. … Ich freue mich, wenn Sie mir schreiben, was Sie mit meinen Ideen anfangen konnten und was auch nicht. … Ich bin gespannt, was Sie von meinen Anregungen nutzen können … Schreiben Sie mir, was hilfreich war und was auch nicht?

Mitteilen des Settings/Rahmens

Ich antworte Ihnen nächsten Mittwoch oder Sie können innerhalb einer Woche mit meiner Antwort rechnen.

Mit freundlichen (lieben) Grüßen
Bis dann

4.5.3 Das Vier-Folien-Konzept – praktisch

Das Konzept lässt sich am besten an verschiedenen Beispielen erschließen.

Daher stellen wir Ihnen einige Antworten nach dem Vier-Folien-Konzept aus unseren Kursen vor.

Ein Beispiel:

4.5.3.1 Anfrage

Hallo,
meine Frau ist nach einem Seitensprung von einem anderen Mann in der 2.–3. Woche schwanger. Wir haben bereits zwei Kinder (3,5 und 2 Jahre) und hatten gemeinsam vor einem Jahr entschieden, mit einer Vasektomie die Familienplanung abzuschließen.
Momentan leben wir durch meinen Beruf bedingt im Ausland und

kommen finanziell einigermaßen über die Runden. Meine Frau arbeitet noch nicht wieder und kümmert sich um die Kinder.
Grundsätzlich liebe ich meine Familie und auch meine Frau und würde gern mit ihr trotz des Seitensprungs zusammenbleiben. Wir haben viele sehr gute Gespräche über den Seitensprung gehabt und mit diesem Problem glauben wir beide fertig werden zu können.
Nun stehe ich aber noch vor weiteren riesigen Problemen:

1. *Meine Frau schwankt zwischen einem Abbruch und zwischen dem Austragen des Kindes.*
2. *Ich muss nicht nur den Seitensprung verarbeiten, sondern auch u. U. noch mit einer Schwangerschaft fertig werden.*
3. *Ich würde mich ungerecht behandelt fühlen, wenn sie das Kind bekommt, da ich unter den Konsequenzen ihres Fehlers »leiden« müsste. Ich befürchte, dass mich das von meiner Frau distanzieren könnte.*
4. *Ich bin mir nicht sicher, ob ich das Kind akzeptieren und es unvoreingenommen aufziehen könnte.*
5. *Es ist unklar, ob der Kindsvater (Student) in der Lage sein wird, Unterhalt zu zahlen.*
6. *Finanziell werden wir dadurch wahrscheinlich sehr in Bedrängnis geraten.*
7. *Auf der anderen Seite möchte ich eigentlich nicht, wenn schon das Kind zur Welt kommt, dass der Vater durch das Besuchsrecht immer wieder an unserem Leben Teil hat (Man möchte ja nicht gern wieder und wieder dem Seitensprung über den Weg laufen).*
8. *Ich müsste den Job aufgeben und wir müssten wieder nach Deutschland ziehen, was mit Kosten und Unsicherheit (Job) verbunden wäre.*
9. *Da meine Familie und die meiner Frau relativ konservativ sind (leben in kleinen Dörfern), werden sie wahrscheinlich wenig Verständnis für die Situation haben. Dass der Kindsvater dunkelhäutig ist, verbessert die Situation natürlich nicht unbedingt.*

Diese Probleme wachsen mir gerade über den Kopf und ich sehe irgendwie keinen richtigen Ausweg.

Mir wäre es auf jeden Fall lieber, wenn meine Frau abtreiben würde (mit der Pille möglich), aber ich möchte sie auch nicht in eine Entscheidung zwingen, die sie nachher bereut und die uns ebenfalls distanzieren könnte.
Mein Ziel ist es, mit meiner Frau und meiner Familie zusammenzubleiben, aber ich weiß nicht, ob ich stark genug bin, alle Probleme in den Griff zu bekommen.
Ich würde mich über eine Antwort und ein paar Denkanstöße sehr freuen.
Olli

Antwort 1
Hallo Olli,
ich heiße Klara Schmidt und bin Online-Beraterin.
Vielen Dank für Ihre E-Mail und die Schilderung der Gedanken und Bedenken, die Sie derzeit haben. Sie haben diese offen und deutlich dargestellt und ich habe das Gefühl, Sie haben alles aufgeschrieben, was derzeit in Frage kommt.
Ich habe es als hilfreich empfunden, dass alles aufgelistet war.
Erging es Ihnen ähnlich?
Sie schrieben, dass es Ihnen sehr wichtig ist, die beste Lösung für sich und für Ihre Familie zu finden. Und dabei möchten Sie möglichst alle Aspekte mit einbeziehen. Finanzielle, gesellschaftliche, familiäre, ihre mögliche Gefühlslage. Das ist wahrscheinlich nicht möglich.
Was ist bei Ihrer Auflistung denn Ihre größte Sorge?
Sie schreiben, dass Sie bereits gute Gespräche mit Ihrer Frau bezüglich der Verarbeitung des Seitensprungs geführt haben. Ebenso haben Sie sich gemeinsam für die Vasektomie entschieden. Das klingt für mich nach einer offenen und lösungsorientierten Kommunikation. Mögen Sie mir mehr darüber erzählen? Wie sind Sie zu einer Lösung gekommen? Besprechen Sie das Thema Schwangerschaft und Abtreibung auch gemeinsam?
Ich verstehe es so, dass Sie eigentlich eine Abtreibung wünschen, Sie Ihre Frau aber nicht dazu zwingen möchten. Das ist eine wichtige Grundlage. Es ist hierbei jedoch ebenso wichtig, dass Ihre Frau von Ihren Wünschen und Zweifeln weiß.

Was mir aus Ihren Zeilen noch nicht klar wird, ist ihr jetziger Gemütszustand. Sie sprechen davon, den Seitensprung verarbeiten zu können. Wie geht es Ihnen denn gerade damit?
Ich kann Ihnen und Ihrer Frau Ihre Entscheidung nicht abnehmen, gern möchte ich Sie aber in Form weiter Mails (3–5) begleiten. Wir können dann gemeinsam schauen, welche Schritte Sie sich wünschen und wie ich Sie dabei unterstützen kann.
Ich freue mich über Ihre Antwort und antworte Ihnen innerhalb von 3 Werktagen auf weitere Nachrichten.
Herzliche Grüße
Klara Schmidt

Antwort 2
Hallo Olli,
vielen Dank für deine Mail. Mein Name ist Björn. Ich bin Systemischer Therapeut und Online-Berater.
Beim Lesen deiner Mail wird deutlich, dass du vor einer Situation stehst, die dir einige Gedanken bereitet. So schilderst du einen Seitensprung deiner Frau und dass sie aktuell von diesem Mann schwanger ist. Daraus ergeben sich, wie du schreibst, riesige Probleme. Ich finde es beeindruckend, wie sortiert und reflektiert du darüber berichtest und dass du bereits viele sehr gute Gespräche mit deiner Frau darüber geführt hast. Wie war es für dich, das mal herauszuschreiben und für dich zu strukturieren?
Nun bittest du um ein paar Denkanstöße. Gerne schaue ich mir deine Situation mit dir gemeinsam an und überlege mit dir, wie es gelingen kann, dass du wieder einen Ausweg siehst.
Du hast dir selbst schon einige Gedanken dazu gemacht. Wenn ich das richtig herausgelesen habe, verstehe ich die ersten 4 Punkte zusammenfassend so, dass du dich hier damit beschäftigst, ob deine Frau das Kind bekommen wird und inwieweit du dies, neben dem Seitensprung, verarbeiten kannst. Eine Sorge, die du dabei äußerst, ist, dass du befürchtest, das Kind möglicherweise nicht annehmen zu können und dass es dich von deiner Frau distanziert. Du schreibst, dass du deine Frau und deine Familie liebst. Ich finde es schön, dass du das so klar sagen kannst. Da lese ich, wie auch in den Gedanken, die du

dir dazu gemacht hast, eine große Kraft und einen großen Willen heraus, die Familie zusammenzuhalten und dafür zu kämpfen. Habe ich das richtig verstanden?
In den Punkten 5 bis 9 fasst du weitere Sorgen zusammen, die mit der Situation einhergehen können. Darunter insbesondere finanzielle Engpässe und Zukunftsfragen hinsichtlich deines Jobs und des Wohnortes. Vermagst du zu sagen, was deine größte Sorge dabei ist, wenn deine Frau das Kind bekommen würde? Du schreibst hierzu, dass es dir lieber wäre, wenn sie das Kind nicht bekommen würde, du sie hier aber nicht zwingen willst, da dies zu einer Distanzierung zwischen euch beitragen könnte. Diese Situation stelle ich mir schwierig vor. Hier wird für mich deutlich, dass du stark zwischen dem Wunsch stehst, deine Frau und deine Familie zu behalten, und der Sorge, wie es wird, wenn das Kind eines anderen Mannes in euer Leben tritt. Liege ich damit richtig?
Hier denke ich an die guten Gespräche zwischen dir und deiner Frau, von denen du berichtet hast. Du schilderst, dass ihr glaubt, mit dieser Situation umgehen zu können. Was waren denn die Ergebnisse dieser Gespräche? Bei all deinen Punkten und Unsicherheiten, die bei dir aufkommen, frage ich mich, welcher Punkt für dich zuerst ansteht, woran kannst du bereits jetzt arbeiten und einen Ausweg sehen?
Ich bin interessiert, zu erfahren, wie es weitergeht und sammle gerne mit dir weitere Denkanstöße, um gemeinsam zu betrachten, wie du dich der Situation wieder gewachsen fühlen und wie du dein Ziel, mit deiner Familie zusammenzubleiben, erreichen kannst.
Ich antworte wieder innerhalb der nächsten 76 Stunden.
Liebe Grüße
Björn

Antwort 3
Hallo Olli,
mein Name ist Petra Sauer und ich bin Online-Beraterin einer Schwangerschaftskonflikt-Beratungsstelle. Da ich mir vorstellen kann, dass Sie durch die entstandene Situation in Ihrer Ehe sehr in Bedrängnis geraten sind, antworte ich Ihnen umgehend.

Es war eine gute Idee von Ihnen, sich auf diesem Weg Unterstützung für diese – wirklich schwierige Phase Ihrer Partnerschaft – zu suchen. Ich hoffe, ich kann Ihnen behilflich sein.
Als Mann können Sie solch eine Situation lediglich begleiten und aushalten, aber wenig aktiv durch Entscheidung, Handlung und Tat begegnen. Das kann ein Gefühl von Hilflosigkeit auslösen. Geht es Ihnen vielleicht momentan so?
Einen Seitensprung in einer Beziehung nicht nur rational anzunehmen, sondern auch gefühlsmäßig in allen emotionalen Facetten zu erleben und zu durchleben dauert seine Zeit.
Aber so wie Sie über Ihre gemeinsamen Gespräche diesbezüglich schreiben, sind Sie sich über die Tragfähigkeit Ihrer Beziehung zueinander sehr sicher. Das freut mich für Sie.
Ich möchte nun auf die bestehende Schwangerschaft zu »sprechen« kommen. Sie schreiben eingangs, dass Sie mit einer Vasektomie die Familienplanung abschließen wollten. Aber mir ist nicht deutlich geworden, ob Sie sich diesem Eingriff schon unterzogen haben. Wenn nicht, könnte es evtl. sein, dass nicht der Seitensprung zu dieser Schwangerschaft geführt haben muss. Ist Ihnen der Gedanke auch schon gekommen?
Eine Schwangerschaft, resultierend aus einem Seitensprung, ist sicherlich eine der schwersten Krisen, die ein Paar bewältigen und verarbeiten muss, um Ihre Liebesbeziehung weiterführen zu können.
So wie Sie es beschreiben, kennt Ihre Frau wahrscheinlich all Ihre Befürchtungen bezüglich des Austragens der Schwangerschaft.
Das ist auch gut und notwendig für die Entscheidungsfindung Ihrer Frau. Denn es ist ja wirklich so, dass die Frau rein rechtlich die Entscheidung treffen darf und muss. Um diese Entscheidung treffen zu können, ist allerdings das Wissen um die Gedanken und Gefühle des Partners ausgesprochen wichtig. Es ist nur verständlich, wenn Ihre Frau Zeit benötigt, um die richtige Entscheidung treffen zu können.
Und Sie benötigen dementsprechend ein hinreichendes Maß an Geduld, diese Zeit auszuhalten. Wie wird Ihnen das gelingen? Gibt es etwas, was Ihnen helfen könnte, diese Tage und evtl. Wochen eini-

germaßen gut zu verbringen? Ist es Ihnen möglich, momentan zu arbeiten? Vielleicht ist es besser, ein paar Tage frei zu nehmen, etwas zu unternehmen, was Ihnen guttut.
Ich würde Sie gern weiter begleiten und erfahren, ob Ihnen meine Fragen und Anregungen eine Hilfe sind. Im Allgemeinen beantworte ich Anfragen innerhalb einer Woche.
Aber Sie sollten wissen, dass ich morgen in Urlaub fahre und aus diesem Grund bis zum 25. Mai nicht erreichbar bin.
Ich verabschiede mich heute von Ihnen mit den besten Wünschen und der Hoffnung, dass Sie wohlbehalten durch diese belastende Lebensphase kommen.
Petra Sauer

Sie lesen: Die Antworten sind so verschieden, wie die Beraterinnen oder Berater es sind.

4.5.3.2 Ein weiteres Beispiel

Um so eine wie mich ist es nicht schade!

Antwort 1

Hallo liebe Schreiberin,
mein Name ist Florian, ich bin Sozialpädagoge und Online-Berater.
Wenn ich Ihren Satz richtig deute, geht es Ihnen nicht gut. Schön, dass Sie es trotzdem geschafft haben, das Vertrauen und den Mut aufzubringen, mir zu schreiben.
Als Erstes habe ich mich ein bisschen überrumpelt gefühlt von Ihrer kurzen Mail. Nur dieser eine Satz, ohne weitere Erklärungen, ohne Infos dazu, wer Sie sein könnten und was Sie dazu bewegt, diesen Satz zu denken. Andererseits haben Sie ihr Anliegen vielleicht aber auch nur sehr kurz und prägnant zusammengefasst. So nach dem Motto: kleiner Satz, große Wirkung.
Zwei Sachen sind mir an Ihrem Satz aber direkt noch aufgefallen. Sie schreiben »um so eine wie mich«. Was für eine sind Sie denn? Was an Ihnen macht es denn aus, dass »es« um Sie nicht schade sein soll? Und da zeigt sich auch gleich schon meine zweite Frage: Was ist denn »es«? Was, denken Sie, wäre nicht schade um Sie?

Ich bin gespannt auf Ihre Antwort und antworte selbst dann wieder nach spätestens drei Werktagen.
Gruß
Florian

Antwort Nr. 2
Hallo liebe Unbekannte,
Ihre Mail hat mich erreicht. Ich bin Felix Schulte und arbeite als Online-Berater. Aus ihrem Text lese ich eine Verzweiflung. Stimmt das? Oder sind Sie vielleicht eher erschöpft? Was mich beeindruckt ist, dass Sie es jedoch geschafft haben, diese Mail an mich zu schreiben. Für mich ist das ein Zeichen von Mut und Stärke. Wie denken Sie darüber? Ich biete Ihnen gerne an, dass wir uns gemeinsam den Gründen für Ihre Situation widmen.
Vielleicht haben Sie auch schon eine Vorstellung, wie ich Ihnen als Berater zur Seite stehen könnte? Wenn nicht, können wir auch das zusammen herausfinden.
Ich freue mich auf Ihre Antwort und schreibe Ihnen innerhalb von 48 Stunden zurück.
Viele Grüße
Felix Schulte

Antwort 3
Liebe Schreiberin,
vielen Dank für deine Mail. Mein Name ist Marion und ich gehöre zum Online-Team. Du schreibst: »Um so eine wie mich ist es nicht schade!« Der Satz macht mich unruhig. Und ich mache mir Gedanken. Brauchst du Unterstützung? Aus meiner Beratungsarbeit weiß ich, dass es vielen Menschen schwerfällt, über Suizid zu sprechen oder zu schreiben. Denkst du an Suizid?
Mit deiner Mail hast du für mich Mut gezeigt! Siehst du das auch so? Was für eine »so eine« bist du?
Ich freue mich auf deine Antwort und antworte innerhalb von 3 Tagen.
Herzliche Grüße von
Marion

Antwort 4

Liebe Schreiberin!
Mein Name ist Gerhard. Ich bin als Online-Berater für Sie da.
Es gibt für mich keinen Menschen, um den es nicht schade wäre.
Aber das glauben Sie mir vielleicht nicht ... weil ich Sie nicht kenne, würden Sie mir vielleicht sagen. Deshalb möchte ich Sie fragen:
Wer bist Du? (darf ich ausnahmsweise in dieser Frage das »Du« benutzen?)
Mögen Sie mir etwas über sich erzählen? Wie ging es Ihnen, als Sie die Mail gesendet haben... und wie geht es Ihnen jetzt gerade?
Ich freue mich, wenn Sie mir antworten. Falls Sie mir wieder schreiben, werde ich innerhalb von drei Tagen antworten.
Viele Grüße,
Gerhard

Sie lesen, die Antworten sind ganz vielfältig, und eines haben sie alle gemeinsam: Sie nehmen die Schreiberin ernst, sind freundlich und empathisch und machen ein Beziehungsangebot. Wir sind sicher, die Schreiberin hätte auf jede Mail geantwortet. (Für die Neugierigen unter Ihnen, aus dem Satz entwickelte sich ein eineinhalbjähriger Mailwechsel mit einer alleinerziehenden Mutter.)

Wenn Sie nun keine Antwort auf Ihre Mail bekommen, kann das viele Gründe haben:

Der profanste ist, dass die Ratsuchenden ihr Passwort vergessen haben und die Online-Beratungsplattform, auf der Sie beraten, nicht die Möglichkeit bietet, ein neues Passwort anzufordern. Es kann auch sein, dass die Ratsuchenden ihre Mail an eine zweite Beratungsstelle geschickt haben und diese schneller als Sie geantwortet hat. Die Antwort, die als Erste beim Ratsuchenden eintrifft, hat eine hohe Chance, angenommen (akzeptiert) zu werden. Es kann auch sein, dass Sie in Ihrer Antwort das Hauptproblem/Hauptthema nicht herauskristallisiert haben, keine emotionale Anerkennung gezeigt haben, positive Elemente nicht aufgenommen haben, beurteilt haben, ungefragt Ratschläge erteilt oder Ihre Empathie nicht spürbar zum Ausdruck gebracht haben.

Daneben gibt es natürlich auch die Möglichkeit, dass die Ratsuchenden durch die schriftliche Darstellung und die Selbst-Erklärung eine Entlastung erfahren haben, so dass sie eine dialogische Fortführung des Beratungsprozesses nicht möchten. Das Schreiben hat ihnen geholfen. Sie erinnern sich? Schreiben als Ressource!

Nachdem wir Ihnen nun das Vier-Folien-Konzept als Methode zur Beantwortung von Erstmails vorgestellt haben, zeigen wir Ihnen, wie Sie mit dem Fünf-Phasen-Modell in der Chat-Beratung in Beziehung kommen.

4.5.4 Wie aus Daten Beziehungen werden – Das Fünf-Phasen-Modell im Chatdialog

Auch im Chat geht es darum, Kontakt mit dem Schreibenden aufzunehmen, ein Beziehungsangebot zu machen, Ihre Kompetenz zu zeigen und auch die Frage nach Ihrem Auftrag zu klären. Im Chatdialog sollten Sie klar, deutlich und wertschätzend sein. Das Chatten in seiner hybriden Form von gesprochener und geschriebener Sprache, einer Kommunikation zwischen Schriftlichkeit und Mündlichkeit, stellt besondere Anforderungen. So kollidieren die Fehlerfreundlichkeit und Schnelligkeit im Chat – Rechtschreibung und Zeichensetzung spielen eine Nebenrolle – mit unseren Werten von »Professionalität«. Anders als beim Mailen ist das Chatten (nahezu) synchron, und es gibt weitere Unterschiede zwischen den beiden Beratungsformen:

- Beim Chatten entsteht eine Spannung zwischen dem »vertrauenswürdigen« Text und dem Zweifel an der Authentizität der Chatterin oder des Chatters, bedingt durch die Anonymität, Pseudonymität und den eher saloppen Schreibstil beim Chatten.
- Es entsteht eine Diskrepanz zwischen der Professionalität der Beratenden und der Lockerheit der Ratsuchenden.
- Beim Chatten spielen Rechtschreibung, Zeichensetzung und Grammatik eine untergeordnete Rolle.
- Ein Chat bricht häufiger ab.
- Was im Chatdialog zu lesen ist, ist nur ein Ausschnitt der Gedanken, die sowohl Ratsuchenden als auch Beratenden durch den

Kopf gehen. Anders als beim Mailen wird das Geschriebene immer wieder durch das Gegenüber unterbrochen. Es gibt keinen Textfluss wie beim Mailen.

- Chats sind für einen spontanen und sofortigen Kontakt über das Smartphone möglich.
- Chats sind in der Regel (außer das Konzept der Einrichtung bietet Folgechats an) nicht auf einen längeren Zeitraum ausgelegt. Sie sind schnelllebiger.
- Chats sind durch die Synchronität einem Gespräch ähnlicher. Man hat schnell »mal eben was gesagt«.
- Chatten ermöglicht sofortiges Nachfragen.
- Beim Chatten besteht ein gewisser Zeitdruck, in der vorgegebenen Zeit etwas zu schreiben. Die Wartezeiten zwischen Schreiben-Absenden und Lesen sind für manche Menschen schwer auszuhalten.
- Chatten ist, anders als das Mailen, für eine akute Krisenintervention durchaus geeignet. Es ist zeitnah, und ein spontaner Dialog kann stattfinden.
- Chatten bietet sowohl ein One-to-one-Format als auch ein Gruppenformat, den Gruppenchat, der ein Gespräch auch mit mehreren Beteiligten zulässt.

So, und nun geht es los!

Vorbereitung: Testen Sie, ob Ihre Internetverbindung stabil ist! Betreten Sie fünf Minuten früher den Chatraum und sichern Sie damit, dass Sie vor den Ratsuchenden im Chatraum sind.

4.5.4.1 Eröffnung: Anrede – Begrüßung – Vorstellung

Auch ein Chat beginnt mit der Anrede und stellt den ersten Kontakt zwischen Ihnen und der Chatterin oder dem Chatter her. Ihre Vorstellung und Begrüßung geben sozusagen den »Ton« für das weitere Gespräch an. Menschen mit ihrem Namen anzusprechen schafft ein freundliches Klima. Die Eröffnung mit Anrede und Begrüßung ist die Grundlage für Vertrauen. Begrüßen Sie die Klientin oder den Kunden und stellen Sie sich vor: »Guten Morgen … Frau Müller (wenn der Anfragende Ihnen namentlich bekannt ist), mein Name ist … und ich bin heute hier in diesem Chat Ihre Beraterin oder Ihr Berater. Schön, dass Sie hierher gefunden haben. Wie darf ich Sie ansprechen?

Stimmen Sie Ihren Sprachgebrauch auf den der Schreiberin und des Schreibers ab.

Das heißt nicht, dass Sie bei Kindern und Jugendlichen deren Sprache übernehmen sollen, sondern, dass Sie Ihr Sprachniveau daran angleichen. Drücken Sie sich einfach und klar aus. Seien Sie authentisch.

4.5.4.2 Fragen Sie nach dem Anliegen – Auftragsklärung

»Was ist ihre Frage?« – »Was ist Ihr Anliegen?« – »Was hat Sie in diesen Chat geführt?« – »Was kann ich für Sie tun?«

Was wird von Ihnen als Beraterin erwartet? Besprechen Sie es mit der Chatterin oder dem Chatter. Manche sind unsicher und wissen selbst nicht, was sie erwarten. Andere kommen schnell zur Sache, wieder andere wissen häufig selbst nicht so genau, wo das Problem liegt. Wenn die Chatterin oder der Chatter es selbst noch nicht genau weiß, sollten Sie bei der aktuellen, konkreten Situation ansetzen und selbst Angebote machen. Bei Schreibenden, die sich schwer ausdrücken können (und beispielsweise auf viele Fragen nur mit »Ich weiß nicht« antworten), sollten Sie nachfragen. Erkundigen Sie sich nach Fakten, Gefühlen, Werten und Normen. Nachfragen zeigt Ihr Interesse und trägt dazu bei, dass sich Ihr Gegenüber verstanden fühlt, und dies ist bekanntermaßen für einen Beziehungsaufbau förderlich. Bieten Sie Ihre Unterstützung an. Dies können Sie tun, indem Sie ermutigen, beruhigen, Sicherheit vermitteln, Empathie und Wertschätzung ausdrücken. Informieren Sie die Schreibenden über Anonymität und Vertraulichkeit und was dies »online« beinhaltet.

Wenn Sie das Anliegen erkannt haben, formulieren Sie das Anliegen: »Sie haben Suizidgedanken?« oder: »Sie möchten sich wegen ihrer Partnerschaftsprobleme beraten lassen?« Zeigen Sie, dass Sie den Text gelesen haben, nutzen Sie Formulierungen der Schreiberin oder des Schreibers, aber wiederholen Sie nicht den Text wortwörtlich.

Wenn das Anliegen klar ist, checken Sie innerlich folgende Fragen:

- Kann ich das?
- Ist das unsere Zuständigkeit?
- Will ich das?
- Ist es möglich in diesem Chat?

Wenn Sie eine dieser Fragen mit »nein« beantworten, teilen Sie das dem Anfragenden freundlich mit.»Es tut mir leid, ich kann Ihrem Anliegen ausfolgendem Grund nicht entsprechen«:

- Aus Nichtzuständigkeit – (Wegen Ihres Schwindelgefühls sollten Sie eine Ärztin aufsuchen.)
- Aus Mangel an Fachkenntnis – (Ich bin kein Anwalt und weiß das nicht.)
- Wegen Unmöglichkeit – (Eine kostenlose Eintrittskarte habe ich nicht zu vergeben.)
- Wegen Übergriffigkeit – (Ich will nicht mit Ihnen essen gehen.)

Sie können auch aus anderen Gründen, die eine Ablehnung für Sie rechtfertigen, den Chat nicht (weiter)führen. Wichtig ist, dass Sie das freundlich und klar schreiben.

Jetzt treten Sie in die Beratungsphase ein.

- Zeigen Sie Verständnis und Mitgefühl.
- Schreiben Sie über Ihre eigenen Empfindungen in kurzen Alltagswörtern oder Ausrufen (Interjektionen) wie: aha, nanu, ätsch, aua, igitt, hurra, hoppla, oh, ach usw. Interjektionen sind ein typisches Merkmal der Mündlichkeit und dienen im Chat als Stilmittel gesuchter Mündlichkeit.
- Benutzen Sie keine Textbausteine. Wenn, dann nur in Form von eingebundenen Zitaten.
  (Sie können aber gerne weitere Informationen, Materialien oder nähere Erklärungen am Schluss durch ein vorbereitetes PDF geben.)
- Wenn Sie Fragen stellen, sollten Sie überlegen: Was mache ich mit dem Wissen? Wofür brauche ich es?

- Stellen Sie nicht zu viele Fragen hintereinander! Jeweils bitte nur eine Frage stellen, und die nächste, wenn notwendig, nach der Beantwortung der ersten.
- Gehen Sie auf die Angaben ein, die die Chatterin, der Chatter Ihnen mitgeteilt hat.
- Welche Gefühle und Bedürfnisse hat die Schreiberin, der Schreiber?
- Fragen Sie, was jetzt wichtig ist, was jetzt ansteht. Verlieren Sie sich nicht in Nachforschungen und darin, wie Sie die meist komplexe Problematik entwirren können.
- Nicht zu viele Infos gleichzeitig schreiben. Es verwirrt nur und wird nicht hilfreich sein. Bitte die Auswahlmöglichkeiten beschränken.
- Berücksichtigen Sie die momentane Befindlichkeit. Manche Menschen benötigen ein kleinschrittiges Vorgehen.
- Bauen Sie einfache Sätze. Kurze Sätze sorgen für ein Gesprächstempo! Teilen Sie längere Mitteilungen in mehrere kurze Mitteilungen auf.
- Wenn Sie lesen, dass der Schreiberin oder dem Schreiber plötzlich viele Rechtschreibfehler unterlaufen, kann das ein Hinweis auf ihre oder seine emotionale Aufgeregtheit sein. Sprechen Sie das an und fragen Sie nach!
- Geben Sie keine Erklärungen, die nicht erfragt worden sind.
- Fragen Sie nach, ob eine Erklärung gewünscht ist.
- Haben Sie immer den Auftrag vor Augen. Sie können diesen verändern, wenn es sinnvoll, nützlich oder gewünscht ist, allerdings nur in gegenseitigem Einvernehmen.
- Sie sind verantwortlich für das Setting. Behalten Sie die verfügbare Zeit und Ihren Auftrag im Auge.

4.5.4.3 Abschluss eines Chats

- Kündigen Sie den Abschluss an. Der Abschluss erfolgt nicht selten in zwei Schritten: der Ansatz zum Abschluss (Ankündigung) und die tatsächliche Beendigung.
- Eine gelungene Beratung führt zu einem Ergebnis und/oder zu einem einvernehmlichen Abschluss.

- Wenn nach Ihrer Einschätzung das Ende der Beratung erreicht ist, fassen Sie die Beratung mit ihren eigenen Worten zusammen:
  - Ich habe den Eindruck, dass Sie auf Ihre eingangs gestellte Frage nun eine Antwort gefunden haben.
  - Ich habe verstanden, dass Sie unsicher sind, ob Ihr Plan, ein Pflegekind aufzunehmen, das Richtige in Ihrer Situation ist und Sie darüber nochmals nachdenken wollen.

4.5.4.4 Verabschiedung und eventuell weiteres Angebot

- Viel Erfolg und noch einen schönen Abend für dich.
- Für heute verabschiede ich mich mit einem lieben Gruß.
- Ich wünsche Ihnen viel Erfolg und drücke die Daumen.
- Tschüss und alles Gute.
- Wenn Sie weitere Fragen haben, dann melden Sie sich bitte wieder bei mir.
- Ich habe den Eindruck, dass Sie nun Stoff zum Nachdenken haben. Wir können gerne in einer Woche nochmals miteinander chatten, wenn Sie etwas weiter in Ihren Überlegungen sind.

Nach Beendigung des Chats machen Sie bitte eine Pause!
Sie sollten mindestens zehn Minuten zwischen den Anfragen haben, um nachzudenken, sich zu entspannen und zu erholen. Oder auch um Ärger loszuwerden (kann es geben!) und wieder in einen guten Zustand für die nächste Beratung zu kommen.

4.5.4.5 Beispiele von Chatverläufen

Chat Nr. 1

[K] 12:57:58 Jana : Hallo

[B] 12:58:11 Berater: Hallo

[K] 12:58:31 Jana : Wie geht das, soll ich anfangen

[B] 12:59:05 Berater: ja das wäre nett

[K] 12:59:14 Jana : ok

[K] 12:59:52 Jana : Ich habe ein Problem, das mich sehr belastet, ich bin in den Freund meiner Schwester verliebt.

[B] 13:01:40 Berater: oh das ist natürlich ein Problem, wie lange schon?

[K] 13:01:52 Jana : seit 6 Wochen ist das so

[B] 13:02:56 Berater: ok. wie lange ist deine Schwester mit ihm schon zusammen?

[K] 13:04:15 Jana : seit 3 Monaten, aber da hatte er noch eine eigene Wohnung und seit 6 Wochen sehe ich ihn jeden Tag

[B] 13:05:28 Berater: also wohnst du mit deiner Schwester zusammen?

[K] 13:05:55 Jana : Ja, wir wohnen alle zusammen mit meinen Eltern in einem Haus ...

[K] 13:06:24 Jana : ... meine Schwester hat eine eigene Wohnung unter dem Dach und ich ein Zimmer

[B] 13:06:51 Berater: ok. wie alt seid ihr denn, wenn ich mal fragen darf

[K] 13:07:22 Jana : ich bin 22, meine Schwester 25 und ihr Freund 27

[B] 13:10:55 Berater: oh ok. ja das verstehe ich dann natürlich, dass es für dich schwer ist, wenn du ihn jeden Tag siehst. Hast du dir mal überlegt evtl. auszuziehen? dass du ihn halt nicht immer sehen musst

[K] 13:12:25 Jana : Ja, das ist genau der Punkt. Bei uns ist immer Stress, meine Mutter und meine Schwester sind immer in Aktion ...

[K] 13:12:52 Jana : ... es ist nie Ruhe. ich würde gerne ausziehen, aber ich traue mich nicht.

[B] 13:13:19 Berater: warum traust du dich nicht ?

[K] 13:14:32 Jana : ich weiß nicht wie das mit einer Wohnung geht, auf was man achten muss, was ich unterschreiben darf, wie das mit Versicherungen geht und Kaution

[B] 13:15:44 Berater: OK. hast du einen Job oder bist du in einer Ausbildung

[K] 13:16:18 Jana : Ich habe eine Vollzeitstelle, arbeite im Supermarkt an der Kasse und hab etwas gespart.

[B] 13:22:09 Berater: Ok. Du könntest beim Wohnungsamt einen Wohnberechtigungsschein beantragen.

[K] 13:23:49 Jana : Ah, danke, wusste ich nicht. Da melde ich mich und kann dann aber auch entscheiden, ob ich die Wohnung möchte, oder muss ich die dann nehmen?

[B] 13:30:06 Berater: Da kannst du beim Wohnungsamt nachfragen

[K] 13:32:45 Jana : Kann ich dann ja machen, oder ich suche mir selber eine Wohnung, falls ich zu viel verdiene würde ich den Schein nicht bekommen, oder ?

[B] 13:36:32 Berater: Das kann ich dir jetzt leider nicht sagen, wie das da genau ist. Da müsstest du mal selber nach fragen.
[K] 13:38:04 Jana : Ok, jetzt weiß ich aber dass es diese Möglichkeit gibt, danke.
[K] 13:39:43 Jana : Das hilft mir schon sehr, kann ich Sie nochmal erreichen, falls ich nochmal eine Frage habe. Ich würde auch mal ins Internet gucken, was es so an Wohnungen gibt.
[K] 13:40:22 Jana : ist eben alles neu :-)
[B] 13:41:51 Berater: Bitte, das habe ich doch gerne gemacht.
[B] 13:42:37 Berater: ja, du kannst mich nochmal erreichen
[K] 13:43:05 Jana : Vielen Dank, ich will das jetzt endlich schaffen. Ich mache dann für nächste Woche einen Termin und erzähle wie es gelaufen ist.
[B] 13:45:15 Berater: genau, mach einen Termin und schreib mir wieder. Bis dahin wünsche ich viel Erfolg bei der Suche
[K] 13:45:37 Jana : Danke und Tschüss :-)
[B] 13:46:19 Berater: Bitte, tschüss

Chat Nr. 2

Bei diesem Chat handelt es sich um einen Supervisionschat aus der Ausbildung Online-Beratung. Gegenstand des Chats ist die Antwort von Florian auf die Mail »Um so eine wie mich ist es nicht schade« (Siehe unter 4.5.3.2).

[K] 18:09:47 Florian : Also, die letzte Übungs-Mail fand ich sehr spannend.
[K] 18:10:10 Florian : Es gab in meinem Kopf so viele verschiedene Ansätze, wie man da rangehen könnte.
[B] 18:11:04 Ausbilder : Ja, so viel Ansätze, wie die Phantasie hergibt ;-)
[K] 18:11:23 Florian : Und die Tatsache, dass man mit so einer Informationsarmut konfrontiert wird, lässt ja auch viel Spielraum für verschiedene Denk- und Handlungsansätze.
[B] 18:12:22 Ausbilder : Du hast dich entschieden, deine Antwort » flach » zu halten, wie du in deiner Erklärung zu deiner Antwort schreibst.

[K] 18:12:32 Florian : Ich bin dann erstmal bei dem recht klassischen Ansatz geblieben, so wie wir es jetzt gelernt haben, und habe aber versucht, das Ganze inhaltlich eher flach zu halten und die Kontaktaufnahme in den Vordergrund zu stellen, ohne dabei zu fordernd zu wirken.
[K] 18:12:41 Florian : Ja genau =)
[B] 18:13:24 Ausbilder : Ja, das ist dir ja auch gut gelungen. Man darf bei solchen Mails nicht zu viel fordern und die Antwort auch nicht überfrachten.
[B] 18:14:23 Ausbilder: Deine Fragen sind auch gut, weil du Bezug auf den (kurzen) Text nimmst.
[K] 18:15:05 Florian: Ja. Ich fand interessant, dass die Zeile so ein bisschen »hingerotzt« daherkommt.
[K] 18:15:26 Florian: Wahrscheinlich ist es für die Schreiberin aber alles andere als nur so ein dahingefeuerter Satz.
[B] 18:16:00 Ausbilder: Ein Statement, eine Klage oder eine Provokation oder auch Resignation.
[B] 18:16:36 Ausbilder: alles möglich, wir wissen es ja nicht. Kommen aber öfter vor, solche kurzen Mails.
[K] 18:17:45 Florian: Ganz genau! Was mir als Erstes in den Kopf kam, war, dass dieser Satz wie so ein Graffiti an einer Hauswand daherkommt. So ein Ausruf! aber anonym. Der Vergleich hat es aber leider nicht in die Endfassung geschafft =)
[B] 18:18:29 Ausbilder: Wäre ein schönes Bild gewesen, mit dem sie vielleicht hätte was tun können ...
[K] 18:18:56 Florian: Ja, ich habe auch sehr lange hin und her überlegt.
[B] 18:20:06 Ausbilder: Wir dürfen uns da durchaus was trauen in solchen Zusammenhängen, da wir uns ja nicht an die Vorgaben der 4 Folien halten können – diese Regeln greifen ja nicht, weil wir wenig Ansatzpunkte haben. Deshalb sind unsere Bilder vielleicht das beste Ausgangsmaterial.
[K] 18:21:12 Florian: Ja, sowas in der Art dachte ich mir auch. Deshalb hab ich den zweiten Absatz mit rein genommen, bei dem ich mir auch nicht so ganz sicher bin, wie das ankommen wird. Aber ich fand es irgendwie stimmig für mich.

[B] 18:23:00 Ausbilder: Der zweite Absatz entspricht ja diesem Ansatz. Ich finde ihn gut gelungen.
[K] 18:24:06 Florian: Top
[B] 18:24:11 Ausbilder: Hast du denn sonst noch Fragen?
[K] 18:26:39 Florian : Ansonsten eigentlich nicht. Ich merke auf jeden Fall, dass ich mich von Mail zu Mail weiterentwickle und authentischer werde. Das ist gut. Und vorher hab ich oft gedacht, dass die Mails der anderen teilweise SO viel besser sind. Mittlerweile sehe ich die Mails der anderen eher als anders an, und das ist sehr bereichernd und zeigt mir, dass ich da gut im Lernprozess bin.
[B] 18:28:18 Ausbilder: Das ist wirklich sehr schön und gut
[K] 18:29:00 Florian: Ich danke dir für deine Rückmeldungen.

Chat Nr. 3
Berater: Hajo Berns
Klientin: Sabine
Sabine: Hallo
Hajo Berns: Hallo Sabine, herzlich willkommen hier im Chat.
Mein Name ist Hajo Berns und ich arbeite hier in der Beratungsstelle.
Wie darf ich Sie ansprechen, mit Du oder Sie?
Sabine: Sie können gerne Du sagen.
Hajo Berns: Ok, danke. Wir haben 30 Minuten Zeit für den Chat.
Welches Anliegen hat Dich denn bewogen, Dich an uns zu wenden?
Sabine: Es ist etwas schwierig, ich weiß nicht genau wie ich anfangen soll...
ich habe seit 4 Monaten einen Freund und letzte Woche fehlte mir Geld in meiner Dose, in der ich spare.
Jetzt bin ich unsicher, ob mein Freund das genommen hat und was ich machen soll.
Hajo Berns: Ist es das erste Mal, dass Dir das aufgefallen ist?
Sabine: Ich gucke da selten rein, ist am Jahresende dann immer eine Überraschung ...
es war schon des Öfteren, dass ich mich gewundert habe, dass Geld fehlt, waren aber nur kleine Beträge und ich dachte ich hätte sie verbummelt.
Hajo Berns: Hast Du Deinen Freund schon mal darauf angesprochen?

Sabine: Ja, er sagt dann immer, hast Du bestimmt verlegt oder ausgegeben …

Ist doch nicht wichtig, war ja nicht viel.

Hajo Berns: Wie viel ist es denn?

Sabine: Zwischen 10 und 20 Euro, immer Scheine. Ich habe auch schon mal einen wiedergefunden.

Ist aber irgendwie komisch.

Hajo Berns: Was ist komisch?

Sabine: Mein Freund leiht sich des öfteren Geld von mir, weil er entweder Probleme mit der Bank hat oder mit der Firma.

Hajo Berns: Bekommst Du es zurück?

Sabine: Ja, dauert aber immer etwas.

Hajo Berns: Darf ich fragen, wie alt Du bist?

Sabine: 25

Hajo Berns: und Dein Freund

Sabine: 26

Hajo Berns: Ist er ein Freund, oder Dein Partner?

Sabine: Mein Partner

Hajo Berns: Wohnt ihr zusammen?

Sabine: Noch nicht, aber er ist oft bei mir, auch wenn ich nicht Zuhause bin.

Hajo Berns: War sein Verhalten schon seit Beginn Eurer Beziehung so?

Sabine: Am Anfang nicht.

Hajo Berns: Was hat sich denn verändert?

Sabine: Er ist öfters angespannt und muss plötzlich weg, immer aus anderen Gründen.

Hajo Berns: Könnt Ihr darüber reden?

Sabine: Nein, ich habe es versucht, aber er sagt dann immer, ist alles ok, mach Dir keine Sorgen.

Hajo Berns: Bist Du damit zufrieden?

Sabine: Nein, das belastet mich sehr und ich merke, ich vertraue ihm weniger …

ich bin so misstrauisch geworden, das kenne ich von mir nicht.

Hajo Berns: Das macht es sicher sehr schwer für Dich.

Sabine: Ja, ich liebe ihn, aber so möchte ich nicht, dass es weitergeht.

Hajo Berns: Wie möchtest Du denn, dass es weitergeht?

Sabine: Dass wir miteinander reden und uns bei Problemen helfen ... ehrlich miteinander sind und keine Geheimnisse haben.
Hajo Berns: Das wäre eine gute Grundlage für eine Beziehung. Meinst Du, er möchte das auch?
Sabine: Zuerst hab ich gedacht es wäre so, aber jetzt nicht mehr.
Hajo Berns: Habt ihr darüber am Anfang sprechen können, wie sich jeder eine Beziehung vorstellt?
Sabine: Er hat gesagt, das braucht Zeit und im Reden ist er nicht so gut.
Hajo Berns: Ok, das macht es für Dich nicht einfacher.
Wir haben noch 10 Minuten Zeit. Wie geht es Dir im Augenblick mit unserem Austausch?
Sabine: Ich merke ich weiß nicht genau was ich will, ich fühle mich hin und her gerissen.
Hajo Berns: Das hast Du gut benannt, mir fällt dazu das Bild einer jungen Frau zwischen zwei Stühlen ein.
Sabine: Ja, genau.
Hajo Berns: Ich würde Dir den Vorschlag machen, dass wir uns noch einmal treffen und Deine Wünsche und Ziele besprechen. Das könnte nächste Woche sein, wenn das für Dich passt.
Sabine: Ja, das wäre gut.
Hajo Berns: Wir könnten auch überlegen, wie ein Gespräch mit Deinem Freund evtl. möglich sein könnte. Wir machen es so, wie es für Dich richtig ist.
Sabine: Das würde ich gerne machen, danke schon mal für heute und dass ich mit Ihnen das alles mal besprechen konnte.
Hajo Berns: Danke, dass Du mir Dein Vertrauen geschenkt hast. Ich freue mich auf unseren nächsten Chat und bin gespannt, wie es für Dich weitergeht.
Ich wünsche Dir gutes Nachdenken ☺
Tschüss
Sabine: Tschüss ☺

4.5.5 Wie aus Daten Beziehungen werden: Sprachnachrichten

Das Vier-Folien-Konzept für die Beratung über Sprachnachrichten

Sprachnachrichten sind eine asynchrone Form der Kommunikation. Es ist nur ein Nacheinander möglich, keine Gleichzeitigkeit. In einem synchronen Dialog kann ich ins Wort fallen, Zwischenfragen stellen, den Redefluss unterbrechen oder durch Lautäußerungen Zustimmung signalisieren. Dies ist bei Sprachnachrichten nicht möglich. Ich muss den Empfang einer Sequenz abwarten, um darauf wieder Bezug nehmen zu können; wie beim Mailen. Wie beschrieben braucht das Abhören der Sprachnachricht so viel Zeit wie das Aufsprechen. Denken Sie daran, dass Sie eine höhere Konzentration beim Abhören einer eingegangenen Sprachnachricht brauchen. Manche Menschen sind schwer zu verstehen, und Sie sind gezwungen, mehrmals zurückzuspulen, um das Gesprochene zu verstehen. Hier kann das Benutzen eines Headsets (Kopfhörer mit Mikrofon) sehr hilfreich sein. Auch beim Antworten müssen Sie sich konzentrieren und deutlich und eventuell langsam sprechen. Sie möchten verstanden werden. Sie brauchen eine ruhige, ungestörte Umgebung, in der Sie die Nachricht abhören und Ihre Antwort »verfassen«.

Ein Tipp: Sie können die Sprachnachricht auch transkribieren lassen. Manche Sprachnachricht ist so lang, dass es kaum möglich ist, sich alle Details zu merken. Mit einer App (Transcriber) können Sie Sprachnachrichten in Texte umwandeln. Da die Beratung über Sprachnachrichten asynchron ist wie die Mail-Beratung, bietet sich das modifizierte Vier-Folien-Konzept zur Beantwortung an. Wenn Sie die Sprachnachrichten abhören, machen Sie bitte zwei oder drei Durchgänge. Beim Hören geht mehr verloren als beim Lesen. Machen Sie sich Stichwörter, während Sie die Nachricht abhören. Wenn Sie sie transkribiert haben, behandeln Sie sie als Mail. Wir wiederholen kurz:

1. Folie – Der eigene Resonanzboden

Welche Gefühle und Gedanken löst die Sprachnachricht beim ersten Abhören aus?

Höre ich klar die Gefühlsverfassung? Weinen, Schluchzen, etc.

2. Folie – Das Thema und der psychosoziale Hintergrund

Machen Sie sich Stichworte, wenn Sie die Nachricht ein zweites Mal hören. Was haben Sie verstanden und was auch nicht? Um was geht es? Gibt es einen Auftrag? Was ist der Inhalt und das Thema der Sprachnachricht?

3. Folie – Diagnose

Wer ist die Person? Was sind Fragen, Wünsche, Hoffnungen, Erwartungen an mich?

4. Folie – Intervention

- Begrüßung und Vorstellung der eigenen Person
- Wertschätzung und Dank für die Anfrage
- Benennung dessen, was Sie verstanden haben
- Klärung nicht verstandener Dinge, nachfragen
- Erarbeitung eines Auftrages (Auftrags-Klärung)
- Formulierung einer ersten Erwiderung auf das benannte Problem (wenn schon möglich)
- Klärung des Settings
- Einladung zu einer Antwort
- Abschluss

Manchen Beraterinnen und Beratern hilft es, sich Notizen zu machen, im Sinne eines Fahrplans, eines Drehbuchs für die Antwort. Damit man nichts vergisst und eine gewisse Reihenfolge einhält und möglichst ohne Äh's und Hmm's auskommt ;-) Aber bitte lesen Sie Ihren Text nicht vor, das hört man, sondern sprechen Sie frei und benutzen Sie Ihre Notizen.

Um Ihnen auch hier ein Beispiel zu geben, haben wir eine Sprachnachricht transkribiert. Wir haben den automatisch generierten Text an einigen Stellen mit Satzzeichen versehen, um ihn lesbarer zu machen.

Beispiel Sprachnachrichten

Hallo

Ähm, ich mach das gerade zum ersten Mal, ich hab gesehen dass Sie

die Möglichkeit anbieten dass man auch was per Sprachnachrichten aufsprechen kann.
Ja hmm mein Problem ist jetzt nicht so schlimm – viele sagen ja das ist so jammern auf hohem Niveau – aber es macht mir trotzdem was aus – ich hab ne Arbeit, ich hab Geld, ich hab ne gute Wohnung. Von da ja hmm habe ich keine finanziellen Probleme durch Corona, aber alles was ich gerne mache neben meiner Arbeit kann ich nicht mehr machen. Ich fahr total gerne Ski – das fällt weg. Ich gehe gerne schwimmen das fällt weg ! Ich bin im Fitness Studio das fällt weg – und ja, wie viele andere auch gehe ich natürlich auch ganz gerne raus. Und ich hab immer das Problem dass ich das eigentlich gar keinem erzählen kann, weil alle Leute denken: ja du hast es doch gut dir geht's auch gut du bist gesund. Du hast Arbeit und und und. Und trotzdem merke ich wie mich das Ganze auch auslaugt und dass ich eigentlich gar nicht mal erzählen kann, wie es mir wirklich geht.
Ja, ich merk mir gehts nicht so schlecht und wenn ich ihnen das mal hier so ausspreche – tut eigentlich schon ganz gut. Aber vielleicht reicht es aber vielleicht können ja auch ein Tipp geben. Danke, tschüss.

Hallo liebe Ratsuchende
Dankeschön, dass Sie sich an uns gewandt haben: Ich darf mich zunächst vorstellen, mein Name ist Theo und Ich bin heute dazu da, Ihnen auf Ihre Sprachnachricht zu antworten. Was ich verstanden habe ist, dass Sie sich im Moment sehr ausgelaugt fühlen – die Ursachen sehen Sie darin, dass Sie Ihren sportlichen Aktivitäten im Moment so gar nicht nachgehen können, dass Sie nicht schwimmen gehen können, dass das, was Sie gerne tun – in ein Sportstudio zu gehen – dass das im Moment eben nicht möglich ist. Und Sie fürchten, dass Sie das eigentlich niemanden erzählen dürfen oder können, weil Sie keinen Grund haben zu jammern. Es geht Ihnen gut. Sie verdienen genug Geld. Sie haben eine Wohnung und all das und Sie denken, dass das vielleicht jammern auf hohem Niveau ist?
Was mir dazu einfällt ist, dass ich zunächst mal denke, dass es sehr vielen Menschen im Moment so geht und dass die beiden Dinge – nämlich, wie sie sich fühlen und wie sie situiert sind – gar nichts mit-

einander zu tun haben. So wie sich fühlen, fühlen sich im Moment sehr viele Menschen unter Coronabedingungen. Sie können nicht mehr rausgehen. Die sozialen Kontakte, die sie haben, die fehlen Ihnen und ja das hat zur Folge, dass man sich einfach irgendwo ausgelaugt fühlt, weil all das was man gerne tut und was einem auch wieder Kraft gibt und die Batterie auflädt – dass das im Moment nicht geht. Wenn Sie sich trauen würden, vielleicht tatsächlich mal darüber zu sprechen mit Ihren Freunden und Bekannten – dann könnte ich mir sehr gut vorstellen, dass Sie auf Zustimmung stoßen, dass halt die andern Ihnen auch sagen, dass sie Einschränkungen haben, fühlen – dass es ihnen an irgendeiner Ecke nicht gut geht und dass sie aber vielleicht halt sich auch nicht trauen, darüber zu sprechen. Möchten Sie das mal versuchen und probieren? Einfach es den anderen auch mal so zu erzählen, wie Sie mir das gerade in der Sprachnachricht gesagt haben. Ich wäre gespannt auf die Reaktion darauf und von Ihnen zu hören. Wenn Sie wollen, sprechen Sie noch eine Nachricht für mich auf und ich würde ihn dann innerhalb von 48 Stunden spätestens darauf antworten,- Dankeschön.

Lieber Theo,
vielen Dank für Ihre freundliche Nachricht. Ich hab mich sehr darüber gefreut und was ich auch gemerkt habe war, nachdem ich Ihnen meine Nachricht geschickt habe ging's mir eigentlich schon besser. Tat schon gut es mal auszusprechen und nicht nur für sich zu behalten. Danke für Ihre Antwort und Ihre Anregung doch auch mal mit Freunden oder Bekannten drüber zu reden. Das werde ich auf jeden Fall machen und ich bedanke mich ganz, ganz herzlich und wünsche Ihnen und Ihrer Familie eine gute Weihnachtszeit tschüss.

Beim Verfassen von Sprachnachrichten haben wir, genau wie beim Telefonieren, zwei Ebenen, denen wir Aufmerksamkeit schenken müssen. Zum einen ist es die inhaltliche, also die Botschaft, die wir mitteilen wollen, zum anderen unsere hörbare Sprache. Wie wir auf andere wirken, hängt sehr von unserer Stimme ab. Über die Stimmlage, den Tonfall, die Lautstärke und den Sprachrhythmus können wir Emotionen ausdrücken und auf der anderen Seite auch erkennen.

Viele Informationen, die über die eigentliche Botschaft hinaus übermittelt werden, sind die paraverbalen Informationen wie Stimme, Stimmlage, Intonation, Atmung. Diese prosodischen Merkmale wie Melodie, Rhythmus und Pausen werden wahrgenommen und durch uns zu Informationen über den Sprecher verarbeitet. Das sind auch die Anteile, die uns einen Menschen an seiner Stimme erkennen lassen.

Die Bilder, die beim Hören entstehen, sind, wie beim Lesen auch, durch unsere Sozialisation, unsere Geschichte und Erfahrungen geprägt. Wahrscheinlich kennen Sie den Spruch: »Der Ton macht die Musik.« Das können wir auch bewusst beim Sprechen einer Nachricht einsetzen. So wie wir das beim Telefonieren tun. Unsere Stimme gibt Auskunft über unsere Stimmung! Und wir hören in der Stimme die Befindlichkeit des anderen.

Doch so gänzlich kontrollieren können wir das nicht. Es ist z.B. so, dass unsere Stimme zittert, wenn wir unsicher, aufgeregt oder nervös sind. Es schlägt sich auf die Stimme, wenn wir bei einem Vortrag Lampenfieber haben.

4.5.6 Video-Beratung

Die Video-Beratung, synchron und nicht anonym, ist am vergleichbarsten mit der Face-to-Face-Beratung. Sie sehen und hören die Klientinnen und Ratsuchenden und können auf Ihr langjähriges Know-how aus der persönlichen Beratung zurückgreifen.

Wie beschrieben ist die digitale Präsenz in einem Videochat anders als die physische Präsenz, da der Monitor nur einen Ausschnitt zeigt. Die Sinneskanäle sind eingeschränkt und Beratung und Therapie brauchen mehr psychische Energie, da vor der Kamera zu sprechen heißt, aktiver zu sein. Nutzen Sie daher auch die technischen Möglichkeiten wie Whiteboard, Filme oder Audiodateien. Wenn Sie es gewohnt sind, sich in der Face-to-Face-Beratung Notizen zu machen, z.B. mit dem Schreibblock auf dem Knie oder auf dem Schreibtisch, dann sieht und versteht Ihr Gegenüber das. Es bedarf in dieser Situation keiner weiteren Erklärung. In einer Video-Situation wird das Geschehen nicht überblickt; Ihr Gegenüber kann also nicht einordnen, wenn Sie den Blick gelegentlich senken, um sich Ihre Notizen zu machen. Das müssen Sie vorher erklären, damit es weiß, dass dies nicht ein Mangel an Aufmerksamkeit ihm gegenüber ist. (»... ich werde mir zwischendurch immer mal wieder Notizen machen und nicht in die Kamera schauen können ...«)

Wenn Sie Störungen erwarten, die sich nicht vermeiden lassen, z. B. wenn Sie im Homeoffice sind und dem Postboten die Tür aufmachen möchten, weil Sie endlich die bestellte und lange nicht mehr lieferbare externe Videokamera erwarten, dann kündigen Sie das bitte vorher an. Jeder wird Verständnis dafür haben, gerade in dieser Zeit.

Machen Sie sich Gedanken, was Ihrem Gegenüber an Informationen fehlt gegenüber den Informationen, die es erhalten würde, wenn Sie beide im gleichen Raum säßen, die aber für die richtige Interpretation und Einordnung Ihres Verhaltens wichtig sind. Wenn Sie körperbehindert sind und im Rollstuhl den Beratungsraum betreten, wird das jeder Mensch ohne erklärende Worte einordnen können. In der Video-Beratungssituation kann man das nicht unbedingt erkennen.

Wenn Sie niesen müssen oder sich die Nase putzen wollen, dann schalten Sie bitte vorher das Mikrofon aus – es macht sonst einen Höllenlärm, genauso wie das Husten in das Headset-Mikrofon ☹.

Vereinbaren Sie, vor allem wenn mehrere Personen am Videochat teilnehmen, wie man sich zu Wort meldet. Manche Programme erlauben das Anzeigen von Wortmeldungen.

In diesem Zusammenhang sei erwähnt, dass natürlich das Format »Videokonferenz« Beratungen erlaubt, an der mehrere Personen zugleich teilnehmen. Ebenso wie im schriftbasierten Chat. Sie können Paar- und Partnerschaftsberatungen, Erziehungsberatung oder auch Gruppentherapie durchführen oder auch eine Expertin oder einen Experten für bestimmte Fragen hinzunehmen.

Ihnen hier an dieser Stelle ein Beispiel einer videogestützten Beratung oder Therapie zu geben, ist auf Grund des Formates »Buch« leider nicht möglich ;-). Es zu transkribieren wäre auch nur die halbe Geschichte, da das Bild fehlt. Was wir tun können, ist zu schauen, welche Grundsätze aus der Mail- und Chat-Beratung und dem Vier-Folien-Konzept zu übernehmen sind:

1. Machen Sie sich mit dem Programm, welches Sie verwenden, unbedingt vertraut. Sie müssen hilfreich sein können für Ihr Gegenüber, wenn es sich mit der Technik nicht auskennt. Nehmen Sie sich dafür Zeit. Das gibt Ihnen auf der einen Seite die Möglichkeit, als kompetent und professionell wahrgenommen zu werden, zum anderen gewinnen Sie erste Eindrücke über die Person, mit der Sie es im Weiteren zu tun haben. Stärken, Schwächen, Interesse und Motivation, Aufnahmevermögen usw.
2. Seien Sie der oder die Erste in dem Treffen, dann können Sie wie in der Face-to-Face-Beratung begrüßen. Stellen Sie das Programm so ein, dass Sie erlauben müssen, den Raum zu betreten.
3. Stellen Sie sich vor, wer Sie sind, was Sie tun und welche Qualifikation Sie haben.
4. Nutzen Sie die Technik des Videoprogramms, wie z. B. das Whiteboard, um Ihre Aussagen zu visualisieren.

Genau wie in den Empfehlungen zu Mail, Chat und Sprachnachrichtenberatungen gibt es bestimmte Fragen, die Sie sich stellen dürfen. Analog des Vier-Folien-Konzeptes geht es im ersten Schritt um Ihre Resonanz.

4.5.6.1 Das Vier-Folien-Konzept für die Video-Beratung

1. Folie – Der eigene Resonanzboden

- Was habe ich für einen ersten optischen Eindruck?
- Welche Gefühle und Gedanken löst der Anblick dieses Menschen bei mir aus? Erinnert er/sie mich an jemanden? Ist diese Erinnerung positiv oder eher negativ?
- Ist mir die Stimme und Sprache angenehm, sympathisch oder eher nicht?
- Erinnert mich die Stimme dieses Menschen an etwas, jemanden? Positiv? Negativ?
- Kann ich aus dem optischen und akustischen Eindruck eine Gefühlsverfassung entnehmen? (Weinen, Tränen, Wut, Trauer, Gehemmtheit …?)
- Welche Bilder und Phantasien entstehen beim Hören der Schilderung des Problems in mir?

- Halte ich das Anliegen, das Problem, für lösbar mit meinen Mitteln?
- Kann ich mir vorstellen, mit dieser Ratsuchenden, diesem Ratsuchenden in Beziehung zu treten, eine therapeutische Beziehung aufzubauen?

2. Folie – Das Thema des Ratsuchenden

- Um welches Thema geht es?
- Bekomme ich ein Bild vom Problem der Ratsuchenden? Kann ich das äußere Bild und die geschilderte Problematik übereinbringen? Passt das zusammen?
- Welche Daten erhalte ich?
- Um welches Anliegen geht es in dieser Schilderung?
- Was ist der sachliche Inhalt?
- Habe ich diesen Menschen und sein Anliegen verstanden?

3. Folie – Diagnose

- Was sind Fragen, Wünsche, Hoffnungen, Erwartungen an mich?
- Bekomme ich einen Auftrag? Ist dieser klar?
- Was sagt die Person über sich selbst?

4. Folie – Intervention

1. Begrüßung
2. Klärung zu technischen Fragen des Programms (wenn notwendig und angefragt)
    a. (Reihenfolge von 1 und 2 kann wechseln)
3. Vorstellung der eigenen Person
4. Wertschätzung und Dank für diesen Termin
5. Fragestellung: Was führt Sie in dieses Treffen? Welches Anliegen haben Sie? …
6. Feedback
7. Klärung nicht verstandener Dinge
8. Formulierung einer ersten Einschätzung, Beurteilung und Erwiderung auf das benannte Problem (wenn schon möglich)
9. Vorschlag eines Auftrages, wenn nicht schon benannt
10. Erarbeitung eines Auftrages (Auftrags-Klärung)

11. Vereinbarung über diesen Auftrag. Benennung der Frequenz, Anzahl und Art der Treffen, Termine vereinbaren, eventuelle Kosten (Honorar und Zahlungsmodalitäten klären) ODER
12. Ablehnung dieses Auftrages mit Benennung des Grundes. Dann weiter mit 14
13. erste beraterisch-therapeutische Intervention, bezogen auf den erarbeiteten Auftrag
14. eventuelle Übungen, Hausaufgaben benennen.
15. Abschluss und Verabschiedung

Dies ist ein Vorschlag, wie Sie auch in eine Video-Beratung ein wenig Struktur hineinbringen können und es ist als roter Faden für Ihr Vorgehen gedacht. Im Unterschied zur Mail-Beratung ist videogestützte Beratung synchron. Bei einer Mail und bei Sprachnachrichten haben Sie die Möglichkeit, innezuhalten und unser Vier-Folien-Konzept Schritt für Schritt anzuwenden. Das Verfassen Ihrer Antwort ist nicht zeitlich gebunden.

In der Video-Beratung müssen Sie die Folien, die Ihnen helfen, einen Eindruck der Person und des Anliegens zu erhalten, quasi parallel zu Ihrer Kommunikation durchführen. Das ist, was wir auch in der Face-to-Face-Beratung machen, wir sprechen mit den Menschen und machen uns gleichzeitig unsere Gedanken. Unser Fahrplan ist gerade auch am Anfang einer Online-Beratungskarriere hilfreich. Sie dürfen sich diese Punkte lesbar auf dem Schreibtisch ablegen, um mal schnell einen Blick darauf zu werfen. Oder Sie haben es als Dokument auf Ihrem zweiten Bildschirm abgelegt.

4.5.7 Apps: Da gibt es doch eine App für

Wie bereits erwähnt, kommen Apps ohne ein Gegenüber aus. Apps sind auf die Smartphones oder Tablets angepasst und somit komfortabel in der Bedienung. Sie haben eine super Usability, sind schnell geladen, intuitiv bedienbar und in ihren Navigationswegen nachvollziehbar. Das ist ein Grund für ihren Erfolg nicht nur bei jüngeren Menschen. Viele ältere Menschen, die vorher einen Bogen um jeden Computer gemacht haben, nutzen Apps.

Ein Vorteil, den »Gesundheits-Apps« bieten, ist, dass sie über das Thema oder die Krankheit informieren und die Selbstheilungskräfte aktivieren. Umfragen zeigen, dass die meisten Menschen mit psychischen Erkrankungen diese aus eigener Kraft bewältigen wollen. Eine Therapie bei einer Psychotherapeutin oder einem Psychotherapeuten kommt für sie nicht infrage. Zahlreiche Studien zeigen, dass Online-Selbsthilfeprogramme bei psychischen Störungen helfen können. Selbsthilfe ist mittlerweile ein fester Bestandteil in Therapie und Beratung. Apps können die Selbstmanagementkompetenzen unterstützen, aktivieren Ressourcen und Selbstheilungskräfte. Sie unterstützen die Klientinnen und Ratsuchenden beim Verstehen und Akzeptieren der Erkrankung. Einige Apps haben, zum Beispiel durch ein Stimmungstagebuch, ein Frühwarnzeichen entwickelt, was eine wichtige Voraussetzung für Selbsthilfe ist.

Gerade während der Corona-Pandemie haben Online-Interventionen an Bedeutung gewonnen. »Viele niedergelassene Therapeuten, die ihre Patienten nicht in die Praxis kommen lassen konnten, haben die Erfahrung gemacht, dass diese Möglichkeit eine wirkungsvolle Alternative ist. Das wird zu einer bleibenden Veränderung der Versorgung führen«, sagt Jan Philipp Klein, Oberarzt der Klinik für Psychiatrie und Psychotherapie des Zentrums für Integrative Psychiatrie in Lübeck, der zusammen mit Expertinnen und Experten zweier Fachgesellschaften Qualitätskriterien für Online-Programme zur Behandlung psychischer Störungen entwickelt hat.

Apps bieten Programme, die auf einer verhaltenskognitiven Methode beruhen, andere zeigen durch kurze Filme, wie man sich verhalten kann. Für jedes Thema, für jedes Anliegen und für fast jede Krankheit gibt es Apps. Das Angebot an Apps für psychische Störungen nimmt stetig zu, der Markt ist mittlerweile unüberschaubar. Ohne Orientierung ist es schwer, auf hilfreiche Apps zu stoßen. Daher sollten Sie sich informieren, welche Apps sich sinnvoll begleitend und unterstützend in der Beratung und Therapie einsetzen lassen und welche Apps auch alleine wirken. Laden Sie sich die entsprechende App auf Ihr Smarthone und beschäftigen Sie sich damit, sodass Sie die App nicht nur empfehlen können, sondern auch wissen, wie sie funktioniert und es erklären können. In dem Kapitel

»Ausgewählte Themen« schreiben wir ganz konkret, wie Apps bei Suizid oder Cyber-Mobbing eingesetzt werden können.

KAPITEL 5

Ausgewählte Themen

5.1 Einleitung

Unsere Erfahrungen zeigen, dass gerade Menschen, die hoch belastet sind, sich an eine Online-Beratungsstelle wenden. Jeder dritte Mensch wird statistisch gesehen einmal im Leben psychisch krank, ist auf dem Portal psychenet.de, das wissenschaftlich fundierte Informationen zu häufigen psychischen Erkrankungen bietet, zu lesen. Die Bundespsychotherapeutenkammer (BPtK) schreibt, dass jede dritte Erwachsene im Laufe seines Lebens an einer psychischen Erkrankung leidet, egal ob jung oder alt, männlich oder weiblich, hier geboren oder zugezogen.

Auch Kinder und Jugendliche sind anfällig für psychische Erkrankungen, gerade während der Pubertät, da sie eine Fülle von Herausforderungen zu bewältigen haben und mit großen Veränderungsprozessen ihres Körpers zurechtkommen müssen. Wenn dann noch (sexuelle) Gewalt, Leistungsdruck oder Mobbing in der Schule, Trennung oder Tod von Vater oder Mutter oder psychisch kranke Eltern dazukommen, ist die Gefahr groß zu erkranken. https://www.dvgp.org/themen-engagement/jugend-und-seelische-gesundheit/erkrankungen-bei-jugendlichen.html

In der Altersgruppe der Minderjährigen finden sich häufig Suizidgedanken und -versuche. Große Studien sprechen von einer Lebenszeitprävalenz von 37 Prozent der Jugendlichen in Deutschland, die zumindest einmal über Suizid nachgedacht haben.

Auch die Auswirkungen der COVID-19-Pandemie belasten und verunsichern die Kinder und Jugendlichen sehr. »Viele kommen nach den langen Unterrichtsausfällen mit den Anforderungen in der Schule schwer zurecht. Depressionen, Angststörungen, Essstörungen sind die Folge. Gerade jetzt zeigen uns die Kinder an, wie es gerade um uns steht. Vor allem der emotionale Zustand der Eltern hat auf sie einen direkten Einfluss«, erklärt Gottfried Barth vom Universitätsklinikum Tübingen.

https://www.medizin.uni-tuebingen.de/de/das-klinikum/tv-radio/tv-radio-beitrag/If19mm906cdJr1NbstLsCe90f1AgOXZpjQCF90GizMbxl4LnlLa6v5RgyTsgjgmf

Die Mehrheit der Betroffenen begibt sich nicht in Behandlung, da es ihnen unangenehm ist, sie sich schämen, sie Angst vor einer Stigmatisierung haben oder berufliche Nachteile befürchten. So liegt es nahe, dass angesichts der Anonymität eine Kontaktaufnahme über das Internet die Hemmschwelle sinken lässt. Wie beschrieben, ist die Angst vor entsprechenden Interventionen geringer. Aufgrund der Anonymität müssen z.B. Menschen mit psychischen Erkrankungen keine Zwangsmaßnahmen befürchten.

Die häufigsten Themen, mit denen sich Menschen an die Online-Beratung wenden, sind folgende:

1. Suizid
2. Depressionen
3. Ängste
4. Posttraumatische Belastungsstörungen
5. Essstörungen
6. Sexuelle Gewalt
7. Mobbing
8. Aufschieberitis

Daher geben wir Ihnen in diesem Kapitel einen Überblick der Themen und einen möglichen Umgang in der Online-Beratung.

5.2 Suizid

2018 nahmen sich täglich 25 Mädchen und Jungen, Frauen und Männer in Deutschland das Leben. Die Dunkelziffer wird auf das Zehn- bis Fünfzehnfache geschätzt. Jährlich sterben mehr Menschen durch

Suizid als im Straßenverkehr und bei Haushaltsunfällen. Von einem Suizid sind in der Regel sechs Menschen betroffen, die mit diesem Verlust weiterleben müssen. Anders als bei denen, die jemanden durch einen Unfall oder eine Krankheit verloren haben, schämen sich die Hinterbliebenen nach einem Suizid, darüber zu reden, viele fühlen sich schuldig und können nicht über ihre Schuldgefühle sprechen.

Auch suizidale Mädchen und Jungen, Frauen und Männer machen häufig die Erfahrung, dass sie über ihre Selbsttötungsphantasien mit niemandem aus ihrem Freundes- oder Familienkreis reden können. Angehörige, Freundinnen und Freunde versuchen, oft aus Angst, ihnen die Suizidphantasien auszureden oder sie nicht ernst zu nehmen. Daher ist es wichtig, dass es die (anonyme) Online-Beratung gibt. Suizidale Menschen, egal ob jung oder alt, wünschen sich einen Dialog, der sie und ihr Anliegen ernst nimmt und sie gleichzeitig davon abbringt. Jede Mail, jeder Chat, jede Sprachnachricht ist der Versuch, in Kontakt zu kommen, vielleicht auch, eine Beziehung aufzubauen. Jeder Selbsttötungshinweis ist ernst gemeint, aber gleichzeitig hängt dieser Mensch noch am Leben, sonst hätte er sich nicht gemeldet.

https://www.telefonseelsorge-hagen-mark.de/wp/content/uploads/2015/06/Jahresbericht_2014.pdf

In den Ausbildungen und Supervisionen erleben wir viel Unwissenheit und Angst auf Seiten der Therapeutinnen und Berater. Die Suizdankündigungen und Suizidgedanken erschrecken! Manche haben Angst, etwas Falsches zu schreiben oder gar durch das Ansprechen der Suizidphantasien die Menschen zum Suizid zu ermutigen. Manche bleiben auf Distanz, wollen sich lieber nicht in die Gedanken und Erfahrungen, die zum Suizid führen können, vertiefen.

Auf der einen Seite ist es für viele von uns kaum vorstellbar, wie jemand zu einer solchen Handlung kommen kann. Auf der anderen Seite denken wir vielleicht selbst daran, dass der Suizid auch für uns eine Option sein kann.

Es gibt Beratende, die denken, dass ein Suizidversuch ein Schrei nach Aufmerksamkeit ist. Nach dem Motto: »Wer vom Suizid redet, wird ihn nicht begehen!« Andere glauben, dass diejenigen, die wirklich sterben wollen, nicht aufgehalten werden können. Das stimmt nicht! Auf zehn Suizidentinnen und Suizidenten kommen acht, die unmissverständlich von ihren Absichten gesprochen haben.

Manche Beraterin und mancher Therapeut denken: Suizid geschieht ohne Vorzeichen. Das stimmt ebenfalls nicht: Viele Menschen, die sich das Leben nehmen, haben dies meist durch unmissverständliche Zeichen oder Handlungen angekündigt. Auch dass eine Besserung nach dem Ende einer suizidalen Krise kein Risiko mehr bedeutet, ist falsch. Die meisten Suizide geschahen in den drei Monaten nach beginnender »Besserung«, wenn wieder Energie da war, um die selbstzerstörerischen Entschlüsse auszuführen. Suizidneigung ist nicht erblich und nur wenige, die Suizid begehen, sind depressiv.

Neben sexueller Gewalt gibt es kaum ein Thema, das so verunsichert: Wie gehe ich vor, wenn ein Mensch per Mail, beim Chatten oder in den Sprachnachrichten suizidale Gedanken äußert? Muss ich die Polizei oder die Feuerwehr einschalten? Wo liegen meine Möglichkeiten und wo sind meine Grenzen? Mache ich mich strafbar, wenn ich die IP-Adresse nicht weitergebe? Wie kann ich denn überhaupt online helfen?

Stellen Sie sich vor, Sie erhalten folgende Mail:

Guten Tag,
ich bin grad mit meinen Nerven am Ende, besser gesagt, bereits eine gefühlte Ewigkeit. Ich befinde mich bereits in Therapie, doch geht es mir momentan immer schlechter. Ich werde aufgrund meiner Suizidabsichten in die Klinik geschickt, Eltern haben zugestimmt. Aber ich schaff einfach nichts mehr. Ich hab immer mehr den Drang, mich runterzustürzen, endlich mal befreit und erlöst sein vom ganzen bescheuerten Leben. Das Problem, ich hab lediglich einmal die Woche jemanden zum Reden und kann einfach nicht mehr. Ich will nicht mehr leben, also eigentlich schon, aber nicht so. Ich würde Sie bitten, mich aus diesem Zustand zeitnah und zeitweise zu befreien. Ich fühle nichts mehr außer den Wunsch nach Befreiung und Erlösung. Doch meine Freunde und Familie halten mich davon ab. Aber was soll das alles? Ich will nicht mehr leben und ich kann und werde nicht versprechen, am Leben zu bleiben. Ich geb der Klinik noch eine Chance,

genauso wie dem hier, das ich heut zum ersten Mal benutze, und hoffe, jederzeit jemanden zum Schreiben zu haben, aber wenn das alles nichts hilft, ist Schluss irgendwann. Ich kann einfach nicht mehr. Sie können sich nicht vorstellen, wie das ist, unglücklich zu sein, obwohl man nichts so richtig fühlt. Man sieht außen herum Menschen und man selbst ist zwischendrin, dennoch fühlt man sich so allein ...
Das wird alles einfach zu viel ...
Ich bitte um eine Antwort, danke Lasse

Was glauben Sie, wie können Sie antworten?

5.2.1 Verstehen! Keine Appelle – keine Moral – kein Druck

In der Beratung und Therapie ist es wichtig, dass wir versuchen zu verstehen, dass ein Mensch an den Punkt kommen kann, an dem der Tod erträglicher scheint als das Leben. Aus unserer langjährigen Arbeit kennen wir viele Menschen, die einen oder mehrere Suizidversuche überlebt haben. Auf unsere Frage, was ihnen denn hätte helfen könnten, berichten sie fast einstimmig: *»Ich war so einsam und hätte mir jemanden gewünscht, der mich versteht, der da ist.«* Oder wie es ein Mailer ausdrückte: *»... Schwarz oder weiss, Leben oder Tod, aber nicht mehr tot als lebendig leben. Und doch der Wunsch da waer jemand, jemand der mit mir redet, ja redet, ich will reden, haha erstmal koennen. Da ist der Schmerz, da ist die Grausamkeit und die Eiseskaelte der Einsamkeit. Ich fuehle nur noch Einsamkeit, nicht konsequent zu sagen ich fuehle nichts und dann ich fuehle Einsamkeit, aber so ist es.«*

Suizidale Menschen machen häufig die Erfahrung, dass sie über ihre Suizidgedanken mit niemandem reden können. Sie schämen sich, sind hoffnungslos, haben Angst vor Zurückweisung und befürchten, (wieder) in eine psychiatrische Klinik eingewiesen zu werden. (Diejenigen, die nach einem Suizidversuch in der Klinik sind, stoßen häufig auf Unverständnis oder auch Ablehnung seitens der Mitarbeitenden. Das Gefühl, allein zu sein, bleibt bestehen.) Manche hoffen auch auf eine spontane Genesung; andere glauben, sie kommen allein damit klar, und wieder andere halten ihr Problem für nicht so schwer. Sehr viele fürchten sich vor einer Stigmatisierung. (Bruffaerts et al. 2011)

»Suizid ist eine Verzweiflungstat. Etwas, gegen das sich der Mensch nicht wehren konnte. Er hat den Lebenswillen und die Kraft verloren. Suizidgedanken sind Ausdruck einer äußeren oder inneren Not, einer Ambivalenz zwischen Leben und Tod. Jemand kann nicht wie bisher weiterleben und sieht als einzige Möglichkeit den Tod: als Erlösung, als Auflösung des Leidens. Die Sehnsucht nach dem Tod ist die Sehnsucht nach dem Leben. Niemand würde sich töten, wenn es ihm innerlich und äußerlich gut geht und wenn er die inneren und äußeren Bedingungen seines Lebens als angemessen empfände.« https://www.telefonseelsorge-hagen-mark.de/wpcontent/uploads/2015/06/Jahresbericht_2014.pdf

Wir wissen, dass die Wahrscheinlichkeit eines erneuten Suizidversuchs hoch ist, fast 50 bis 60 Prozent der Menschen, die an Suizid gestorben sind, haben es bereits vorher einmal oder mehrere Male versucht.

Die Online-Beratung bietet sich aufgrund ihrer Niederschwelligkeit zur Suizidprävention in der Mail-Beratung und bei den Sprachnachrichten an. Als akute Kriseninterventionen sind diese asynchronen Formate nicht geeignet, hier bietet sich die synchrone Chat-Beratung oder die Video-Beratung an.

Für viele Menschen ist die virtuelle Beratungsstelle der einzige Ort, an den sie sich wenden können. Jede Mail, jeder Chat, jede Sprachnachricht ist der Versuch, in Kontakt zu kommen. Ad Kerkhof, emeritierter Professor für Klinische Psychologie, Psychopathologie und Suizidprävention an der VU-Universität in Amsterdam, beschäftigt sich seit Jahrzehnten mit dem Verstehen und Erforschen suizidaler Menschen. Er ist Mitbegründer des Online-Gesundheitsdienstleisters 113.nl, der rund um die Uhr Online-Beratung und -Therapie für Menschen mit Suizidgedanken anbietet. Das Online-Angebot unterstützt in suizidalen Krisen, bietet digitale Selbsthilfemöglichkeiten an und gehört mit zum Gesundheitssystem der Niederlande. (113.nl)

Seine Forschungen zeigen, dass suizidale Menschen sich in einer für sie unerträglichen Situation befinden. Sie sind von ihren Problemen besessen, kommen nicht raus und machen sich Sorgen und Sorgen. Ad Kerkhof nennt das Selbstbelästigung: Stellen Sie sich vor, Sie sagen sich immer und immer wieder, vielleicht 80 oder 100 Mal am Tag, dass Sie nicht gut genug sind oder nicht liebenswert oder ihre Kinder ein besseres Leben ohne Sie hätten. Damit geraten Sie in einen Denkprozess, über den Sie keine Kontrolle mehr haben. Der Suizid wird zu einer Art Notausgang, das Nachdenken über diese Möglichkeit wird zum Zwang. Dies erzeugt einen furchtbaren Sog von Gedanken und Bildern, mit denen Sie nicht mehr fertigwerden können. Es würde sich schlimmer anfühlen, nichts zu tun. Viele der Suizidalen sagen: »Ich würde es lieber nicht tun, aber ich muss es tun, weil ich meine Gefühle und Gedanken nicht länger ertrage.« (Kerkhof, 2012)

Sara	Hallo
Berater	hallo Sara, mein Name ist Rolf, wobei kann ich helfen?
Sara	Hey, ich habe im Moment eine ziemlich kritische Phase. Denke immer wieder an Selbstmord und es fällt mir schwer es nicht umzusetzen
Berater	schön, dass du in dieser Gedankenwelt …
Berater	dich an uns gewandt hast.
Berater	wie lange hast du die Gedanken schon?
Sara	seit drei Wochen jetzt und sie werden von Tag zu Tag schlimmer
Berater	kannst du dich noch an den Auslöser erinnern? …
Berater	was ist passiert, dass es dir so schlecht geht?
Sara	es gab eigentlich keinen Auslöser ich habe in meinem Leben schon viel Scheiße erlebt und derzeit habe ich dann immer wieder Flashbacks eventuell davon
Berater	beschreibe mir doch mal, was in deinem Kopf rumgeht.
Sara	In meinem Kopf geht so viel vor. Einmal sind da immer wieder diese Bilder von Missbrauch und dann sind da die Bilder wie ich mit dem Messer stehe und einfach nur noch meine Pulsadern aufschneide
Berater	bist du als Kind missbraucht worden? …
Sara	ich werde seit Jahren missbraucht. Das letzte Mal ist jetzt 3 Wochen her

Berater hast du dich bisher niemandem damit anvertraut?
Sara naja ich kann nicht wirklich, gehe zwar in eine Beratungsstelle aber es ist schwierig
Berater was macht es dir so schwer …
Berater hast du Angst …
Sara ich kann mich oftmals nicht kontrollieren, diese Wut etc. und ich schäme mich
Berater das kann ich gut nachvollziehen …
Berater dass du dich schämst …
Sara ich will außerdem stark sein
Sara ja und das fällt mir noch sehr schwer, ich bin gerade mal 20 Jahre alt und verstehe selber noch nicht warum ich sowas durchmachen muss
Berater ja, das ist schlimm und erschütternd …
Berater da glaube ich dir …
Berater dass deine Gedanken sich schlecht sortieren …
Berater und kontrollieren lassen …
…

Suizid ist keine freiwillige Handlung, sondern ein Gedanke, der von selbst über uns kommt, wenn unser Leid stärker ist als unsere Fähigkeit, mit diesem Leid fertigzuwerden. (Knatz, 2013)

Mädchen und Jungen, Frauen und Männer mit Suizidgedanken wünschen sich einen Menschen, der sie sieht und versteht, sodass sie das Gefühl haben: Ich bin nicht allein! Jeder Selbsttötungshinweis ist ernst gemeint! Gleichzeitig hängt dieser Mensch noch am Leben, sonst hätte er sich nicht gemeldet.

5.2.2 Und jetzt ganz konkret

In Beratung und Therapie sind wir versucht zu fragen, warum sich denn jemand das Leben nehmen möchte. Tun Sie es nicht! Warum-Fragen verlangen eine Erklärung oder Verteidigung, sie fördern ein Verkleben mit dem Problematischen, und verstärken selten die Ressourcen. Schreiben Sie deutlich, dass Sie mitbekommen haben, dass sich Ihr Gegenüber in einer ausweglosen Situation befindet! Halten

Sie dieses Gefühl aus und trösten oder bagatellisieren Sie nicht! Wenn Ihnen das gelingt, zeigen Sie echtes Verständnis. Dieses Verstandensein eröffnet vielleicht einen Weg aus der Einsamkeit. (Knatz, 2013)

- Zeigen Sie Respekt und Mitgefühl gegenüber dem Wunsch, so nicht mehr weiterleben zu können.
- Zeigen Sie Sorge um den anderen, aber keine Angst vor seinen Worten und Vorhaben.
- Schreiben Sie klar, z.B. statt »Suizid«: »Sie wollen sich umbringen«, oder statt »Tabletten nehmen«: »Sie wollen sich vergiften.«
- Suizidale Menschen sind ambivalent – sie schwanken zwischen dem Wunsch zu sterben und dem Wunsch zu leben. Verdeutlichen Sie diese Ambivalenz und verstärken sie, so dass der andere sich noch einmal beide Alternativen überlegen kann.
- Lassen Sie sich nicht in die Hoffnungslosigkeit hineinziehen, sondern hinterfragen Sie diese.
- Regen Sie an, Phantasien über die eigene Zukunft zu entwickeln, und achten Sie darauf, dass nicht Sie die Arbeit machen. Ermuntern Sie zu Mini-Aktionen.
- Erkunden Sie durch behutsame Fragen, welche der fünf wichtigsten Lebensbereiche (Selbst, Arbeit, soziale Beziehungen, Religion sowie Liebe, Sex, Partnerschaft) Ihrem Gegenüber noch am ehesten Auftrieb verleihen könnten.
- Lassen Sie sich nicht von logischen Schlussfolgerungen überzeugen wie »Darum muss ich mich umbringen«. Wandeln Sie diese um: »Deshalb könnten Sie sich (in absehbarer Zeit, unter bestimmten Umständen, wenn diese oder jene Möglichkeiten nicht mehr offenstehen) töten.«
- Lassen Sie Ihr Gegenüber wissen, wie gut Sie es finden, dass sie oder er in Kontakt mit Ihnen gegangen ist, sich gemeldet hat.
- Machen Sie auf keinen Fall Angebote, die Sie nicht leisten können! www.suizidprophylaxe.de

Wie das aussehen kann, stellen wir Ihnen jetzt anhand von Antworten an Lasse (s. Seite 154 f.), vor:

Antwort 1

Guten Abend Lasse,

vielen Dank für Ihre Mail, auf die ich gerne antworte. Mein Name ist Elina. Aus Ihrer Mail lese und spüre ich die Belastungen, die Sie gerade und – wie sie schreiben – schon lange Zeit begleiten. Wie ging es Ihnen, nachdem Sie Ihre Mail an mich abgeschickt haben?

Sie schreiben, dass Sie sich erhoffen, jederzeit jemanden zum Schreiben zu haben. Sie formulieren auch die Bitte, aus ihrem Zustand zeitnah und zeitweise befreit zu werden. Ihr Anliegen kann ich gut nachfühlen und möchte Ihnen schreiben, welche Unterstützung Sie in diesem Rahmen erwarten dürfen: Sie dürfen mir jederzeit schreiben. Ich werde auf Ihre Mails spätestens innerhalb von 72 Stunden antworten.

Ich weiß nicht genau, was Sie mit zeitnaher und zeitweiser Befreiung aus Ihrem Zustand meinen. Können Sie mir mehr dazu schreiben?

Was ich Ihnen anbieten kann, ist ein Mailaustausch, begleitend zu Ihrer Therapie, einem Klinikaufenthalt oder auch dem Austausch mit Familie und Freunden, um Sie zu unterstützen. Sie können, wenn Sie mögen, mir von allem schreiben, was Sie beschäftigt, was Sie fühlen und was Sie umtreibt. Aus meiner Erfahrung als Online-Beraterin weiß ich, dass es Menschen guttun kann zu schreiben, vor allem in belastenden Situationen. Der gemeinsame Austausch kann Ihnen Halt geben. Vermutlich wird dadurch das Gefühl, allein zu sein, nicht völlig ausgelöscht. Es kann aber abgemildert werden. Was halten Sie von meinem Vorschlag?

Sie schreiben, dass Sie einfach nichts mehr schaffen – und doch haben Sie es geschafft, mir zu schreiben. Schön, dass Sie es weiter versuchen! Ich habe noch eine Frage: Was sollte und dürfte auf keinen Fall passieren, im Rahmen des Klinikaufenthalts oder diesem Mailaustausch?

Es mag nur eine kleine und nicht recht fassbare Hilfe sein – doch an diesem Ende der Leitung sitzt eine Person, die sich über Ihre Mail freut.

Ich schicke Ihnen herzliche Grüße,

Elina

5.2.3 Anwendung der KrisenKompass App

Im Kapitel »Beratungsformate« haben wir Ihnen die KrisenKompass App vorgestellt. Hier nochmal eine kurze Zusammenfassung: Der KrisenKompass ist eine Art Notfallkoffer für Krisensituationen. Mit verschiedenen Funktionsweisen wie Tagebuchfunktion und persönlichen Archiven, um positive Gedanken oder beispielsweise Fotos, Erinnerungen oder Lieder zu speichern, kann ein ganz persönliches Rüstzeug für schlechte Momente gepackt werden. Darüber hinaus gibt es Materialien, die in Krisensituationen hilfreich sind, Hinweise zu beruhigenden Techniken sowie direkte Kontaktmöglichkeiten zur TelefonSeelsorge und anderen professionellen Anlaufstellen. Das Angebot des KrisenKompass ist als App jederzeit in Griffweite auf dem Handy und damit immer dabei, wenn es nötig wird. Der KrisenKompass funktioniert sowohl online als auch offline. Die App ist auch für beraterisch-therapeutische Zwecke zu nutzen. In der dritten Antwort baut die Beraterin die KrisenKompass App mit ein.

Antwort 2

Guten Tag Lasse,
ich bin Sandra. Danke für deine offene und ehrliche Mail. Du kannst mir, wann immer dir danach ist, schreiben. Ich werde dir gerne alle drei Tage antworten.
Du schreibst, dass du nichts mehr fühlst, außer den Wunsch nach Befreiung und Erlösung.
Ich sehe auch, dass da eine Seite ist in dir, die leben möchte und dafür kämpft. Das zeigt mir, wie stark du gleichzeitig bist. Ich kann deine Verzweiflung und Einsamkeit sehr gut spüren und wie schwierig es ist, sich daraus zu lösen.
Ich kann mir gut vorstellen, dass es sich anfühlt, als stünde man ohne jegliche Ausrüstung vor einem riesigen Berg, den man besteigen muss, aber nicht weiß wie.
Wenn du magst, würde ich gerne diejenige an deiner Seite sein, die für dich da ist. Egal ob es bergauf oder bergab geht.
Ich weiß nicht, ob du schon mal was von der KrisenKompass App gehört oder gelesen hast. Du kannst die App im App Store oder im Google Play Store kostenlos runterladen.

Die App ist sowas wie ein Notfallkoffer für Krisen. Der ist dann deine Ausrüstung, der dir in Zeiten, wenn du den Drang hast, dich runterzustürzen, hilfreich sein kann.
Du kannst schon mal einen Blick dort reinwerfen und mir dann schreiben, was du davon hältst. Du kannst dort auch einen Sicherheitsplan für dich erstellen. Wenn du magst, helfe ich dir dabei.
Du fragst dich, was das alles soll, und nach dem Sinn.
Was hältst du davon, dich mit mir auf die Suche nach deinem Sinn im Leben zu machen?
Könntest du dir das vorstellen?
Ich bin gespannt, was du mir antwortest und was du von meinem Vorschlag hältst.
Wie versprochen antworte ich dir in 3 Tagen.
Sandra

PS: Ich würde mich freuen, wenn wir die Reise gemeinsam bestreiten.

5.2.4 Safety Plan – Notfallplan

Sandra erwähnt in ihrer Antwort den Sicherheitsplan. Dieser ist ein weiteres Unterstützungsmittel. Die meisten Menschen mit Suizidgedanken haben lange Zeit gelitten. Diese Leidensphase schränkt das gewohnte Denken und Handeln ein. So kann es geschehen, dass (für uns) kleine Vorkommnisse einen Suizidversuch auslösen – wie nur ein Tropfen ein volles Fass zum Überlaufen bringen kann. In einer akuten suizidalen Krise sind wir Menschen kaum in der Lage, unsere kognitiven und emotionalen Fähigkeiten, die uns sonst zur Verfügung stehen, einzusetzen oder abzurufen. Daher macht es Sinn, sich in guten Momenten damit auseinanderzusetzen, was man tun kann, wenn man spürt, dass die Schmerzen und der Leidensdruck zunehmen und die Hoffnung auf Besserung abnimmt.

Gute Erfahrungen haben Psychologinnen und Berater mit dem Erstellen eines Sicherheitsplans/Notfallplans (Stanley & Brown, 2012) gemacht. Der Plan, in dem Bewältigungsstrategien zum Umgang mit künftigen suizidalen Krisen erarbeitet werden, hilft, sich auf suizidale Krisen vorzubereiten und so das Risiko für suizidales Verhalten zu senken. Dies hat sich ebenfalls in der Rückfallprophylaxe von suizidalen Menschen gezeigt. Der Notfallplan, den Sie am besten gemeinsam mit dem suizidalen Menschen erstellen, umfasst sechs Schritte.

1. **Erkennen von Warnsignalen für eine bevorstehende suizidale Krise**
   Woran werden Sie merken, dass Sie den Notfallplan einsetzen sollten? Wichtig ist dabei das frühzeitige Erkennen von Signalen der »Unausgeglichenheit«. Welche Gedanken, Gefühle, Handlungen und Körpersignale gehen schwierigen Momenten voraus?
2. **Einsatz interner Bewältigungsstrategien**
   Was können Sie für sich alleine tun, um die Gedanken nicht in die Tat umzusetzen?
3. **Nutzung sozialer Kontakte und sozialer Rahmenbedingungen als Mittel zur Ablenkung von Suizidgedanken**
   Gibt es Personen, die Ihnen dabei helfen können, auf andere Gedanken zu kommen? Gibt es Orte, die Ihnen ein Gefühl der Sicherheit vermitteln?
4. **Nutzung von Familienmitgliedern oder Freunden zur Lösung der Krise**
   Personen, die gezielt um Hilfe gebeten werden können:
   Wer kann Sie unterstützen und mit wem können Sie über Ihre Schwierigkeiten sprechen?
5. **Kontaktaufnahme mit Fachleuten oder Beratungsstellen**
   Kontakte zu professionellen Hilfsstellen
6. **Den Zugang zu tödlichen Mitteln begrenzen**
   Personen präferieren Suizidmethoden, zu denen sie leichten Zugang haben

http://www.suizidprophylaxe-online.de/pdf/07_heft157_2014.pdf

5.2.4.1 Gemeinsam einen Sicherheitsplan erstellen

Erstellen Sie den Sicherheitsplan, wenn sich die Ratsuchende oder der Klient einigermaßen gut fühlt und klar denken kann. Der Notfallplan wird schriftlich formuliert und leicht zugänglich aufbewahrt. Überlegen Sie gemeinsam, wo ein guter Ort ist. (Aus unseren

Erfahrungen ist es das Smartphone.) Ratsuchende können sich auch die KrisenKompass-App der TelefonSeelsorge herunterladen und den dort eingestellten Notfallplan bearbeiten.

Wie Sie den Notfallplan mit in die Online-Beratung einbringen können, zeigen wir Ihnen in der folgenden Antwort.

Antwort 3

Hallo Lasse,
ich bin Marie und antworte dir gerne. In meiner Antwort beziehe ich mich auf deinen Satz, in dem du schreibst, dass du nur einmal die Woche jemanden zum Reden hast und du einfach nicht mehr kannst.
Ich kann dir anbieten, dass du mir so oft schreibst, wie es dir guttut und du mich als eine Art Tagebuch – das antwortet– siehst.
Was hältst du von meinem Vorschlag? Ich antworte dir innerhalb von 3 Tagen.
Wie du vielleicht auf unserer Webseite gelesen hast, beraten wir viele Menschen, die wie du so nicht mehr weiterleben wollen. Neben unserem Mailaustausch hilft auch ein sogenannter Sicherheitsplan.
Hast du schon einmal davon gelesen oder gehört? Falls du den Plan kennst und vielleicht auch schon einen hast, kannst du hier aufhören zu lesen;-)
Falls nicht ...
Wenn du Suizidgedanken hast, ist es wichtig, einen Plan für die Zeiten zu haben, in denen du dich allein fühlst oder denkst, dass es keinen Ausweg mehr gibt. Ein Sicherheitsplan kann dir helfen, gut auf dich aufzupassen, wenn es schwierig wird oder du glaubst, du musst runterspringen, um dich zu töten. Wichtig ist, dass du den Sicherheitsplan erstellst, wenn es dir gerade besser geht.
Uns Menschen stehen nämlich in Krisensituationen nicht alle unsere Fähigkeiten zur Verfügung, die wir sonst haben! Daher ist es gut, einen Plan für diese (schlechten) Zeiten zu haben, auf den wir zurückgreifen können. So ein Sicherheitsplan ist praktisch ein »Erste-Hilfe-Koffer für die Seele«. Er enthält verschiedene Dinge, die in einer Krise helfen. Und ganz wichtig: Ein Sicherheitsplan kann dabei helfen, die Kontrolle zu behalten, wenn alles außer Kontrolle gerät!

Ein Sicherheitsplan beginnt mit der Frage, wann du den Plan anwenden sollst. Du fängst damit an, dass du Auslöser für deine Suizidgedanken aufschreibst: Situationen – Gedanken – Gefühle. Wenn du die Auslöser oder Warnsignale erkennst, kannst du dich darauf vorbereiten, deinen Sicherheitsplan zu aktivieren! Beispiele: »Wenn ich an Suizid denke, beantworte ich keine Anrufe mehr von meinen Freunden.« » Suizidgedanken werden ausgelöst, wenn ich an das Mobbing in der Schule denke.«

Nachdem du aufgeschrieben hast, wann du deinen Plan aktivierst, erstellst du eine Liste der Dinge, die du tun kannst, um dich zu beruhigen oder zu trösten, wenn du dich suizidgefährdet fühlst! Beispiel: Musik hören, spazieren gehen, Gitarre spielen, Kuchen backen, warm duschen. Jeder von uns kennt die Dinge, die ihm guttun. Wir müssen sie nur anwenden.

Neben den tröstlichen oder beruhigenden Dingen erstelle eine weitere Liste mit Gründen, für die es sich für dich lohnt zu leben. Beispiel: Meine Katze, meine Freundin, weil ich Ärztin werden will, meine Oma oder mein Opa …?

Nachdem du nun schon vertraut in Listen schreiben bist ;-), stelle noch eine weitere zusammen: Mit wem kannst du sprechen oder chatten, wenn du dich schlecht fühlst? Wichtig ist, dass du mit den Menschen, die du auf deine Liste setzt, vorher gesprochen oder geschrieben hast und sicher bist, dass sie für dich da sind. Du kannst auch mit ihnen vereinbaren, wie du dich melden kannst: anrufen oder chatten?

Schreibe den Namen, die Telefonnummer und andere wichtige Informationen dazu. Du erinnerst dich an meine Einleitung? Wir Menschen vergessen in Krisensituationen vieles! Beispiel: deine Freundin Mia, deine Patentante, deinen Therapeuten, die Pfarrerin oder deinen Lehrer.

Und auf die letzte Liste setzt du Fachleute wie z.B. die TelefonSeelsorge 0800 110111 oder das Kinder- und Jugendtelefon 116 111 oder auch die OnlineSeelsorge online.telefonseelsorge.de, oder den Rettungsdienst (112) …

Lieber Lasse, jetzt habe ich dir viel geschrieben und dir erklärt, wie du dir einen Sicherheitsplan erstellen kannst. Schreib mir, wie du ihn

umsetzen willst. Oder ob du schon einen hast. Wie ich zu Beginn geschrieben habe, antworte ich dir innerhalb von 3 Tagen,
viele Grüße Marie

P.S. Wir können den Plan auch gemeinsam erstellen.

5.2.5 Rechtliche Aspekte

Beraterinnen und Therapeuten beschäftigen sich immer wieder mit der Frage, ob sie bei einer Suizidankündigung die Polizei einschalten müssen. Nach deutschem Recht ist weder der Suizid noch der Versuch oder die Teilnahme daran strafbar. Strafbar ist die unterlassene Hilfeleistung nach § 323c, StGB. Der unterlassenen Hilfeleistung macht sich strafbar, wer bei Unglücksfällen nicht Hilfe leistet, obwohl dies erforderlich und ihm zuzumuten ist. Der Straftatbestand der unterlassenen Hilfeleistung beruht auf der Solidarität unter Menschen und somit der Verpflichtung, jemandem zu helfen, der in Not ist.

Nun stellt sich die Frage: Ist der Suizid ein Unglücksfall? Und macht man sich der unterlassenen Hilfeleistung strafbar, wenn man einen Menschen, der sich töten will, nicht von seinem Vorhaben abhält oder ihn nach dessen Handlung nicht versucht zu retten? Wo ein fester und freier Entschluss zu sterben vorliegt, kann man dies nicht als Unglücksfall interpretieren. Der Mensch, der sich umbringen will, ist für seine Handlung verantwortlich.

In der Online-Beratung helfen wir, indem wir ein medial gestütztes Gespräch, einen Kontakt, einen Dialog anbieten. Dies ist die Form der Hilfe, die wir leisten können, die uns möglich ist. So machen wir uns nicht der unterlassenen Hilfeleistung strafbar, wir leisten Hilfe! Wir versuchen, mit dem Suizidalen in Kontakt zu kommen, ihn zu verstehen. Wenn der suizidale Mensch nicht befürchten muss, dass seine Mail oder der Chat oder die Sprachnachricht an eine Strafverfolgungsbehörde weitergegeben wird, kann er oder sie sich leichter öffnen. Uns Beraterinnen und Beratern hilft es, wenn wir eine gute Verbindung schaffen wollen, um präsent zu sein und nicht gedanklich bereits bei einer Nachverfolgung.

Akzeptieren Sie die Suizidankündigung als Notsignal und verstehen Sie die Bedeutung und Notwendigkeit. Versuchen Sie, eine tragfähige Beziehung aufzubauen, indem Sie den Suizidalen ernst nehmen und ihr oder ihm nicht die Suizidabsichten ausreden oder die Probleme bagatellisieren. Damit zeigen Sie: Der suizidale Mensch ist nicht allein!

5.3 Depressionen

Depressionen gehören weltweit zu den häufigsten und folgenreichsten Erkrankungen. Mehr als 20 von 100 Menschen leiden im Laufe ihres Lebens unter einer Depression. Eine Depression hat nichts damit zu tun, mal einen schlechten Tag zu haben oder nicht gut drauf zu sein. Eine Depression ist eine Störung der Gemütslage, die mit Niedergeschlagenheit, Interessenverlust, Energie- und Antriebslosigkeit und weiteren Beschwerden einhergeht. Wenn diese Symptome mindestens zwei Wochen durchgängig anhalten, wird von einer behandlungsbedürftigen Erkrankung gesprochen. Dabei unterscheidet man je nach Verlauf und Schweregrad unterschiedliche Formen. Wenn eine Depression nicht erkannt und entsprechend behandelt wird, leiden sowohl die Betroffenen als auch die Angehörigen und Freundinnen und Freunde, besonders da auch eine suizidale Handlung befürchtet wird. (Einer von sieben Menschen mit einer schweren depressiven Störung verstirbt durch Suizid.) Depressionen stellen auch eine Herausforderung an unser Gesundheitssystem dar, da geschätzt wird, dass rund 50 % aller Menschen mit einer depressiven Erkrankung nicht ausreichend behandelt werden, was eine Chronifizierung der Krankheit nach sich zieht.

https://www.bertelsmann-stiftung.de/fileadmin/files/user_upload/Faktencheck_Depression_Studie.pdf

Auch Kinder und Jugendliche leiden an Depressionen; Schätzungen zufolge sind es 15 %. »Die Symptome einer Depression variieren stark. Bei Kindern kann diese Störung gekennzeichnet sein durch Übergewicht, erhöhte Ängstlichkeit, körperliche Beschwerden, heftige Temperamentsausbrüche und Verhaltensprobleme wie etwa

Aggressionen und rebellisches Verhalten. Bei den etwas älteren Kindern treten meist Symptome wie mangelndes Selbstbewusstsein, Schuldgefühle und das Gefühl der Hoffnungslosigkeit (›bringt doch eh alles nichts‹) zum Vorschein. Außerdem zeigt sich nicht selten auch eine ausgeprägte und dauerhafte Gereiztheit, die häufig als Anzeichen für die Pubertät fehlinterpretiert wird. Jugendliche neigen zudem bei einer depressiven Erkrankung vermehrt unter Wertlosigkeitsgefühlen, Freudlosigkeit, Interessenverlust, Rückzug, Schlaf- und Appetitstörungen, Libidoverlust, Selbstverletzungen und Suizidgedanken.« https://www.bella-study.org/

Christine Knaevelsrud, Professorin für Klinisch-Psychologische Interventionen der Freien Universität Berlin und führende Forscherin im Bereich der internetbasierten psychologischen Intervention, kommt zu dem Ergebnis, dass über die konventionelle Psychotherapie nur etwa zehn Prozent der Menschen erreicht werden, die Unterstützung benötigen. Aus ihrer Forschung weiß sie, dass für Menschen, die an Depressionen oder Ängsten leiden und nicht in der Lage sind, eine konventionelle Psychotherapie in Anspruch zu nehmen, eine digitale Therapie sinnvoll sein kann. Sie zeigt, dass internetbasierte Therapien gerade bei Depressionen sehr effektiv sind.

https://www.aerzteblatt.de/archiv/179667/Christine-Knaevelsrud-Engagement-fuer-Kriegs-und-Gewaltopfer

5.3.1 Hier einige Beispiele aus der Online-Beratung

weiblich 24–39

Hallo, mir geht es seit Wochen einfach richtig schlecht. Ich kann nicht einschlafen und wache jede Nacht immer auf. Ich hab keinen richtigen Appetit mehr. Ich bin seit Wochen einfach nur so traurig aber ich kann nicht weinen oder überhaupt irgendwas fühlen. Ich denke ich habe Depressionen weil ich eigentlich alle typischen Symptome habe, ich schaffe es aber nicht zum Arzt zu gehen weil ich immer arbeiten muss …

Es wird jeden Tag schlimmer und ich halte das echt nicht mehr aus. Ich habe versucht mich meinen Freunden anzuvertrauen und zu sagen wie ich mich fühle aber die haben mich nur ausgelacht …

Ich hab keinen mit dem ich mal darüber reden kann und weiß langsam nicht mehr weiter.
Der Gedanke einfach alles zu beenden wird langsam auch immer besser ...
Maxi

weiblich 15–19 Jahre
guten Abend, ich schreibe diese Nachricht, weil mich seit ca. 3 einhalb Jahren eine innere Leere quält. Ich habe das Gefühl innerlich leer zu sein und gleichzeitig so voller negativer Emotionen. Manchmal denke ich darüber nach wie es wäre, wenn alles einfach aufhören würde. Das Gefühl wäre auch beschreibbar das Gefühl zu haben ständig allein zu sein, auch wenn man es nicht ist, lässt die Leere einen so fühlen. Durch die hinzukommende erzwungene Isolation aufgrund momentaner Umstände werden die Gedanken intensiver. Ich bin so unter Druck da ich in wenigen Wochen mein Abitur schreibe und die Leere das intensive Lernen für diese Prüfungen erschwert. Ich bin verzweifelt, ich sehe nicht mehr wozu es sich zu leben lohnt. Der Alltag ist monoton, leer. Zukunftspläne sind zwar existent aber hängen alle vom Schaffen des Abiturs ab weshalb es mir keine Freude bereitet darüber zu sprechen.

Männlich: 15–19 Jahre
Betreff: DEPRESSION – DAS BILDEST DU DIR EIN, WACH AUF UND Reiß DICH ZUSAMMEN!!!

Schönen guten Tag!
Ich schreibe jetzt diese E-Mail total formlos. Der Inhalt ist eh wichtiger als die Form.
Also mein Name ist Jonas, ich werde im August 18 Jahre alt und habe folgendes Problem. Ich bin seit bald 18 Jahren stark depressiv. Schon als Kind, soweit ich mich zurück erinnern kann war ich komisch drauf. Wutanfälle, bei bestimmten Situationen im Alltag und extreme Schüchternheit gepaart mit Zurückhaltung waren damals die Anzeichen dafür. Mit der Zeit änderte sich das dann. Irgendwann hörte das mit den Wutanfällen auf und ich war sehr froh drüber.

Dennoch fühlte ich mich immer sehr schlecht, war oft grundlos traurig und immer in Gedanken … ich nenne diese Nachdenkphase »Scheindenken«. Man ist in Gedanken, weiß aber nie was man denkt … Apathie könnte man es auch nennen. Auf jeden Fall ist das heute auch noch so, ich denke anders als alle anderen, ich bin ewig traurig … und manchmal überglücklich … die glückliche Zeit ist wahrscheinlich die manische Phase … ich nenn sie lieber »Scheinwelt« denn sie verarscht mich immer. Sie gaukelt mir vor, dass sich alles ändern kann, alles gut wird usw. Aber das ist eben falsch. Es beginnt immer wieder von vorn und je länger die »Scheinwelt« anwesend ist, desto tiefer stürze ich danach in die Depression.
Meine Eltern verstehen nur Bahnhof und meine Mum leidet sehr darunter. Sie verstehen einfach nicht was los ist und sagen: »Reiß dich doch mal zusammen« oder »dir geht es zu gut« oder aber:
»denk einfach positiv und ändre es …« Das sind dann so Momente in denen ich komplett ausraste …
Naja ich fühl mich als würde ich ersticken … ich versuche es zu erklären, aber keiner versteht was ich sage … ich mag das Gefühl nicht.
Zum Arzt gehen? Psychologe? NEIN!
Zum Arzt gehen? Neurologe? JO, würde ich ja schon gern machen, paar Untersuchungen und Medikamente und dann eventuell Gespräche …
ABER: Mein Job … Ich bin seit nem Jahr in der Ausbildung. Wenn ich zum Arzt gehe und die »Kasse« bekommt dann die Abrechnung vom Neurologen … dann ist Ende für mich … dann werde ich dort verabschiedet.
Meine Frage: Kann man privat an nen Neurologen kommen? Der mal ein paar Test's macht und mir dann Antidepressiva geben kann?
Ja, ich denke dass diese Mail alles andere als einfach zu verstehen ist, aber vielleicht kann man ja in Folge weiterer Mails das ganze ein wenig erörtern, ich hoffe es einfach mal, denn diese Variante im Internet ist im Moment meine einzige Chance …
Ich kann nur am Wochenende auf E-Mails antworten.
Vielen Dank im Voraus und ich freue mich auf eine Antwort. Jonas

5.3.2 Symptome einer Depression

Depressiv erkrankte Menschen erleben auf drei Ebenen Veränderungen:

- auf der körperlichen Ebene
- auf der Verhaltensebene
- auf der Ebene des Erlebens.

Sie berichten über Gefühle von Hoffnungslosigkeit und Hilflosigkeit, der inneren Leere, Schuld und Angst, Verzweiflung und Trauer, aber auch die Unfähigkeit, überhaupt noch Gefühle empfinden zu können (»Ich bin wie versteinert«).

Negative Denkmuster herrschen vor. Depressiv erkrankte Menschen entwickeln in vielen Fällen eine pessimistische Einstellung gegenüber sich selbst, den eigenen Fähigkeiten, dem eigenen Aussehen und der Zukunft, verbunden mit starkem Grübeln. Permanente Selbstkritik, Konzentrationsprobleme und Suizidgedanken sind häufige Begleiter. Auf der Verhaltensebene beschreiben sie, dass sie soziale Kontakte vermeiden, Hobbys einstellen, ihre Arbeit nicht mehr bewältigen können und sich am liebsten im Bett verkriechen. An körperlichen Beschwerden erleben sie Schlaflosigkeit mit Früherwachen, Appetitstörung mit Gewichtsverlust, Libidoverlust, schnelle Ermüdung.

Durchlebt ein Mensch, wie oben erwähnt, über einen Zeitraum von *mindestens zwei Wochen* folgende Situation wie:

- sich niedergeschlagen oder deprimiert zu fühlen oder gedrückter Stimmung sein
- Interessenverlust an Dingen, die zuvor Freude bereitet haben
- Antriebsmangel, erhöhte Ermüdbarkeit,

kann dies auf eine Depression hinweisen. Für Online-Beraterinnen und -Berater ist es wichtig, um die Merkmale der Krankheit zu wissen und diese mit in ihre Interventionen einzubeziehen. Sie ist als »Arbeitsthese« hilfreich. Denn wenn ich weiß, dass z.B. eine pessimistische Einstellung gegenüber sich selbst und den eigenen Fähigkeiten und der Zukunft, verbunden mit starkem Grübeln, auch auf eine Depression hinweisen kann, handle ich anders. Wichtig ist, dass Sie keine Ferndiagnose stellen und den Ratsuchenden schreiben, dass sie an Depressionen leiden. Fragen Sie stattdessen nach, wie lange sie oder er schon an dieser pessimistischen Einstellung leidet. Fragen Sie nach, ob sie schon einmal daran gedacht hat, dass es sich vielleicht um eine Krankheit handeln könnte. Sie können einen Vorschlag, ein Angebot machen, aber keine Zuschreibung!

5.3.3 Wie kann ich intervenieren?

Psychoinformation

Was helfen kann, ist die Psychoinformation. Wer über die eigene Erkrankung informiert ist, versteht vieles besser und kann es einordnen. Viele erkrankte Menschen fühlen sich verantwortlich für ihren Gemütszustand, sie schämen sich dafür, dass sie sich nicht besser im Griff haben. Scham und Schuld können die Depression verstärken. Zu wissen, dass die Hoffnungslosigkeit, die Hilflosigkeit, die innere Leere, Schuld und Angst, Verzweiflung und Trauer, aber auch die Unfähigkeit, überhaupt noch Gefühle empfinden zu können, mit zum Krankheitsbild gehören, kann entlastend wirken. Zur Psychoinformation gehören folgende Erklärungen:

- Was ist eine Depression?
- Wie kann man sich die Depression erklären?
- Wie kann man damit am besten umgehen?
- Welche Risiken liegen in der Depression, aber auch welche Chancen?
- Symptome, Diagnose und Ursache der Depression
- Was nutzen Medikamente?
- Welche weiteren Behandlungsverfahren gibt es?
- Warnzeichen vor einem Rückfall

Menschen, die an einer psychischen Erkrankung leiden, sind, zumindest vorübergehend, in ihren kognitiven Fähigkeiten ebenso eingeschränkt wie Menschen, die sich in akuten Krisen oder Belastun-

Informationen

- Eine depressive Erkrankung kann vollständig zurückgehen. Manchmal können einzelne Beschwerden bleiben.
- Nicht jede Depression ist heilbar. Depressionen können insbesondere chronifizieren, wenn sie nicht rechtzeitig behandelt wurden.
- Eine Behandlung verkürzt die Zeit, die eine Patientin und ein Patient unter der gedrückten Stimmung leidet, deutlich: auf durchschnittlich 16 Wochen.
- Depressive Phasen können sich wiederholen: Bei über der Hälfte der Patientinnen und Patienten kommt es nach der ersten Erkrankung zu einer weiteren depressiven Episode. Die Wahrscheinlichkeit einer Wiedererkrankung erhöht sich nach zweimaliger Erkrankung auf 70 Prozent und nach der dritten Episode sogar auf 90 Prozent.
- Behandlungen senken die Rückfallrate erheblich. Eine besondere Stärke der Psychotherapie ist, dass sie anhaltend und längerfristig wirkt, insbesondere wenn sie auch als Erhaltungstherapie fortgesetzt wird.
- Bei Patientinnen und Patienten mit einem erhöhten Rückfallrisiko, z. B. bei fortbestehenden Beschwerden, ist eine längerfristige stabilisierende Psychotherapie empfehlenswert.
- Auch Antidepressiva können Rückfälle verhindern. Sie sollten deshalb auch nach vollständigem Abklingen der Beschwerden noch eine Zeit lang eingenommen werden.
- Nicht jede Depression muss psychotherapeutisch oder mit Medikamenten behandelt werden. Bei leichten depressiven Störungen können sich die erkrankten Menschen beraten und anleiten lassen, wie sie selbst besser mit gedrückten Stimmungen umgehen können. Kommt es innerhalb von zwei Wochen zu keiner Besserung, sollte überlegt werden, die Behandlung zu intensivieren. Hierbei kommen z. B. Online-Programme infrage. Wenn auch diese nicht ausreichend wirken, sollte eine Psychotherapie vorgeschlagen werden. Bei mittelschweren depressiven Störungen sollte entweder eine Psychotherapie oder eine medikamentöse Therapie angeboten werden.
- Bei schweren und chronischen depressiven Störungen ist dagegen eine Kombination aus Psychotherapie und Medikamenten angebracht.
- Nachweislich wirksam bei depressiven Störungen sind Verhaltenstherapie, psychodynamische Psychotherapie, Interpersonelle Psychotherapie, Gesprächspsychotherapie und Systemische Therapie.

https://www.bptk.de/psychische-krankheiten/?cookie-state change=1598171444318#1574779507908-d18b8dcc-1a80

gen befinden. Daher müssen die »psychoedukativen Informationen gut strukturiert, übersichtlich gegliedert und in leicht begreifbare Einzelelemente aufgeteilt werden. Die parallele Visualisierung der Inhalte mit einprägsamer Darstellung komplexer Sachverhalte durch selbsterklärende, einleuchtende Bilder ist ein wesentliches didaktisches Element der Psychoedukation. Auch eine einfache anschauliche Sprache, kurze Sätze, der Verzicht auf Fremdwörter und das Vermeiden langer Monologe sind eine wichtige psychoedukative Basistugend.« (Bäuml, 2016) Im Sinne von: »Keep it short and simple!«

Psychoinformation ist mehr als das Weitergeben eines Links oder einer Broschüre. Im gemeinsamen Dialog mit der Beraterin oder dem Berater entsteht ein Austausch, vielleicht auch eine tragfähige Beziehung. Dieser Dialog kann helfen, die Erkrankung besser zu verstehen und zu lernen, damit umzugehen. Um eine tragfähige Beziehung zu schaffen, sind die drei Basisvariablen des klientenzentrierten Ansatzes von Carl Rogers förderlich:

1. Echtheit, Unverfälschtheit oder Kongruenz. Je mehr Sie in dem Kontakt Sie selbst sind und kein professionelles Gehabe zur Schau tragen, desto größer ist die Wahrscheinlichkeit, dass Sie Ihr Gegenüber erreichen. Kongruent zu sein bedeutet, dass Sie das, was Sie erleben und empfinden, wahrnehmen und Ihre Empfindungen, in der Rolle, verfügbar haben.
2. Akzeptieren, Anteilnahme und Wertschätzung. Wenn Sie eine positive, akzeptierende Einstellung zu Ihrem Gegenüber haben, ist die Wahrscheinlichkeit, in Kontakt zu kommen, groß!
3. Einfühlsames Verstehen (Empathie). Das heißt, dass Sie in der Lage sind, die Gefühle Ihres Gegenübers zu spüren und die damit verbundenen Bedeutungen mitzuteilen. So erlebt Ihr Gegenüber Verständnis und fühlt sich vielleicht nicht mehr so allein.

Carl Rogers schreibt: »Diese Art des sensiblen, aktiven Zuhörens ist äußerst selten in unserem Leben und stellt eine der mächtigsten Kräfte der Veränderung dar, die ich kenne.« (Rogers, 1981) Übertragen auf den depressiv erkrankten Menschen heißt es, zunächst einmal Verständnis für seine Situation und seine Gefühle aufbringen. Seine Erkrankung ernst nehmen, ohne sie zu dramatisieren oder »wegzutrösten«. Wenn jemand depressiv erkrankt ist, kann er sich erstmal nicht vorstellen, dass es besser werden wird. Wenn Sie zu schnell schreiben, dass es ihm bald wieder besser geht, nehmen Sie ihn nicht ernst und verlieren den Kontakt.

Viele psychisch erkrankte Menschen haben Angst, dass sie für verrückt gehalten werden und in die »Klapse« müssen. Der Gedanke an eine Klinik ist für sie erstmal keine hilfreiche Vorstellung, sondern macht Angst. Sie glauben, von ihrem Umfeld abgelehnt oder verlacht zu werden. Deshalb ist es so wichtig, dass Sie nicht sofort weiterverweisen. Die Online-Beratung bietet mit ihrer Niederschwelligkeit die Möglichkeit, kranke Menschen zu erreichen, die sonst keinen Kontakt zum Gesundheitssystem haben. Machen Sie sich bewusst, dass die Online-Beratung vielleicht für viele der erste Versuch der Unterstützung ist. Vielleicht der erste Kontakt, in dem sich der kranke Mensch verstanden fühlt. Wenn Sie dann zu schnell weiterverweisen, ist die Chance, sich weitere Hilfe zu holen, vertan. Das heißt nicht, dass Sie einen Klinikaufenthalt ausschließen sollen, nur empfehlen Sie ihn nicht zu schnell. Lassen Sie sich Zeit, sich kennenzulernen und eine vertrauensvolle Beziehung aufzubauen. Mitarbeitende der TelefonSeelsorge berichten, dass es manchmal mehrere Monate der Online-Begleitung gebraucht hat, bis ein depressiv erkrankter Mensch es zulassen konnte zu denken, dass eine stationäre Therapie mit Medikamenten auch helfen kann und dass er nicht verrückt ist.

Es ist bekannt, dass es unterschiedliche Schweregrade gibt: leichte, mittelgradige und schwere Depression. Der Schweregrad ist abhängig von der Anzahl der Symptome, unter denen der erkrankte Mensch leidet. Dementsprechend sind auch die »Behandlungsmöglichkeiten« verschieden. So können bei einer leichten Depression z. B. Online-Übungsprogramme helfen. Bei einer schweren Depression sind die erkrankten Menschen gar nicht in der Lage, dies durchzuführen, da sie erhebliche Schwierigkeiten haben, sich zu Aktivitäten aufzuraffen. Bei einem leichten Schweregrad kann es gut sein, sie dabei zu unterstützen, kleine Aktivitäten zu unternehmen, wie vielleicht einen Spaziergang zu machen oder Musik zu hören. Es kann sein, dass der depressiv erkrankte Mensch nicht in der Lage ist, Ihre Vorschläge anzunehmen. Respektieren Sie das. Geben Sie keine gut gemeinten Ratschläge, denn: Das Gegenteil von »gut« ist »gut gemeint«. Eine Depression kann auch dazu führen, dass sich der erkrankte Mensch mit Gedanken beschäftigt, sich das Leben zu nehmen. Fragen Sie daher im Kontakt nach, denn gerade dann ist es wichtig, einen Notfallplan, wie im vorangegangenen Kapitel »Suizid« beschrieben, zu machen.

https://www.awmf.org/uploads/tx_szleitlinien/nvl-005p_S3_Unipolare_Depression_2017-05.pdf

Hilfreiche Informationen und Links

Patienten Leitlinie »Unipolare Depression«

- https://www.awmf.org/uploads/tx_szleitlinien/nvl-005p_S3_Unipolare_Depression_2017-05.pdf

Faktencheck Depression (Bertelsmann Stiftung)

- https://www.bertelsmann-stiftung.de/fileadmin/files/user_upload/Faktencheck_Depression_Studie.pdf
- www.deutsche-depressionshilfe.de

MoodGYM Trainingsprogramm

- https://www.moodgym-deutschland.de/

5.4 Ängste

Jeder Mensch hat Ängste und Sorgen. Angst gehört zum Leben. Wir alle kennen das Gefühl; es ist eine normale Reaktion auf Gefahr, schützt uns und kann manchmal auch lebensrettend sein. Wenn die Angst überhandnimmt und sie unser Wohlbefinden und unsere Lebensqualität stark einschränkt, kann man von einer Erkrankung sprechen. Aussagen wie: *»Ich denke mehr als die Hälfte des Tages über meine Ängste nach«, »Ich werde immer depressiver wegen meiner Ängste«, »Ich hatte schon Selbstmordgedanken«, »Ich bekämpfe meine Ängste mit Alkohol, Drogen oder Beruhigungstabletten«, »Meine Be-*

ziehung ist in Gefahr«, »Ich habe Angst, meine Arbeit zu verlieren« sind typisch. In der Forschung wird zwischen einer generalisierten Angststörung, einer sozialen Angststörung, Phobien und Panikstörungen unterschieden.

Angsterkrankungen zählen neben Depressionen zu den häufigsten psychischen Erkrankungen; etwa ein Viertel aller Menschen macht einmal im Leben diese Erkrankung durch und niemand sucht es sich aus. Menschen mit Angststörungen sind keine »Angsthasen« und »stellen« sich auch nicht nur »an«. Obwohl Angststörungen so häufig sind und es erfolgversprechende Therapieangebote gibt, werden viele Menschen nicht ausreichend oder überhaupt nicht fachgerecht behandelt. Das liegt einerseits an den Mängeln in unserem Versorgungssystem, aber auch an der Schwierigkeit der Betroffenen, den Weg zu den entsprechenden Hilfsangeboten zu finden. Zusätzlich zu den sowieso bestehenden Ängsten stehen hier auch manchmal Befürchtungen im Weg, für »verrückt« gehalten zu werden. Hier bietet die Online-Beratung ein gutes Format zur Unterstützung!

5.4.1 Wo hört normale Angst auf, wo fängt die Erkrankung an?

Im Groben werden zwei verschiedene Formen von Angsterkrankungen unterschieden. Die mit konkreten Auslösern und die ohne konkrete Auslöser.

- Zur ersten Form gehören Phobien, wie Angst vor Spinnen, Spritzen oder Flugangst oder auch die Platzangst und die soziale Phobie, die Angst vor Situationen, in denen man im Mittelpunkt steht – etwa bei Prüfungen oder öffentlichen Reden. Phobien können mit Panikanfällen, Hyperventilation, Ohnmacht und Vermeidungsverhalten einhergehen.
- Zur zweiten Form zählen die Panikstörung und die generalisierte Angststörung. »Bei einer Panikstörung erleben Betroffene die Angst überfallartig. Die plötzlich auftretenden Attacken können heftig sein und mit intensiven körperlichen Symptomen einhergehen. Dazu zählen Beklemmungsgefühle, Schwindel, Herzrasen, Übelkeit, Atemnot, Schwitzen, Zittern, Ohnmachtsgefühle. Das

Angstempfinden kann sich bis zur Todesangst steigern. Häufig fürchten die Betroffenen, einen Herzinfarkt zu erleiden. Eine Panikattacke dauert wenige Minuten bis einige Stunden. Da die Panikanfälle meist dazu führen, dass sich betroffene Menschen vor der nächsten Attacke fürchten, entsteht ein Teufelskreis aus sich gegenseitig verstärkenden Ängsten. Solche Panikanfälle können auch infolge einer überstandenen Erkrankung, etwa nach einem Herzinfarkt, auftreten.« https://magazin-forum.de/de/node/19347

Informationen

Angst – im Gegensatz zur Furcht – bezieht sich nicht auf ein bestimmtes Objekt. Aus diesem Grund sind Panikattacken, die auf Angst basieren, nicht vorhersehbar. Fürchtet sich ein Patient vor einem bestimmten Objekt, so liegt keine Panikattacke, sondern eine Phobie vor.
Die unterschiedlichen Ängste der Menschen lassen sich in Kategorien einordnen. Bei jeder Angst geht es nach Riemann um Angst vor Hingabe, vor Selbstwerdung, vor Wandlung oder vor Festlegung, nach Barker um die Aspekte Verlust, Veränderung oder Entscheidung.
(Riemann, 1984)

Menschen mit einer generalisierten Angststörung plagen dauerhaft Sorgen oder Ängste. Diese sind nicht auf bestimmte Orte oder Situationen beschränkt, sondern treten scheinbar grundlos auf. Viele Betroffene machen sich zudem Sorgen um Angehörige, ihre Arbeit, ihre Gesundheit oder anstehende Pläne. »Dabei erleben Betroffene ihre Angst oft gar nicht bewusst als Sorge, sondern als dauerhaft vorhandenen Gemütszustand. Diese andauernde innere Unruhe kann sich auch in Regulationsstörungen wie etwa Schlafstörungen, Bluthochdruck oder Verdauungsbeschwerden äußern. Auch Depressionen, die ihrerseits auch zu den Ursachen gehören, oder Zwangsstörungen können hinzukommen.« https://magazin-forum.de/de/node/19347

Ein Mitglied des Internetforums »Angst und Panik« hat es so beschrieben:

Du bist mein ständiger Begleiter.
Wo ich bin, bist du auch.
Lauernd wartest du auf den richtigen Moment.
Ist er da, schlägst du zu.
Doch du greifst nicht sofort an, nein.
Du genießt es, mich langsam leiden zu lassen.
Ich fühle mich beobachtet von dir.
Ich spüre dich, sehe mich nach dir um.

Aber noch zeigst du dich nicht ganz.
Du siehst mir erst zu.
Ich werde nervöser und nervöser.
Du hast deinen Spaß dabei.

Meine Gedanken fangen an zu rasen.
Ebenso mein Herz.
Meine Handflächen schwitzen, ich fühle mich krank.
Gleich ist es so weit.

Ich versuche noch zu entkommen.
Diesmal nicht, sage ich mir.
Aber dann bist du plötzlich da.
Du stellst dich vor mich.

Mit voller Wucht haust du mich um.
Ich bin benebelt, hilflos.
Versuche zu entkommen, wegzukriechen.
Keine Chance, du hast mich.

Deine eiskalten Klauen umschließen meine ganzen Körper.
Ich bin dir ausgeliefert.
Die Gedanken rasen, so auch das Herz.
Ich werde es nicht schaffen, ich sterbe.
Sekunden, Minuten, Stunden, Tage, Wochen oder Jahre.
Nichts hat mehr eine Bedeutung.
Was bleibt ist die Unendlichkeit.
Und die Hoffnungslosigkeit. …

https://www.forum.angst-und-panik.de/showthread.php?tid=8933

In der Online-Beratung und Online-Therapie treffen wir auf alle Formen von Angsterkranken, auf Menschen, die an Generalisierter Angststörung leiden, an Phobien oder sozialen Ängsten.

5.4.2 Panikattacken

Eine Panikattacke dauert in der Regel wenige Minuten bis maximal 30 Minuten. Im Extremfall kann sie auch einige Stunden dauern. Das Tückische an Panikattacken ist, dass viele erkrankte Menschen in ständiger Angst vor der nächsten Attacke leben: Sie haben Angst vor der Angst.

Hallo
ich bin Nora und habe seit meiner frühen Jugend eine Angststörung (Sozialphobie). Mit Mitte 20 habe ich eine Verhaltenstherapie gemacht und ein paar Jahre später eine Zeit lang eine Selbsthilfegruppe besucht. In den letzten Jahren hatte ich die Angst einigermaßen im Griff. Sie war zwar nie weg, aber ich habe mich sozusagen mit ihr arrangiert.
Konnte wieder ins Kino gehen oder auf Konzerte oder im Restaurant etwas essen. Wenn auch nie mit dem Spaß und der Leichtigkeit, die andere dabei empfinden. Aber immer mit dem guten Gefühl hinterher, mal wieder etwas geschafft zu haben. Die Probleme, die mir die Angst dabei machte, verliefen immer etwas wellenförmig: Mal hatte ich weniger Probleme, die Angst zu überwinden, mal grübelte ich schon tagelang vorher nach oder entdeckte bei mir aufkommende Vermeidungsstrategien.
Durch die Corona-Krise hat sich alles binnen kurzer Zeit verschärft. Am Anfang hat sich das Angst-Ich in mir noch riesig gefreut: Hey, das Konzert fällt aus ... super, da hast Du Dir eh schon seit Tagen drüben Gedanken gemacht. Lehrer- bzw. Elternsprechtag an der Schule der Kinder kann nicht stattfinden ... super, das war mir eh immer total unangenehm. Ich muss mit der Kleinen nicht mehr zum Kindersport ... auch gut.
Die Vermeidungsstrategien, die mein Unterbewusstsein sonst immer aufbaut, waren gar nicht mehr nötig. Einschränkungen kamen von

außen immer mehr ganz automatisch. Aber das dagegen Ankämpfen fiel auch weg und somit hat sich die Angst wieder manifestiert.
Und ich merke, dass sie mich wieder total im Griff hat, die Angst rauszugehen aber auch die Angst vor dem Virus.
Ich habe total Angst davor, wenn die Beschränkungen wieder aufgehoben werden, nicht wieder in den normalen Alltag zurückzufinden. Schon allein meinen Sohn jeden Morgen zur Kita bringen zu müssen und dann wieder abzuholen macht mir momentan Sorge. Ich weiß einfach nicht mehr, was ich dann wieder hinkriege und was nicht. Was kann ich tun gegen all die negativen Gedanken. Wie kann ich mich selbst motivieren? Was mach ich gegen meine Angst? Liebe Grüße Nora

Wie Sie lesen, kennt die Schreiberin sich im Hinblick auf ihre Erkrankung gut aus. Sie hat Skills an der Hand, die ihr bisher geholfen haben, mit ihrer Erkrankung zu leben. Obwohl es schwer ist, stellt sie sich den angstauslösenden Situationen und vermeidet sie nicht. Sie hat eine Verhaltenstherapie gemacht und eine Selbsthilfegruppe besucht und weiß, dass Herzrasen oder Schwindel Angstanzeichen sind und nicht zu einer Ohnmacht oder zu Herzinfarkt führen. Sie geht mit ihrer Sozialphobie ins Restaurant oder Kino, traut sich damit unter Menschen. Sie befolgt den Rat bei Angststörungen, angstauslösende Situationen nicht zu vermeiden und sich zu informieren.

Allerdings hat die Corona-Krise sie, wie viele Menschen auch ohne eine Angststörung, aus der Bahn geworfen und sie wendet sich in ihrer Not mit einer Mail an eine Online-Beratungsstelle. Wir haben gute Erfahrung gemacht, dass Schreiben helfen kann, mit der Angst zu leben. Die Angst, so können wir es auch in der Mail lesen, blockiert den Kopf. Wenn wir uns nun hinsetzen und schreiben, können wir unseren Kopf wieder freibekommen. Die Menschen, die sich an eine Online-Beratungsstelle wenden, tun dies ganz bewusst. Sie wissen, dass es auch Beratungsstellen vor Ort gibt oder psychologische Praxen, sie aber suchen den Weg über das Schreiben. Sie wählen also eine Form der Unterstützung, von der sie überzeugt sind. Und das ist eine gute Voraussetzung, erfolgreich Hilfe zu finden.

5.4.3 Wie können Sie unterstützen? Durch Schreiben!

Als Online-Beraterinnen und -Berater können Sie der Schreiberin anbieten, mit ihr gemeinsam kleine Schritte zu entwickeln, wie sie besser mit der Angst leben kann und der Angst im Alltag weniger Raum geben kann. Sie können Sie dabei im schriftlichen Dialog unterstützen, wie sie ihren Zustand kontrollieren kann, sodass die Angst sie nicht kontrolliert. Dabei ist eine wichtige Regel, die Ratsuchenden zu ermutigen, nicht vor den angstauslösenden Situationen zu flüchten. Sinnvoll ist es, kleinschrittig vorzugehen! Überlegen Sie gemeinsam, wie die Ratsuchende sich angstauslösenden Situationen stellen kann. Spielen Sie diese Situationen gedanklich, im Mail- oder Chatdialog durch als Probehandeln. Überlegen Sie, wie diese kleinen Erfolge gefeiert und damit gewürdigt werden können.

Schreiben hat einen therapeutischen beziehungsweise einen selbsttherapeutischen Effekt. Beim Schreiben erforsche ich mich selbst und finde neue Erkenntnisse über mich. Während des Schreibens werden Situationen erinnert, wiederholt und durchgearbeitet. Schreiben kann zum Probehandeln werden, verschiedene Möglichkeiten können beim Schreiben imaginiert werden, und dadurch kann ein anderes Verhalten und neue Möglichkeiten entdeckt werden. Das Mittel der Wahl bei Angststörungen ist die kognitive Verhaltenstherapie (KVT), in der es darum geht, »sich über seine Gedanken, Einstellungen und Erwartungen klar zu werden. Das Ziel ist in der Therapie, falsche und belastende Überzeugungen zu erkennen und dann zu verändern. Denn es sind häufig nicht nur die Dinge und Situationen selbst, die Probleme bereiten, sondern auch die vielleicht zu große Bedeutung, die man ihnen gibt. Mithilfe einer kognitiven Therapie kann man lernen, falsche Denkmuster durch realistischere und weniger schädliche Gedanken zu ersetzen. Die KVT hilft dabei, klarer zu denken und die eigenen Gedanken besser zu kontrollieren.« https://www.gesundheitsinformation.de/kognitive-verhaltenstherapie.2136.de.html

Stellen Sie sich vor, Sie haben ständig Angst, die Angst bestimmt Ihr Denken und hindert Sie, das Leben zu genießen. Wenn Sie schreiben, lenken Sie sich in dem Moment ab. Sie verschaffen sich Erleichterung. Zum anderen beschäftigen Sie sich mit Ihrer Angst in einem gesicherten Rahmen. Sie treten mit Ihrer Angst in einen Dialog. Bestenfalls lernen Sie dabei zu verstehen, welche Denkabläufe Ihrer Angst zugrunde liegen. Und wie Sie diese ändern/korrigieren können. Ausgehend davon, dass Angstreaktionen erlernt worden sind, können sie auch wieder verlernt werden, wenn die Betroffenen zunächst darauf achten, welche Gedanken und Befürchtungen ihrem Angstgefühl vorausgehen. In unserer Arbeit haben wir die Erfahrung gemacht, dass konkrete Schreibübungen helfen können; wie zum Beispiel »der Angst einen Brief schreiben«. Stellen Sie sich vor, Ihre Angst könnte mit Ihnen sprechen und Sie mit ihr. Was würden Sie ihr sagen? Schreiben Sie Ihrer Angst einen Brief.

Die Bloggerin Julia, die seit vielen Jahren unter diversen Angststörungen leidet, hat es, wie einige andere, getan und folgenden Text veröffentlicht:

Liebe Angst,
ich hab dich lieb. So lange kennen wir uns nun schon. So oft hast du bereits mein Leben gerettet. Du bist schon ein kleiner, vorsichtiger Kerl. So tief sitzt du in mir und formst meine Umgebung. Du formst mich. Du lässt mich wachsen und hältst mich doch klein. So ein Team sind wir mit der Zeit geworden.
Manchmal nervst du mich. Dann wünsche ich dich bis zum Ende des Universums und eigentlich noch viel weiter. Aber du hast Angst vor dem Fliegen. Deswegen darfst du bleiben. Manchmal will ich dich einfach nur in einem tiefen, dunklen Loch vergraben. Aber du fürchtest die Dunkelheit und Enge magst du auch nicht. Deswegen darfst du bleiben.
Manchmal bist du gut zu mir. Wenn du mich vor hohen Klippen warnst oder mir rätst, doch nicht noch weiter den Baum zu erklimmen. Dann habe ich dich besonders gern. Dann möchte ich dir danken, denn was wäre ich schon ohne dich? Vermutlich tot.
Wir sind zusammengewachsen. Wenn mir etwas wehtat, hast du dir das ganz genau gemerkt. Du warst immer besonders aufmerksam. Sogar während meinem verdienten Schlaf wachst du über mich. Du bist diese kleine Stimme in meinem Kopf, mein Jiminy Grille, der mich vor dem ausgefuchsten Bösen warnt.

Liebe Angst, nicht alles auf der Welt ist böse. Ich weiß, wir haben schon sehr viele schlimme Dinge hinter uns und ich bin froh, dass wir das zusammen überstanden haben. Das Leben ist aber doch auch durchzogen von Freude und Neugierde. Ich weiß, dass du dir Sonnenuntergänge lieber vom sicheren Boden aus ansiehst, aber lass uns doch einmal gemeinsam diesen Baum erklimmen, um von oben die beste Aussicht zu haben. Lass uns zusammen dieses Abenteuer wagen, weil ich mit dir sicher bin.

Lass uns zusammen ausprobieren und wachsen. So, wie wir als Kinder waren. Als du noch seltener gesagt hast, dass ich bloß aufpassen soll, und lieber den Spaß hast gewinnen lassen. Ich habe mir zwar öfter die Knie aufgeschlagen, aber das freihändige Fahrradfahren war toll, das musst sogar du zugeben. Wir haben gelacht, weil wir gelernt haben.

Liebe Angst, manchmal hasse ich dich. Ich hasse dann auch mich, weil ich dich in mir wohnen lasse, obwohl du mich so oft zurückhältst und wir ab und an richtig laut streiten. Das passiert immer in den Momenten, wenn ich dir erklären will, dass gar nichts Böses auf uns wartet. Dann machst du dicht und lässt gar nicht mehr mit dir reden. Das macht mich so wütend! Bitte, Angst, lass uns doch endlich einmal wieder sorglos lachen. Du und ich und das Abenteuer.

Liebe Angst, was sind wir nur geworden. Ich hab dich lieb. Wir gehören zusammen, weil ich ohne dich nicht sein kann und du ohne mich auch nicht. Nur manchmal, da will ich lieber nicht auf dich hören. Bitte, verstehe das. Ich habe dich doch deswegen nicht weniger lieb. Und wir werden uns ganz sicher nicht wehtun, also zumindest nicht sehr. Hast du vergessen, was Mama immer zu uns sagte? »Nur durch Hinfallen lernen wir.« Du fandest doch Mama auch immer so klug.

Jetzt sind wir schon so groß geworden. Erwachsen, möchte man beinahe sagen. Erwachsen werden heißt, dir mehr Raum zu geben. Den darfst du haben. Ich möchte aber auch noch in meiner Seele Platz finden. Das kann ich nicht, wenn du alle Räume für dich beanspruchst. Du hast oft Recht. Manchmal aber, da musst du mir zustimmen. Wie oft ist denn nichts passiert, wenn ich dir widersprochen habe? Eben.

Liebe Angst, ich liebe dich. Du bist einer meiner wichtigsten Ratgeber und du bist ein elementarer Teil meiner Seele. Du gehörst zu dem Kern, den ich mein Selbst nenne. Du darfst gerne in mir wohnen bleiben, bis ich meinen letzten Atemzug tue. Und wenn ich ein letztes Mal meine Augen schließe, wirst du zugeben müssen, dass jeder Moment, in dem ich dir widersprochen habe, den Versuch wert war. Lass uns weiter zusammenwachsen. Ich freue mich darauf.
Deine Julia
https://www.bluetenstille.com/brief-an-meine-angst

Neben dem Brief an die Angst gibt es eine weitere Schreibübung: Angst und Farbe. Die Idee dahinter ist, sich die Angst in einer anderen Gestalt vorzustellen, sie zu einer Art Gegenüber zu machen, mit dem man sich auseinandersetzen kann. Der Schreibimpuls lautet: »Wenn Ihre Angst eine Farbe wäre, welche wäre es? Schreiben Sie die Farbe auf und beschäftigen sich ausschließlich mit dieser Farbe. Versuchen Sie herauszufinden, was die genannte Farbe für Sie bedeutet. Mögen Sie die Farbe? Welche Qualitäten hat sie? Welche Erinnerungen verbinden Sie mit dieser Farbe? Gibt es Gerichte, Gerüche oder Sonstiges, das Sie mit dieser Farbe in Verbindung bringen?«

Auch hier können Sie den Ratsuchenden im schriftlichen Dialog anbieten, über die Übung zu schreiben. Studien belegen, dass der Effekt größer ist, wenn es praktische Übungen mit Feedback gibt.

5.5 Posttraumatische Belastungsstörung

Danach ist nichts mehr wie vorher

Alle Menschen können eine Posttraumatische Belastungsstörung (PTBS) entwickeln, wenn sie ein traumatisches Ereignis erlebt haben. Ein (lebens-)bedrohliches Ereignis, das mit dem Gefühl der Ohnmacht, des Ausgeliefertseins, des Kontrollverlustes und mit enormen seelischen und/oder körperlichen Schmerzen verbunden ist. Traumatische Ereignisse bedrohen unsere Unversehrtheit und versetzen uns in extreme Angst und Hilflosigkeit.

Was wir als traumatisch erleben, ist von unserer Wahrnehmung abhängig, und nicht jedes traumatische Ereignis führt zur Entwicklung einer Posttraumatischen Belastungsstörung. Eine schwere traumatische Erfahrung kann jedoch die Sicht auf das Leben und die Welt und damit das eigene Handeln sehr verändern!

»Menschen, die *nicht* an einer Posttraumatischen Belastungsstörung leiden, haben in der Regel die Überzeugung ›unverletzlich‹ zu sein. Sie nehmen die Welt als bedeutungsvoll, verständlich und kontrollierbar wahr und sehen sich selbst positiv und als wertvoll an. Menschen, die an einer Posttraumatischen Belastungsstörung leiden, sehen sich selbst als verletzt und zukünftig verletzbar an. Sie empfinden die Welt als feindlich, unverständlich und unkontrollierbar und fühlen häufig als beschädigt und wertlos an.«

https://www.refugee-trauma.help/ueber-trauma/

Menschen mit einer Posttraumatischen Belastungsstörung leiden häufig unter einer Angst, ähnlich der, die sie während des traumatischen Ereignisses empfunden haben.

https://ilajnafsy.bzfo.de/portal/de/onlinetherapien/trauma therapie/

In der Online-Beratung begegnen wir vielen traumatisierten Menschen. Das ist leicht nachvollziehbar: Wer sich beschädigt und verletzt fühlt und die Welt als unkontrollierbar sieht, der braucht ein hohes Maß an Schutz und Kontrolle. Dies bietet die Online-Beratung: Einen Ort, an dem ich eine hohe Kontrolle habe, wo ich mich geschützt fühle und an dem ich nicht sprechen muss.

Seit mehr als zehn Jahren bietet *Ilajnafsy* (ilajnafsy.com) eine internetbasierte Traumatherapie in arabischer Sprache an. Das Konzept ist an das von *Interapy,* (interapy.nl) angelehnt. Interapy wurde an der Universität Amsterdam entwickelt und ist eine internetbasierte Schreibtherapie zur Behandlung von Posttraumatischen Belastungsstörungen. Sie beruht auf einem kognitiv-verhaltenstherapeutischen Ansatz und wird in den Niederlanden von den Krankenkassen finanziert. Zentraler Bestandteil ist die Verarbeitung des traumatischen Erlebnisses. Der gesamte therapeutische Kontakt findet über das Internet statt. Die Patientinnen und Patienten werden angeleitet, sich schriftlich mit dem traumatischen Ereignis zu beschäftigen und dies in entlastender Weise neu zu bewerten. Anhand eines manualisierten Behandlungsplanes schreiben sie insgesamt zehn Texte und erhalten darauf eine persönliche Rückmeldung ihrer Therapeutin oder ihres Therapeuten. Neben der Traumaexposition ist die kognitive Umstrukturierung zentraler Bestandteil der Therapie.

5.5.1 Hilfe in der Mail- und Chat-Beratung

In der Beratung ist es wichtig, den »guten« Grund zu verstehen, weshalb sich die Klientin oder der Klient so verhält. Das Verstehen hilft uns Beratenden, eine rollengemäße Distanz und Nähe zu finden. Auch für Menschen, die an einer Posttraumatischen Belastungsstörung leiden, ist es wichtig zu verstehen, was mit ihnen passiert. Ganz praktisch heißt es, sie darüber zu informieren, dass folgende Symptome zu einer Posttraumatischen Belastungsstörung gehören können:

- das Gefühl, sich wie betäubt zu fühlen
- keine Freude, Trauer oder andere Gefühle zu empfinden
- unter Schlafstörungen, starker Schreckhaftigkeit, extremer Wachsamkeit, Konzentrations- und Gedächtnisschwierigkeiten zu leiden
- schnell reizbar zu sein oder Wutausbrüche zu haben
- Gleichgültigkeit gegenüber anderen Menschen oder der Umgebung zu empfinden
- ein vermindertes Interesse an Aktivitäten
- sozialer Rückzug
- starke Ängste oder Depressivität
- ein unwillkürliches Erinnern und Wiedererleben des Traumas (Flashbacks).

Diese sind völlig normal, und viele Menschen nach einem traumatischen Ereignis leiden darunter. Oft schafft das Wissen über Symptome, Signale und Dynamik des Traumas Erleichterung. Es nimmt Ängste und trägt zur besseren Verarbeitung bei. Traumatisierte Menschen denken oft, ihre Reaktionen und sie selbst seien nicht mehr ganz normal. Das Wissen, dass andere Menschen dasselbe durchleben, gibt ebenso Sicherheit wie die Tatsache, dass die Beraterin oder der Berater die Symptome kennt. Wir kennen es alle: Wenn das, was ich wahrnehme, einen »Namen« hat, kann ich es angehen und bin nicht ausgeliefert. Davon ausgehend, dass das traumatische Ereignis einem den Boden unter den Füßen wegreißt, man sich unsicher und schutzlos fühlt, ist es wichtig, den Schreibenden Möglichkeiten an die Hand zu geben, die ihnen helfen, Sicherheit und Kontrolle zu erlangen, sich selbst zu beruhigen und Flashbacks zu stoppen. Hier hat es sich als sehr unterstützend herausgestellt, gleich zu Beginn der Online-Beratung Informationen über Stabilisierungsmöglichkeiten zu geben. Die Online-Beratung von traumatisierten Menschen hat zum Ziel, die traumatische Stress- und Symptombelastung zu reduzieren. Es geht darum, die äußere Sicherheit, die psychische Stabilität und die gestärkte Fähigkeit zur Emotionsregulierung zu erhöhen. So können die traumatisierten Menschen ihre Affekte kontrollieren. Traumaspezifische Stabilisierungstechniken umfassen Techniken der Aufmerksamkeitsumfokussierung, imaginative Distanzierungstechniken und ressourcenaktivierende Techniken. Als praktische Hilfe für Ratsuchende bieten sich folgende Stabilisierungsmöglichkeiten und Konzentrationsübungen an:

Über die Möglichkeiten zur Stabilisierung gibt es viel Literatur. Eine der renommiertesten Therapeutinnen auf diesem Gebiet ist Luise Reddemann. http://www.luise-reddemann.de/home/

Ihr Buch: »Imagination als heilende Kraft« ist seit vielen Jahren ein Standardwerk der Psychotraumatologie. Eine der der wichtigeren Stabilisierungstechniken, die immer eingesetzt werden kann, ist die des inneren Ortes der Geborgenheit. Diese können Sie gut als »Anleitung« per Mail einsetzen oder im Chatdialog erarbeiten.

Der innere Ort der Geborgenheit ist ein mentaler Ort, der unter Anleitung erschaffen wird. Menschen können jederzeit dorthin gehen. Es ist ein Ort, an dem man sicher ist, auftanken kann, ein Ort, an dem es einem gut geht. Und das Schöne ist, wir können alle so einen Ort erschaffen. In vielen Mails und Chats haben Menschen geschrieben, dass ihnen der sichere Ort hilft. Insbesondere in schwierigen Situationen oder auch, wenn sie Angst haben. Oft waren sie erstaunt, welche wohltuende Wirkung das Aufrufen des inneren Ortes der

Geborgenheit hatte. Die Erklärung dazu ist einfach: Unser Gehirn macht **keinen Unterschied, ob wir etwas real erleben, oder ob wir uns etwas** intensiv **vorstellen**. Es laufen annähernd dieselben Prozesse ab, egal ob es sich um reales Erleben oder um intensive innere Bilder oder Vorstellungen handelt. Es werden dieselben Gehirnzellen aktiv und dieselben Botenstoffe (Neurotransmitter) werden ausgeschüttet. Dadurch wird also auch dieselbe oder annähernd dieselbe Wirkung erzielt wie bei »echtem« Erleben. So hat sich bei Menschen mit schweren Brandverletzungen gezeigt, dass Verfahren der virtuellen Realität sich effektiv in der additiven Therapie akuter Schmerzen und im Besonderen des Prozedurenschmerzes erwiesen haben und daher empfohlen werden können.

https://www.awmf.org/uploads/tx_szleitlinien/044-001l_S2k_Thermische__Verletzungen_Erwachsene_2018-12-verlaengert.pdf

Die Anwendung »SnowWorld« hilft Opfern von Verbrennungen, sich bei den qualvollen Behandlungen vom Schmerz abzulenken. Für die Dauer der Behandlung setzen die Patientinnen und Patienten eine Brille auf, um in eine Welt aus Eis und Schnee abzutauchen. So wird die Aufmerksamkeit vom Schmerz abgelenkt und das subjektive Schmerzempfinden wird um 30 bis 50 Prozent minimiert. (www.hitl.washington.edu/projects/vrpain). SnowWorld ist eine Erfindung von Hunter Hoffman, Forscher für virtuelle Realität, und Dave Patterson, Experte für Schmerzen und Hypnose der Universität Washington.

Und nun zeigen wir Ihnen ganz praktisch, wie die Übung »Der innere Ort der Geborgenheit« geht:

5.5.2 Der innere Ort der Geborgenheit

»Diese Übung werden viele unter der Überschrift *Der innere sichere Ort* kennen. Inzwischen habe ich herausgefunden, dass dieser Name mit einem Übersetzungsproblem zusammenhängt. Im Englischen ist die Rede von ›safe place‹. Schaut man im Wörterbuch nach, steht an erster Stelle für ›safe‹ sicher. Wenn man umgekehrt nach einer Übersetzung für ›Geborgenheit‹ sucht, findet man safety oder security. D.h., es gibt im Englischen kein Wort für Geborgenheit. Es geht bei dieser Übung aber eigentlich in erster Linie um Geborgenheit. Daher habe ich die Anleitung inzwischen erheblich verändert:

Ich lade Sie ein, sich an einen oder mehrere Momente zu erinnern, wo Sie sich geborgen gefühlt haben. Wenn es einen solchen Moment in Ihrer Erinnerung noch nie gab, bitte ich Sie, sich vorzustellen, wie Geborgenheit wäre, wenn Sie sie erleben würden. Sie können sich dabei von Bildern mit Menschen- oder Tiermüttern mit ihren Babys anregen lassen. Spüren Sie bitte so genau wie möglich, wie es für Sie ist, sich geborgen zu fühlen …

Von dieser Erfahrung ausgehend, lade ich Sie jetzt ein, sich einen Ort vorzustellen, an dem alle Qualitäten, die Sie mit Geborgenheit in Verbindung bringen, gegeben sind. Dieser Ort kann auf der Erde sein, er muss es aber durchaus nicht. Er kann auch außerhalb der Erde sein. Lassen Sie Gedanken oder Vorstellungen oder Bilder aufsteigen von einem Ort, an dem Sie sich ganz wohl und geborgen fühlen. Und geben Sie diesem Ort eine Begrenzung Ihrer Wahl, die so beschaffen ist, dass nur Sie bestimmen können, welche Lebewesen an diesem Ort, Ihrem Ort, sein sollen, sein dürfen. Sie können natürlich schon jetzt Lebewesen, die Sie gerne an diesem Ort haben wollen, einladen. Wenn möglich, rate ich Ihnen, keine Menschen einzuladen, aber vielleicht liebevolle Begleiter oder Helfer, Wesen, die Ihnen Unterstützung und Liebe geben. Prüfen Sie, ob Sie sich dort mit allen Ihren Sinnen wohlfühlen. Prüfen Sie zuerst, ob das, was Ihre Augen wahrnehmen, angenehm ist für die Augen. Wenn es noch etwas geben sollte, was Ihnen nicht gefällt, dann verändern Sie es … Nun überprüfen Sie bitte, ob das, was Sie hören, für Ihre Ohren angenehm ist … Wenn nicht, verändern Sie es bitte so, dass alles, was Ihre Ohren wahrnehmen, angenehm ist … Ist die Temperatur angenehm? … Wenn nicht, so können Sie sie jetzt verändern … Kann Ihr Körper sich so bewegen, dass Sie sich damit ganz wohlfühlen, und können Sie jede Haltung einnehmen, in der Sie sich wohlfühlen? Wenn noch etwas fehlt, verändern Sie alles so, bis es ganz stimmig für Sie ist … Sind die Gerüche, die Sie wahrnehmen, angenehm? … Auch sie können Sie verändern, sodass Sie sich ganz wohl damit fühlen … Wenn Sie nun spüren können, dass Sie sich ganz und gar wohlfühlen an Ihrem inneren Ort, dann können Sie mit sich eine Körpergeste vereinbaren. Und diese kleine Geste können Sie in Zukunft ausführen, und Sie wird Ihnen helfen, dass Sie diesen Ort ganz rasch wieder in der Vorstellung haben. Und wenn Sie das möchten, können Sie diese Geste jetzt ausführen … Um die Übung zu beenden, können Sie wieder Ihre Körpergrenzen wahrnehmen und den Kontakt des Körpers mit dem Boden achtsam registrieren. Danach kommen Sie dann mit der Aufmerksamkeit zurück in den Raum.« (Reddemann, 2020)

Weitere Übungen finden Sie u.a. auf folgenden Seiten:

https://www.psyaspect.ch/beratungundpsychotherapie/psychotrauma/stabilisierungstechniken/

5.6 Essstörungen

Hallo, ich bin sehr unzufrieden mit meiner Figur und esse weniger und mache mehr Sport deswegen. Ich fühle mich schon deswegen sehr schwach und kriege Kopfschmerzen, bin müde und hab keine Kraft in den Beinen und Armen. Alle sagen, dass ich dünn, bzw. zu dünn bin, aber ich glaube denen nicht. Ich habe sogar einen Essensplan bekommen, den ich nicht einhalten kann und ich weiß selber nicht wieso.
Ich habe mich schon an so viele gewendet, aber jeder sagt ich soll mehr essen, was ich nicht kann und ich bräuchte bessere Tipps etc. und ich kann mich im echten Leben an niemanden wenden außer an eine Freundin. Hanna

Dies ist die Anfrage eines 15-jährigen Mädchens, das sich an die Online-Beratung gewendet hat. Sie ist mir ihrem Anliegen nicht allein. Auf den Seiten des Bundesgesundheitsministeriums ist zu lesen, dass Essstörungen zu den häufigsten chronischen psychischen Störungen im Erwachsenenalter gehören. Die Entwicklung einer Essstörung beginnt bereits im Jugendalter oder jungen Erwachsenenalter. Von Essstörungen betroffen sind vor allem Mädchen und junge Frauen, allerdings erkranken auch immer mehr Jungen und

Männer. Essstörungen haben während der letzten 20 Jahre zugenommen. Als Ursache gilt das vor allem das heutige Schönheitsideal, welches das Dünnsein in den Mittelpunkt stellt. Wer schlank ist, ist attraktiv, wird gemocht, hat Erfolg und gehört dazu. Model-Casting-Shows, Instagram und Influencerinnen steigern oft die Unzufriedenheit mit dem eigenen Körper und mit dem eigenen Leben. Eine Studie des Internationalen Zentralinstituts für Jugend- und Bildungsfernsehen (IZI) kam zu dem Ergebnis, dass Model-Shows die Unzufriedenheit mit dem eigenen Körper schüren. Der Vergleich mit unrealistischen Maßstäben für Schönheit trägt dazu bei, dass sich auch normalgewichtige Frauen und Männer als übergewichtig, zu wenig muskulös oder »nicht passend« erleben.

Dies kann die Tendenz für eine Essstörung verstärken. Auch das ständige Vergleichen unter Gleichaltrigen, negative Kommentare (bis zum Mobbing) hinsichtlich Figur und Körpergewicht wirken sich schlecht auf das Selbstwertgefühl aus. Der Wunsch, perfekt zu sein, steht im Vordergrund.

http://www.br-online.de/jugend/izi/deutsch/forschung/trendforschung/trendforschung.htm

Von einer Essstörung spricht man, wenn jemand sein Essverhalten übermäßig stark einschränkt, kontrolliert oder die Kontrolle über das Essverhalten verliert. Es gibt verschiedene Formen von Essstörungen:

- die Anorexie (Magersucht),
- die Bulimie (Ess-Brech-Sucht) und
- die Binge-Eating-Störung (regelmäßig auftretende Essanfälle ohne gewichtsregulierende Maßnahmen)
- Mischformen

Die Einflüsse, die zur Entstehung von Essstörungen beitragen, sind vielfältig und reichen von individuellen, familiären, biologischen bis hin zu soziokulturellen Faktoren.

https://www.bundesgesundheitsministerium.de/service/begriffe-von-a-z/e/essstoerungen.html

1. Magersucht beginnt häufig mit Diäten. Die betroffenen Menschen erleben sich als zu dick, obwohl sie untergewichtig sind, was für Außenstehende nicht nachvollziehbar ist. Die Ursache liegt häufig in einer Körperschemastörung. Daher macht es auch keinen Sinn zu sagen, dass sie nicht dick sind – sie nehmen es anders wahr. An Magersucht erkrankte Menschen leben in ständiger Angst zuzunehmen und die Kontrolle über ihr Essverhalten zu verlieren und fremdbestimmt zu werden. Die Gewichtsabnahme und Essensverweigerung sind Ausdruck der Selbstkontrolle, ein Streben nach Abgrenzung und Selbstkontrolle, eine Form der Askese. Die Krankheit hat einen suchtähnlichen Charakter: Der Drang zu hungern ist nahezu unwiderstehlich. Der Kick besteht darin, größtmögliche Kontrolle über seine Bedürfnisse und seinen Körper zu haben; Betroffene sind stolz auf ihre Fähigkeit zur Askese. Magersüchtige Menschen haben lange Zeit keine Krankheitseinsicht, daher ist es nachvollziehbar, dass sie sich gegen eine Therapie sträuben. Wenn sie sich dann in der Beratung und Therapie unter Druck gesetzt fühlen, kann es passieren, dass sie z. B. bezüglich der Essensmengen schummeln oder schwierige Themen und problematisches Verhalten verheimlichen.
2. Auch Menschen, die an einer Bulimie leiden, haben Angst davor zuzunehmen. Sie leiden an Essanfällen und können nicht mehr steuern, wieviel Nahrung sie zu sich nehmen. Weil sie nicht zunehmen möchten, versuchen sie, die aufgenommene Nahrung wieder loszuwerden. Das tun sie durch Erbrechen, Hungerphasen, die Einnahme von Abführmitteln und exzessiven Sport. Häufig geht es bei der Gewichtsabnahme darum, das herrschende Schönheitsideal zu erfüllen – eine Sehnsucht nach Anerkennung und Zugehörigkeit. Anders als bei Menschen, die an Magersucht erkrankt sind, haben Menschen mit einer Ess-Brechsucht Angst vor dem Verlassenwerden und vor Ausgrenzung. Sie schämen sich für ihre Erkrankung und versuchen alles, um ihren Zustand zu verbergen.
3. Menschen mit einer Binge-Eating-Störung haben ebenfalls Essanfälle, bei denen sie nicht steuern können, was und wie viel sie essen. Dieser Kontrollverlust löst ein Gefühl der Ohnmacht aus

und kann in Selbsthass münden. Im Unterschied zur Bulimie unternehmen sie keine regelmäßigen Maßnahmen, um einer Gewichtszunahme gegenzusteuern und sind daher meistens übergewichtig oder fettleibig (adipös). Eine Binge-Eating-Störung kann bereits bei Kindern, vermehrt aber bei Jugendlichen, auftreten. Ähnlich wie bei Erwachsenen gehen Essanfälle auch im Kindes- und Jugendalter mit vermehrten Figur- und Gewichtssorgen, Depressionen und Ängsten einher. Viele Menschen mit einer Binge-Eating-Störung haben ein geringes Selbstwertgefühl. Sie schämen sich für ihr Gewicht und ihr Essverhalten, ziehen sich mehr und mehr zurück und vermeiden soziale Kontakte. Meistens haben sie ein negatives Körperbild und versuchen immer wieder, durch Diäten ihr Gewicht zu reduzieren. Der Erfolg hält meist nur kurz an, denn das Hungern verstärkt den Essensdrang.
https://www.awmf.org/uploads/tx_szleitlinien/051-026p_Ess stoerungen_2015-06_01.pdf

5.6.1 Wie kann Hilfe in der Online-Beratung aussehen?

Menschen mit einer Essstörung haben häufig das Gefühl, dass sie nicht verstanden werden. Eltern, Lehrerinnen und Lehrer oder andere aus ihrem Umfeld zeigen oft kein Verständnis für ihre Störung. Meist gibt es gut gemeinte Ratschläge in Form eines Ernährungsplanes oder dass sie sich doch mal zusammenreißen sollen oder sich nicht so hängen lassen. Diese »Ratschläge« tragen dazu bei, dass sie sich noch weniger trauen, über ihre Krankheit zu reden. Sie verbergen ihre Essstörung, da sie niemanden, der ihnen nahesteht, enttäuschen wollen. Jemanden zu finden, der die eigene Situation versteht, ist für viele Menschen mit einer Essstörung erst einmal das Wichtigste. Online-Beraterinnen und -Berater sollten gemeinsam versuchen zu verstehen, was hinter der Essstörung steht. Wofür sie »gut« ist.

In einem längeren Mailwechsel drückt es eine 22-jährige Mailerin so aus: »Diese Krankheit/Essstörung ist wie eine Begleitperson, beste Freundin für mich. Mir fällt es schwer, diese loszulassen. Meine Krankheit ist für mich da, diese lässt mich nicht alleine. Vielleicht ist das alles sehr schwer zu verstehen, mir fällt es schwer, das alles zu beschreiben ... Sonja«

In einem Chatdialog schreibt Liva, wofür ihre Essstörung steht:

Liva	Hallo.
Ursel	Hallo
Liva	Ehm.. Ich mach mir momentan ziemliche Gedanken wie ich mich neu motivieren kann weil mein Leben grad ziemlich den Bach runtergeht.
Ursel	Was würde Ihnen Freude bereiten, was tut Ihnen gut?
Liva	Meine Essstoerung. *verbittert lach*
Ursel	bereitet Ihnen Freude?
Liva	Ja. anders spuere ich keine positiven gefuehle mehr
Ursel	Wie äußert sich Ihre Essstörung?
Liva	Mit essen und erbrechen
Ursel	und das macht Freude? Schwer vorstellbar
Liva	Kann ich mir denken. aber ich hab sonst nichts. keinen lebensinhalt.
Ursel	Was könnte Ihr Leben denn füllen?
Liva	Freunde. Ein Freund. Hobbys. *träum*

(Knatz, 2013)

Wie bei fast allen psychischen Erkrankungen gibt es nicht nur eine Ursache. In den allermeisten Fällen wirken mehrere Faktoren zusammen. Dazu gehören:

- biologische Aspekte (Geschlecht, Genetik, Hirnfunktionsstörungen),
- persönlichkeitsbedingte Faktoren (Pubertät, Selbstbild und Selbstwertgefühl, überzogener Leistungsanspruch, Perfektionismus),
- soziokulturelle Einflüsse (Schönheitsideale, Schlankheitsdruck),
- das soziale und familiäre Umfeld, wie zum Beispiel psychische Erkrankungen eines Elternteils, (sexuelle) Gewalt oder Vernachlässigung.

Eltern, Geschwister, Freundinnen und Freunde und das soziale Umfeld wissen häufig wenig über eine Essstörung. Häufig fühlen sie sich hilflos, verzweifelt oder überfordert. Daher tut es gut, mit einer Online-Beraterin zu schreiben, der ich vertrauen kann und mit der ich offen sein kann. Die Online-Beraterin oder der Online-Berater kann konkrete Informationen zu der Erkrankung geben, denn wer gut informiert ist, kann bessere Entscheidungen treffen. Beratung ist ein erster wichtiger Schritt, kann allerdings selten eine Behandlung ersetzen.

Erinnern Sie sich an die Mail von Hanna? Das Mädchen, das immer weniger isst, mehr Sport macht und sich schwach und müde fühlt. Die von allen gesagt bekommt, dass sie dünn ist, und einen Essensplan bekommen hat. Die Antwort der Beraterin war folgende:

Hallo Hanna,
deine Mail wurde heute an mich weitergeleitet; ich beantworte sie gerne. Mein Name ist Jutta. Wie ging es dir damit, uns zu schreiben? Ich finde es mutig, besonders da du bisher nur Tipps erhalten hast, die dir nicht weitergeholfen haben. Was für ein Tipp könnte dir weiterhelfen? Hast du eine Ahnung? Wenn du es nicht weiß, können wir gerne gemeinsam überlegen. Schreibe mir, wenn du magst. Gerne bleibe ich im Kontakt mit dir und antworte alle fünf Tage auf deine Mail,
herzliche Grüße Jutta

Sehr geehrte Jutta,
ich weiß nicht, was brauchbare Tipps sein können. Ich würde halt gerne dünner sein, nicht wegen anderer Menschen, sondern wegen mir selber. Ich habe auch das Gefühl, dass ich einen Essensplan oder sowas brauche (ich weiß aber nicht woher).
Danke, dass Sie mir helfen.
Mit freundlichen Grüßen,
Hanna

Hallo Hanna,
super, dass du dich meldest. Also, du würdest gerne dünner sein. Was wäre denn dein Wunschgewicht? Und was wäre dann anders in

deinem Leben? Welche Veränderung soll mit dem Erreichen des Wunschgewichts in Erfüllung gehen? Gibt es eine Person für dich als Vorbild?
Du wünschst dir einen Essensplan. Den würde ich gerne mit dir gemeinsam erarbeiten. Ich denke mal, dass du dich schon viel mit Ernährung und Essensplänen beschäftigt hast und auch weißt, wieviel und was du essen kannst um ab - oder zuzunehmen. Oder?
Fragt herzlich Jutta

Hallo Jutta,
mein Wunschgewicht wäre zwischen 44–46 kg (ich bin 1,55 groß und wiege grade 50 kg) und ich würde am liebsten die gleiche Figur Joan Smalls, Cara Delevingne und Stefanie Giesinger haben. Wenn ich mein Wunschgewicht hätte, würde ich viel selbstbewusster sein und motivierter sein und mich nicht die ganze Zeit unwohl fühlen. Ich würde am liebsten mehr gesunde Sachen essen, da dieses wenig essen mir nicht viel bringt, vor allem nicht auf Dauer.
Und ich wollte sagen, dass Ihre E-Mails mir schon mehr geholfen haben als andere.
Schönen Abend noch,
Hanna

Online-Beratung

https://www.bzga-essstoerungen.de/
Bundeszentrale für gesundheitliche Aufklärung (BZgA)

https://www.cinderella-beratung.de/
Beratungsstelle für Essstörungen des Aktionskreises für Ess- und Magersucht e. V.

https://www.waage-hh.de
Im Fachzentrum Waage e. V. werden unterschiedliche Zielgruppen auf diversen Zugangswegen informiert und beraten. Betroffene Frauen können sich im Rahmen von Einzelberatungen über Essstörungen und den Umgang damit informieren. Zusätzlich klären wir über die gesundheitlichen Folgen auf und erläutern bei Bedarf die Zugänge zu unterschiedlichen Behandlungswegen.

5.7 Sexualisierte Gewalt

Sexualisierte Gewalt umfasst die verschiedensten Formen von Gewalt und Machtausübung. »Nicht nur körperliche Übergriffe wie Vergewaltigung, sexuelle Nötigung, ein sexueller Übergriff oder sexueller Missbrauch zählen zu dieser Form von Gewalt. Auch sexuelle Belästigungen und jede Form unerwünschter sexueller Kommunikation zählen dazu – obszöne Worte und Gesten, aufdringliche und unangenehme Blicke, das Zeigen oder Zusenden sexueller Inhalte und/oder von Pornografie. Sexualisierte Gewalt ist jeder Übergriff auf die sexuelle Selbstbestimmung. Die Täter – im weit überwiegenden Teil handelt es sich um Männer, auch wenn sexualisierte Gewalt ebenfalls von Frauen ausgeht – zwingen den Betroffenen ihren Willen auf. Es geht nicht um Lust oder Erotik, sondern um Machtverhalten.« https://staerker-als-gewalt.de/gewalt-erkennen/sexualisierte-gewalt-erkennen

Sexualisierte Gewalt kommt in allen Kulturen, Lebensbereichen und Institutionen vor. Nach wie vor ist die Familie der zentrale Ort, an dem Kindern (und Frauen) dieses Leid angetan wird. Für die Täter (und Täterinnen) ist es einfacher, auf bestehende Vertrauens-, Macht- und Abhängigkeitsverhältnisse zu bauen, als einen Kontakt zu fremden Kindern oder Jugendlichen herzustellen.

Etwa ein Drittel aller psychischen Erkrankungen (Depression, Angststörungen, Suchterkrankungen, Essstörungen oder Posttraumatische Belastungsstörung) stehen mit familiärer Gewalt und Vernachlässigung in Verbindung. Ebenso ist eine Steigerung der Suizidgedanken belegt. (Knatz & Schumacher, 2019)

Die Online-Beratung erleichtert es den Mädchen und Frauen, Jungen und Männern, über ihre sexuellen Gewalterfahrungen zu schreiben. Im Chat meldete sich ein Mädchen: »Ich habe mir einen Chattermin geholt, weil ich nicht sprechen kann, naja, klar kann ich sprechen, aber irgendetwas ist in mir drin, das hindert mich. Tief in mir sitzt was und das verhindert, dass ich sprechen kann. Die Wörter bleiben mir im Hals stecken. Als Kind durfte ich schon nicht sprechen, schon gar nicht über das, was mir angetan wurde.« (Knatz & Schumacher, 2019)

Wenn Sie dies lesen, können Sie sich vorstellen, welche Befreiung das Schreiben sein kann. Für viele Betroffene ist es ein großer Schritt, sich Hilfe und Unterstützung zu suchen, da sie sich schämen, glauben, selber schuld zu sein oder den Täter dazu eingeladen zu haben. Auch für uns Online-Beraterinnen und -Berater sind diese Kontakte schwer; sie machen uns hilflos, ohnmächtig und schockieren uns.

Bevor wir Ihnen Möglichkeiten an die Hand geben, wie Sie Menschen, die sexualisierte Gewalt erleben oder erlebt haben, in der Online-Beratung unterstützen können, zeigen wir auf, wie Täter vorgehen. Denn die Kenntnis der Täterstrategien ist eine grundlegende Voraussetzung für eine angemessene Unterstützung.

5.7.1 Täterstrategien: Wie gehen Täter und Täterinnen vor?

Sexuelle Gewalt findet in etwa 80 bis 90 Prozent der Fälle durch Männer und männliche Jugendliche statt und zu etwa 10 bis 20 Prozent durch Frauen und weibliche Jugendliche. Es gibt kein einheitliches Täterprofil. Die Männer stammen aus allen sozialen Schichten, leben hetero- oder homosexuell und unterscheiden sich durch kein äußeres Merkmal von anderen. Sie haben in vielen Fällen die Vater- oder Stiefvaterrolle für das Mädchen übernommen. Sexuelle Gewalt an Jungen findet häufiger durch bekannte Personen außerhalb der Familie statt. Über Täterinnen wurde in Deutschland bislang noch wenig geforscht. (Knatz & Schumacher, 2019)

Täter und Täterinnen handeln nicht spontan, sondern planend und berechnend, sodass man von »Täterstrategien« spricht. Sie sind Weltmeister im Manipulieren von Beziehungen, verhalten sich unverdächtig und erscheinen normal. Die meisten Täter stammen aus dem Umfeld. Sie konzentrieren sich auf Mädchen und Jungen, deren Vertrauen und Zuneigung sie bereits genießen oder leicht gewinnen können. Es sind Väter, Stiefväter, Brüder, Großväter, Freunde der Familie, Nachbarn, Lehrer, Erzieher, Pfarrer oder Sporttrainer. Einige Täter suchen gezielt pädagogische oder therapeutische Berufe oder ehrenamtliche Tätigkeiten, bei denen es möglich ist, sich Kindern leicht und dauerhaft zu nähern. Täter studieren genau die Vorlieben, Wünsche, aber auch Defizite des Kindes und wählen danach die

Mädchen und Jungen aus. »Abhängigkeit, relative Unwissenheit, Angewiesenheit auf Zuwendung, Sehnsucht nach Liebe und Wärme, Suche nach Bestätigung und Anerkennung. Je mehr Defizite ein Kind in Bezug auf Sicherheit, Zuwendung, Anerkennung, Liebe und Wärme aufweist, desto größer ist die Gefahr, Opfer sexuellen Missbrauchs zu werden. Viele Mütter schützen ihr Kind nicht, weil sie selber Probleme haben oder weil sie den Mann nicht verlieren möchten oder weil sie selber zum Opfer ein schwieriges Verhältnis haben.«

https://www.dji.de/fileadmin/user_upload/bibs/252_1993 Taeter.pdf

Grundsätzlich kann jedes Mädchen und jeder Junge von sexueller Gewalt bedroht werden. Jede Täterstrategie ist angepasst an die Gegebenheiten, um an das »Opfer« zu gelangen und Widerstand und Hilfe durch Außenstehende unmöglich zu machen. Die Strategie ist nach drei Seiten ausgerichtet:

1. **Nach außen, um ein Eingreifen auszuschließen.** Die Mädchen und Jungen werden in der Familie oder der Gruppe isoliert, indem sie bevorzugt werden oder die Täter schlecht über Freunde und Vertrauenspersonen sprechen. So schneiden sie ihnen den Weg zur Hilfe ab.
2. **Gegenüber dem Opfer, um es gefügig und wehrlos zu machen.** Oft beginnt die sexuelle Gewalt mit wenig intensiven, scheinbar zufälligen Berührungen. Die Mädchen und Jungen gehen vielfach darüber hinweg, weil sie die Berührungen für ein Versehen halten oder meinen, sie hätten sich getäuscht und sich das nur eingebildet. Die Verwirrung der Gefühle der betroffenen Mädchen und Jungen beginnt schon zu diesem frühen Zeitpunkt. Langsam werden die Übergriffe intensiviert. Den Opfern fällt es immer schwerer, dagegen aufzubegehren, weil sie schon die ersten Übergriffe nicht zurückgewiesen haben. Viele Mädchen und Jungen bekommen Geschenke oder besondere Aufmerksamkeit, sodass sie sich dem Täter oder der Täterin verpflichtet fühlen. Oft wird die Tat zum gemeinsamen Geheimnis erklärt, damit das Kind oder der Jugendliche sich nicht offenbart. Zudem werden die Mädchen

und Jungen eingeschüchtert (»Dann ergeht es deinem Haustier schlecht«) und mit den drohenden Folgen einer Aufdeckung geängstigt (»Das wird deine Mutter sehr unglücklich und krank machen. Das willst du doch nicht«). Hinzu kommt, dass es vielen Tätern und Täterinnen gelingt, bei den Kindern und Jugendlichen ein Gefühl von Komplizenschaft zu erzeugen: »Du hast doch auch nichts dagegen gehabt, dass wir zusammen in der Umkleidekabine waren, wieso willst du jetzt etwas sagen?« Sie wecken im Mädchen oder Jungen Schuldgefühle und vermitteln ihm, selbst die Verantwortung für den Missbrauch zu tragen.

3. **Gegenüber der Mutter (oder einer anderen weiblichen Bezugsperson),** um ihre Wahrnehmung zu vernebeln und sie vom Kind emotional abzuspalten. (Heiliger, 2000)

Kinder und Jugendliche, die Gewalt in ihrer Familie erleiden (wie Einschüchterung, autoritäres Verhalten des Vaters), erleben häufiger sexuelle Gewalt, da sie gelernt haben unbedingt zu gehorchen und für sie Grenzverletzungen zum Alltag gehören. Auch die traditionelle Erziehung bedeutet eine Gefahr. Jungen, die immer stark sein müssen und gelernt haben, Gefühle zu ignorieren, haben große Probleme, sich anzuvertrauen, da die Situation als Opfer ihrem Selbstbild widerspricht. Mädchen, die zur Unterordnung erzogen werden, die sich für die Bedürfnisse anderer verantwortlich fühlen, sind besonders gefährdet, weil sie die Fügsamkeit mitbringen, die sich Täter und Täterinnen wünschen. Ein stark erhöhtes Risiko haben Kinder und Jugendliche mit Behinderungen oder psychischen Erkrankungen.

https://beauftragter-missbrauch.de/praevention/was-ist-sexueller-missbrauch/risikofaktoren-fuer-eine-besondere-gefaehrdung

5.7.2 Interventionsvorschläge bei (aktueller) sexualisierter Gewalt

Viele Mädchen und Jungen, die Opfer von sexualisierter Gewalt sind oder waren, haben meist erhebliche Schuldgefühle entwickelt; sie schämen sich und denken, dass sie selbst verantwortlich seien. Manchmal haben sie zwiespältige Gefühle gegenüber den Tätern und Täterinnen. Beispielsweise mag die Tochter ihren Vater, verabscheut aber die sexuellen Handlungen. Viele Betroffene schweigen, weil sie die Familie erhalten wollen oder geliebte Personen vor Kummer bewahren möchten oder weil sie Angst haben. Die Folgen sexualisierter Gewalt erschüttern das Vertrauen in sich und andere. Sich benutzt und beschmutzt fühlen, Gefühlsverwirrungen, Ohnmacht, Verlorenheitsgefühle und Kontrollverlust sind weitere Folgen.

Nur wenige Betroffene schaffen es, über das Erlebte zu sprechen. Wenn sie darüber schreiben, ist es eine der schwierigsten Aufgaben für uns, gerade wenn die Mädchen und Jungen aktuell betroffen sind. Dies kommt gar nicht so selten vor. Die Studie Täterstrategien und Prävention belegt, dass die durchschnittliche Dauer sechs bis neun Jahre betrug, die die interviewten Frauen in ihrer Kindheit und Jugend den sexuellen Missbrauch ertragen mussten. (Heiliger, 2010). Wenn die Mädchen und Jungen schreiben, dass sie aktuell sexualisierter Gewalt ausgesetzt sind, würden wir sie gern, verständlicherweise, sofort aus der Situation herausholen. Zu wissen, dass das Kind oder der Jugendliche weiterhin Gewalt erlebt, ist kaum auszuhalten.

Allerdings, Sie können es sich schon denken, ist Aktionismus nicht hilfreich! Das Thema erfordert ein behutsames und vorsichtiges Vorgehen. Alles ist gut, was die Ich-Stärke und Autonomie der Kinder, Jugendlichen und Frauen fördert! Die Studie Täterstrategien und Prävention belegt, dass die Beendigung der Täterstrategien durch ein konfrontatives Handeln der Opfer selbst erfolgt ist. (Heiliger, 2010). Um sich aus der Misshandlungssituation zu befreien, benötigen die Mädchen und Jungen unsere Unterstützung, immer mit der Prämisse der Ich-Stärkung. Wichtig ist es, dass die Mädchen und Jungen aus der Ohnmacht und Hilflosigkeit und der Opferrolle herauskommen. Die Online-Beratung ist Hilfe zur Selbsthilfe. Das ist in der Regel ein langer und hindernisreicher Weg. Unsere Haltung ist dabei: »Ich traue dir zu, dass du es schaffst!« Viele Kinder und Jugendliche machen die Erfahrung, dass ihnen niemand wirklich glaubt. Oft haben sie mehrere Anläufe unternommen, über das Unfassbare zu reden, wurden aber nicht ernst genommen.

- Nehmen Sie erstmal jeden Chat und jede Mail ernst. Manches erscheint uns Beraterinnen und Berater so unglaublich, dass wir es nicht wahrhaben wollen.
- Stellen Sie sich als Gesprächspartnerin oder Gesprächspartner zur Verfügung. Machen Sie ein Angebot: »Ich bin für dich da.«
- Bieten Sie weitere Chat- oder Gesprächskontakte mit den Betroffenen an!
- Achten Sie darauf, dass Sie Ihre eigene Hilflosigkeit nicht ausagieren und so Ihr Gegenüber aus dem Blick verlieren.
- Laden Sie nicht dazu ein, die Gewalterfahrungen zu beschreiben oder zu schildern. Wenn das Mädchen oder der Junge Ihnen ihre Gewalterfahrungen mitteilen möchte, vereinbaren Sie, wie das gehen kann. Es gibt spezielle Distanzierungstechniken, um das Erlebte aufzuschreiben. Jede Wiederholung der Gewalterinnerung kann eine Retraumatisierung auslösen.
- Fragen Sie nach, aber nicht aus.
- Versuchen Sie, vorsichtig und behutsam in Kontakt zu kommen!
- Machen Sie keine Versprechungen, die Sie nicht einhalten können!
- Ermutigen Sie dazu, Schritte zu unternehmen, die machbar sind.
  - Überlegen Sie gemeinsam, wie sich die oder der Betroffene schützen kann.
  - Wann findet die sexuelle Gewalt statt? Vielleicht immer dann, wenn die Mutter Spätschicht hat? Gibt es die Möglichkeit, bei einer Freundin oder bei den Großeltern zu übernachten? Wo findet die sexuelle Gewalt statt? Gibt es die Möglichkeit, den Ort zu vermeiden? Wenn der Täter aus der Familie kommt: Gibt es die Möglichkeit, mit der Mutter, der Schwester, der Tante, der Oma, dem Bruder … zu sprechen? Wer ist Vertrauensperson?
- Auch ein Selbstverteidigungskurs kann hilfreich sein, um wieder etwas Selbstvertrauen zu gewinnen.
- Machen Sie den Vorschlag, dass das Mädchen oder der Junge sich an eine Beratungsstelle wenden kann, und unterstützen Sie eventuell mit Adressen und Anlaufstellen. Man kann dort alleine hingehen, aber auch mit einer Freundin oder einem Freund.

- Informieren Sie die Mädchen und Jungen darüber, welche Möglichkeiten es gibt (Jugendamt einschalten oder Opferschutz der Polizei einschalten).
- Fragen Sie nach, wie Sie helfen sollen; welche Unterstützung sich diejenige oder derjenige von Ihnen wünscht. Wichtig ist, das zu unterstützen, was sie selber sich wünschen.
- Versprechen Sie Ihre Unterstützung nur bei dem, was Ihnen wirklich möglich ist! (Aufgrund Ihrer Funktion, der Anonymität, der räumlichen Entfernung. Übereifer bringt nichts!)
- Häufig wird den Mädchen oder Jungen gesagt, dass sie über das, was geschieht oder geschehen ist, mit niemandem sprechen dürfen, weil sonst etwas Schlimmes passieren würde. Fragen Sie danach und überlegen Sie gemeinsam, ob und wie und mit wem es möglich ist, über dieses Geheimnis zu sprechen oder auch zu schreiben.
- Treffen Sie keine Entscheidung über den Kopf des Kindes oder der Jugendlichen hinweg, wie zum Beispiel eine Strafanzeige aus eigener Motivation zu erstatten.
- Machen Sie AUF KEINEN FALL DRUCK, Anzeige zu erstatten. Drängen Sie die Betroffene nicht. Das Mädchen oder der Junge erlebt mit dem, was ihr oder ihm angetan wurde, das Gefühl von absoluter Ohnmacht und maximalem Kontrollverlust. Deshalb ist es so wichtig, die Kontrolle zurückzubekommen und im eigenen Leben entscheiden zu können. Eine Anzeige mit Beweisaufnahme und ein mögliches Verfahren sind schwer durchzustehen. Viele Frauen haben berichtet, dass sie die Beweisaufnahme fast wie eine neue Vergewaltigung erlebt haben. Es ist auch nicht generell davon auszugehen, dass der Täter verurteilt wird. Oft ist die Beweisführung schwierig.
- Wenn die Schreiberin oder der Anrufer über Flashbacks erzählt (ganz plötzliche und unwillkürlich auftretende Erinnerungen, in denen sie oder er diese Erfahrung wieder durchlebt, dabei unfähig, sie völlig als Erinnerung zu erkennen), erklären Sie ihr oder ihm, dass es auch hier Distanzierungstechniken und Imaginationsübungen gibt, die helfen, aus dem Flashback herauszukommen. Imaginationsverfahren wie Traumreisen, innere Phantasiebilder

oder Visualisierungen haben in den letzten Jahren verstärkt Anwendung gefunden, insbesondere bei der Bearbeitung von Traumata.

- Sorgen Sie gut für sich mit Psychohygiene: Supervision, Austausch mit Kolleginnen und Kollegen, Achtung Ihrer Grenzen.

5.8 Cyber-Mobbing

Menschen ständig und regelmäßig zu schikanieren und zu quälen, falsche Tatsachenbehauptungen aufzustellen, ihnen Gewalt anzudrohen und sie seelisch zu verletzen, wird als Mobbing bezeichnet. Wer mobbt, hat das Ziel, sich selbst überlegen zu fühlen und seine Macht zu demonstrieren. Die Gründe der Täterinnen und Täter sind vielfältig:

- Langeweile
- Täterinnen und Täter fühlen sich cool und mächtig.
- Andere wollen zu einer Gruppe dazugehören. Aus Angst, selbst zum Opfer zu werden, machen sie mit.
- Manche Täterinnen und Täter haben selbst Mobbing erfahren und versuchen so, sich aus der Opferrolle zu befreien.
- Stress und Streit in der Klassengemeinschaft oder unter Freundinnen und Freunden kann sich ins Netz verlagern und wird dort weiter verstärkt.
- Manchmal führen auch Neid, Hass und Rassismus dazu, dass einzelne Personen im Netz zum Mobbing-Opfer werden.

https://www.juuuport.de/ratgeber/cyber-mobbing

Gemobbt werden können wir von Einzelnen oder einer Gruppe, in der Schule, am Arbeitsplatz, in der Familie, im Sportverein und »im Internet«. In diesem Fall spricht man von Cyber-Mobbing. Heute wird überwiegend mithilfe von Messenger-Diensten oder in sozialen Netzwerken gemobbt. Die Betroffenen sind vielfach Kinder und Jugendliche. Sie werden über Chatgruppen oder auf sozialen Netzwerken erniedrigt und/oder verbal angegriffen. Fast zwei Millionen

Kinder und Jugendliche zwischen 8 und 21 Jahren sind betroffen, so eine aktuelle Studie, die das Bündnis gegen Cybermobbing in Kooperation mit der Techniker Krankenkasse (TK) im Dezember 2020 herausgegeben hat. Ab einem Alter von 13 Jahren nehmen die Fälle von Cyber-Mobbing zu, ab 15 Jahren sind Mädchen stärker betroffen als Jungen. Die Umstellung des Schulbetriebs auf Fernunterricht und Kontaktbeschränkungen in Folge der COVID-19-Pandemie haben die Situation noch verschärft, weil Jugendliche das Internet jetzt intensiver nutzen und sich ihre sozialen Kontakte noch mehr dahin verlagert haben.

https://www.tk.de/presse/themen/praevention/medienkompetenz/studie-cybermobbing-2095164

Formen des gegenseitigen Bloßstellens gab es schon immer. Messenger-Dienste und soziale Medien bieten heute zusätzliche Kanäle und eine große Reichweite. Cyber-Mobbing hat sich zu einem großen Problemfeld in Schulen, an Unis und im privaten Umfeld von Jugendlichen entwickelt. Durch das Smartphone hat sich die Internet-Reichweite erhöht. Wie in Kapitel eins beschrieben gibt es keine Trennung mehr von online und offline, da niemand mehr sein Smartphone ausschaltet, sich ausloggt oder die Apps schließt. Wir sind dauerhaft verbunden und in permanenter Kommunikationsbereitschaft. »Die Angst, etwas zu verpassen, ist empirische Realität bei Jugendlichen in Deutschland.« (Calmbach et al. 2016)

Im Unterschied zum Mobbing endet Cyber-Mobbing nicht nach der Schule oder der Arbeit; die eigenen vier Wände bieten keinen Rückzugsraum vor Mobbing-Attacken. Wo früher Betroffene eine Pause hatten, da die Schule vorbei war oder Arbeitsschluss, sind sie heute 24 Stunden am Tag, sieben Tage die Woche erreichbar und dem Cyber-Mobbing ausgesetzt. Vor Cyber-Mobbing kann das »Opfer« schlicht nicht weglaufen. Hinzu kommt, dass beim Cyber-Mobbing unterschiedliche Kanäle wie WhatsApp, Facebook, Instagram oder Snapchat benutzt werden mit einer fatalen Reichweite. Das Bloßstellen läuft vor einem unüberschaubar großen Publikum. »Opfer« von Cyber-Mobbing sind zu jeder Tages- und Nachtzeit erreichbar. (Wir setzten »Opfer« bewusst in Anführungszeichen, da das Wort »Opfer« unter Jugendlichen ein Schimpfwort ist und eine abwertende und verächtliche Haltung gegenüber jemandem ausdrückt.)

5.8.1 Beispiele

Ein weit verbreiteter Ort für Cyber-Mobbings sind WhatsApp-Gruppen. Für viele Schülerinnen und Schüler ist der Klassenchat die wichtigste Kommunikationsform; hier gibt es Infos über Hausaufgaben, Vertretungspläne und Klassenarbeiten. Zudem wird der Klassenchat genutzt, um unterhaltsame Videos und Fotos zu teilen. Gruppenbildung, Cliquen und Klassendynamik spiegeln sich auch im Klassenchat wider. Der Außenseiter im Klassenzimmer nimmt seine Rolle auch digital ein und wird von den Mobbenden im Chat weiter beleidigt. Hier treffen auch am Wochenende oder in der Nacht beleidigende Kommentare ein.

In Gruppenchats wird gepöbelt, verspottet, beleidigt, beschimpft oder bedroht. Es werden Geheimnisse ausgeplaudert oder intime Informationen weitergeleitet. Um ihrem Freund zu gefallen, schickte ein 15-jähriges Mädchen ihm Bilder von sich mit nacktem Oberkörper. Nach der Trennung postet er die Fotos in verschiedenen WhatsApp Gruppen. Es werden Gerüchte gestreut wie: »Nadine schläft mit jedem«, »Leon ist schwul« oder »Paul steht auf Hitler«, die rufschädigend sind. Oder es werden gefakte (Nackt-)Fotos verschickt oder peinliche Situationen gefilmt und gepostet. Mädchen und Jungen werden sexuell belästigt oder durch beschämende Bemerkungen entwürdigt, wie die Schülerin, die unter ihren Post bei Instagram Kommentare »boah wie hässlich« oder »geh mal abnehmen!« liest. Sind die Postings, Videos, Fotos, Gerüchte, Beleidigungen oder Bedrohungen erst einmal online, können sie problemlos kopiert, weiterverbreitet und heruntergeladen werden. Das Ausmaß ist für die Betroffenen nicht mehr absehbar. Auch eine Handhabe gegen die Täterinnen und Täter gestaltet sich oft als äußert mühsam und schwierig.

Die betroffenen Kinder und Jugendlichen schämen sich, sind verzweifelt, ohnmächtig, ausgeliefert und hilflos. Der Schmerz, den sie ertragen müssen, ist bohrend. Sie wollen sich ständig im Griff haben, sodass sie ihren Gegnern keine erneute Angriffsfläche bieten. Sie schwanken zwischen cooler Außenfassade und innerer Verzweiflung, zwischen »trotzdem nett sein« und völliger sozialer Isolation und Einsamkeit. Diese Gefühle führen irgendwann zu körperlichen Erkrankungen, ihr Körper rebelliert gegen die Angst.

https://www.bpb.de/lernen/grafstat/mobbing/46559/m-02-05-wie-fuehlt-sich-ein-mobbingopfer

Im schlimmsten Fall kann es auch zum Suizid führen. Petra Walger, Chefärztin der Kinder- und Jugendpsychologie am LVR-Klinikum in Düsseldorf, schreibt, dass das Entfliehen aus einer unlösbaren Situation einer der häufigsten Gründe für Selbstmordhandlungen bei Jugendlichen ist. Häufiger ist nur der Wunsch, einem unerträglichen Gefühlszustand zu entfliehen. https://theworldnews.net/de-news/nach-suizid-einer-elfjahrigen-in-berlin-was-eltern-jetzt-uber-mobbing-und-cybermobbing-wissen-mussen

5.8.2 Was tun?

Ähnlich wie im vorangegangenen Kapitel über sexualisierte Gewalt beschrieben, hilft es wenig, wenn Sie als Online-Beraterin oder Online-Berater anfangen zu agieren, zu schieben oder in einen blinden Aktionismus verfallen. Die eigene Hilflosigkeit, die sich vielleicht erst einmal einstellt, ist zwar schwierig auszuhalten, darf aber nicht in die falsche Richtung führen. Die Jungen und Mädchen, Frauen und Männer, die sich an die Online-Beratung wenden, haben einen großen Schritt gemacht. Sie zeigen sich in ihrem Schmerz und ihrer Scham. Was sie von Ihnen brauchen, ist Empathie, Annahme, Wertschätzung und Aufmerksamkeit. Mädchen und Jungen, die Cyber-Mobbing erleben, erleben sich hilflos, fühlen sich beschämt und sind verzweifelt. Wichtig ist es, dass Sie die Mädchen und Jungen dabei unterstützen, aus der Hilflosigkeit und der »Opferrolle« herauskommen. Alles ist gut, was die Ich-Stärke und Autonomie fördert. Dazu kann auch gehören, dass Sie den jungen Menschen, die gemobbt werden, die Cyber-Mobbing-Erste-Hilfe-App, die seit 2015 auf dem Markt ist, erklären. Die App bietet Mädchen und Jungen in akuten Cyber-Mobbing-Situationen akute Unterstützung an. Zwei Guides führen durch die App, geben konkrete Anregungen, sprechen Mut zu und begleiten bei ersten Schritten, gegen das Cyber-Mobbing vorzugehen. Sie geben rechtliche Hintergrundinformationen und Links zu anonymen Beratungsstellen. Zudem zeigen sie den Jugendlichen Tutorials zum Melden, Blockieren oder Löschen von beleidigenden Kommentaren auf Social-Media-Plattformen wie Instagram, YouTube und TikTok oder im Messenger WhatsApp.

https://www.juuuport.de/beratung#c237

Das heißt, Sie sollten die App kennen und die Ideen in der Online-Beratung mitnutzen. Bei der Erarbeitung von Lösungswegen und Handlungsstrategien ist Fachwissen bedeutsam. Wenn Sie in der Lage sind, Informationen über mögliche Lösungswege zur Verfügung zu stellen, helfen Sie dem Betroffenen, den für ihn geeigneten Weg ausfindig zu machen. Dabei sollten Sie allerdings vermeiden, den von Ihnen als sinnvoll erachteten Weg überzustülpen. Die Lösungswege müssen der Situation und Realität des Betroffenen gerecht werden.

Bei der Umsetzung der Lösungsschritte benötigen Ratsuchende Ermutigung. Ansonsten können sie bei den ersten Schritten und Misserfolgen leicht resignieren. Sie sollten die Erfahrungen verständnisvoll und ermutigend aufgreifen und helfen, die entsprechenden Gefühle zu verarbeiten. Vielleicht müssen die Ziele neu und realistischer gefasst werden, vielleicht sind die Lösungswege aufgrund der aufgetretenen Schwierigkeiten abzuwandeln. Wichtig ist es, die Eigenverantwortung der Betroffenen zu stärken.

Die Cyber-Mobbing-Erste-Hilfe-App bietet Unterstützung in sechs Schritten an:

1. Im ersten Schritt geht es darum, den oder die Betroffene zu beruhigen, zu stabilisieren. Es wird empfohlen, in die Natur zu gehen, das Smartphone für eine Zeit wegzulegen, die Gedanken aufzuschreiben, sich abzulenken, um auf andere Gedanken zu kommen, sozusagen eine Aufmerksamkeitsverschiebung zu erreichen. In der Online-Beratung nutzen Sie dieses Wissen und können gemeinsam überlegen, was möglich ist. Regen Sie zu Miniaktionen an und überlegen Sie zusammen, wie die Aktionen ganz konkret

aussehen sollen und wann sie stattfinden. Im Sinne der smarten Zielformulierung: spezifisch, messbar, akzeptiert, realistisch und terminiert.

2. Der zweite Schritt, der in der App angeboten wird, heißt: Du bist nicht allein! Hole dir Hilfe, vertraue dich jemandem an, wende dich an eine anonyme Online-Beratung. Das heißt, das Mädchen oder der Junge, den Sie in der Chat- oder Mail-Beratung treffen, hat schon eine Aktion gestartet. Sie oder er hat sich bei Ihnen Hilfe geholt und sich damit entschieden, nach Lösungen zu suchen. Würdigen Sie diesen Schritt! Und machen Sie klar, dass dieser Schritt mutig war. Das heißt, neben der Erfahrung, ohnmächtig und ausgeliefert zu sein, gibt es auch die Erfahrung: Ich kann was tun. Achten Sie darauf, dass Sie jetzt nicht zu schnell zu weiteren Aktionen drängen. Überlegen Sie gemeinsam und vergessen Sie dabei auf keinen Fall, empathisch, anteilnehmend und wertschätzend zu sein. Überspringen Sie nicht die Kontaktebenen und das Beziehungsangebot, wie im Kapitel »Wie aus Daten Beziehungen werden«, beschrieben.
3. Der dritte Schritt, den die App aufzeigt, heißt: Dokumentiere die Angriffe, mache Sreenshots, sichere Beweise und schalte eventuell die Schulleitung oder Polizei ein. Im Sinne Ihrer Feldkompetenz sollten Sie wissen, wie Sreenshots aufgenommen werden und dass Cyber-Mobbing kein dummer Kinderscherz, sondern eine Straftat sein kann. (Zum Beispiel ist Beleidigung nach § 185 StGB eine Straftat, die eine Freiheitsstrafe von bis zu einem Jahr oder Geldbuße zur Folge haben kann. Verleumdung wird gemäß § 187 StGB strafrechtlich mit bis zu zwei Jahren Gefängnis oder Geldbuße bestraft. Unerlaubte Bildaufnahmen werden entsprechend des § 201a StGB als Verletzung des höchstpersönlichen Lebensbereiches gewertet. Sie können Geld- oder Gefängnisstrafen von bis zu zwei Jahren nach sich ziehen.) Auch wenn Kinder bis 14 Jahren strafunmündig sind, stehen dem Jugendamt verschiedene Maßnahmen zur Verfügung. Achten Sie auch hier darauf, dass Sie auf keinen Fall zu schnell zu weiteren Aktionen drängen. Überlegen Sie gemeinsam, die Polizei einzuschalten ist ein großer Schritt, der nicht immer hilfreich ist.

4. Im nächsten Schritt geht es um Maßnahmen wie Blockieren, Melden und Löschen. WhatsApp, Facebook, Instagram, Snapchat und andere bieten die Möglichkeit, Personen zu blockieren, sodass sie nicht mehr mit den Betroffenen in Kontakt treten können. Auch bieten die sozialen Netzwerke die Möglichkeit, Personen zu melden, wenn ihr Verhalten missbräuchlich ist. Eine Idee in der Online-Beratung ist, die Betroffenen darin zu unterstützen, dass sie diese Möglichkeiten herausfinden, und dann gemeinsam zu überlegen, welche sinnvoll sind, was machbar ist. Aus dem WhatsApp-Klassenchat auszusteigen ist schwerer, als auf Facebook jemanden zu blockieren.
5. Auch der fünfte Schritt setzt auf kleine Aktionen, um aus der Hilflosigkeit und dem Ausgeliefertsein herauszukommen. So erklären die beiden Guides, dass die Betroffenen sich verteidigen können, z. B. klarstellen, dass sie verletzt sind. Auch sie haben im Gruppenchat oder auf Instagram die Möglichkeit, etwas zu schreiben oder zu posten. Sie regen an, Unterstützerinnen und Unterstützer zu finden, die ihnen zur Seite stehen. In der Online-Beratung können Sie gemeinsam überlegen, wie so ein Post aussehen kann oder was im Gruppenchat geschrieben werden oder wer unterstützen kann.
6. Die Anregungen enden mit einer Art Mantra: Du bist in Ordnung – Du bist toll – Niemand hat das Recht, dich zu beleidigen. Auch wenn Sie nicht an Mantras glauben, funktionieren diese Sprüche: »Wo schon ein (guter) Gedanke ist, kann gleichzeitig kein anderer sein.« Oder wie Luise Reddemann schreibt: Imagination als heilende Kraft!

5.9 Aufschieberitis oder Prokrastination

Morgen, morgen, nur nicht heute ...

Manche Menschen glauben, es sei eine weit verbreitete Volkskrankheit: das Aufschieben, das auf morgen verlegen. Sie kennen es: »Vielleicht sollte ich das Schreiben doch besser auf morgen legen. Gerade fällt mir doch nichts Gutes ein und den Schreibtisch aufräumen sollte ich eigentlich auch mal. Das wäre doch wichtiger! Und einkaufen muss auch noch.«

Morgen, das mystische Land, in dem 99 % der menschlichen Produktivität, Motivation und Erfolg gespeichert sind. Unsere Großeltern hätten uns den Spruch um die Ohren gehauen: »Was du heute kannst besorgen, das verschiebe nicht auf morgen.« Und auch: »Morgen, morgen, nur nicht heute, sagen alle faulen Leute.«

Viele neigen dazu, das mit Faulheit zu verwechseln; Nein, das ist es nicht! Etwas ständig aufzuschieben, auch Prokrastination genannt, ist »ein ernsthaftes psychisches Problem, ist eine pathologische Störung, die durch ein unnötiges Vertagen des Beginns oder durch Unterbrechen von Aufgaben gekennzeichnet ist, sodass ein Fertigstellen nicht oder nur unter Druck zustande kommt.« https://de.wikipedia.org/wiki/Prokrastination

Woran könnte das liegen? Zum Beispiel daran, dass es schwer bis unmöglich ist, Prioritäten zu setzen, sich entscheiden zu können. Oder die Aufgabe nicht richtig einschätzen zu können, oder eine durchdachte und realistische Planung der zeitlichen Faktoren zu erstellen, die eigene Leistungsbereitschaft und Motivation einzuschätzen. Es kann aber auch an Konzentrationsstörungen liegen. Natürlich gibt auch Aufgaben, die man gar nicht gerne erledigt. Das darf auch so sein und ist keine Prokrastination.

»Prokrastination bezeichnet ein Verhalten, das dadurch gekennzeichnet ist, dass Aufgaben trotz vorhandener Gelegenheiten und Fähigkeiten entweder nicht oder erst nach sehr langer Zeit und dabei oft zu spät erledigt werden. Stattdessen werden häufig Alternativtätigkeiten ausgeführt, die angenehmer sind und/oder unmittelbare Verstärkung ermöglichen (z. B. Putzen). Es führt zu subjektivem Leiden, da die Betroffenen ihre Aufgaben gar nicht oder nur unter sehr großen Mühen fertigstellen. … Prokrastination beim Lernen und damit verbundener Zeitmangel führt häufig zum ›Bulimielernen‹! Dabei lernt die betroffene Person den zu lernenden Stoff kurzfristig auswendig, um ihn in der Leistungsbeurteilung aufzählen zu können. Kurz danach hat sie ihn vergessen und kann ihn nicht auf ähnliche Probleme, mangels Übung und tiefgreifendem Verständnis, anwenden. Menschen, die davon betroffen sind, haben schon ein

Bewusstsein, dass es wohl so nicht richtig sein kann und schämen sich dafür.« https://de.wikipedia.org/wiki/Prokrastination

Hallo,
es ist erstaunlich, wie schwer selbst solch ein anonymes Hilfeersuchen ist. Aber es ist Zeit, dass ich mir Hilfe suche.
Ich bin 34 Jahre alt, weiblich, ledig, selbständig in einem beratenden Beruf tätig.
Dass ich Hilfe brauche, Depressionen oder wie immer man das fachlich einordnen mag, weiß ich eigentlich schon seit geraumer Zeit. Aber eigentlich habe ich bis vor ca. 1 Jahr immer noch irgendwie funktioniert. Nach außen hin tue ich dies immer noch, obwohl es langsam eng wird und meine Probleme kaum mehr versteckt werden können. Welcher Art meine Probleme sind? Ich habe mehr und mehr Schwierigkeiten zu arbeiten, lasse Dinge liegen, bis sie anbrennen oder nicht mehr zu retten sind. Und selbst dann schaffe ich es nicht, zu handeln. Da ich mich nicht traue, das offen auszusprechen, fing ich erst mit kleineren, dann auch größeren Notlügen an. Hinzu kommt die Angst, Angst davor, entdeckt zu werden, davor, entlarvt zu werden oder die Konsequenzen tragen zu müssen.
Es ist wie ein Teufelskreis und das wirklich Schlimme ist, dass ich dies sehe, weiß, was ich eigentlich zu tun habe, mir auch vornehme es zu tun und dann bleibt wieder alles liegen. Der Berg wird verständlicherweise immer größer.
Wie man sich denken kann, habe ich auch angefangen, mich irgendwie zu verstecken. Die sozialen Kontakte werden immer weniger. Gleichzeitig werden aber auch meine »Nerven« immer schlechter. Ich empfinde meine im beratenden Bereich liegende Tätigkeit als langweilig und unwichtig und Spaß habe ich hieran schon lange nicht mehr. Ich hätte schon lange gerne den Beruf gewechselt, wäre da nicht das finanzielle Problem. Denn für die Selbständigkeit habe ich natürlich Kredite aufgenommen.
Das, was ich als besonders belastend empfinde, ist, dass ich bei anderen durchaus als mit Menschenkenntnis und schneller Auffassungsgabe ausgestattet gerne um Rat gefragt werde. Ich gelte als ausgesprochen intelligent und kompetent. Aber es war ja schon

immer leichter, sich um Probleme anderer zu kümmern. Ich kann mich gut in andere Leute versetzen, kann deren Denken verstehen und nachvollziehen. Ich kann ja sogar mein Problem erkennen, kann aber nicht einen Rat an mich selber befolgen. Ich habe den Eindruck, ich renne sehenden Auges immer tiefer in eine Situation, aus der ich mit einem beherzten »Zusammenreißen« schon lange nicht mehr herauskomme. Ich wünsche mir manchmal, nicht so viel zu erkennen, sondern einfach ein wenig dumm zu sein.
Meine Handlungsunfähigkeit empfinde ich als erdrückend. Und sie nimmt immer mehr Einfluss auf mich, meine Umgebung und auch auf die Freizeit. Die Wohnung sauber zu halten fällt z.B. immer schwerer, Freunde anzurufen auch. Stattdessen suche ich mir Ersatzbeschäftigungen. Z.B. laufe ich jetzt seit einigen Wochen. Eigentlich gesund, aber ich habe das Gefühl, dass derartige, dann auch intensiv ausgeführte Tätigkeiten nur ablenken sollen.
Ablenken, verdrängen, aufschieben und trotzdem völlig ausgebrannt, leer und angstvoll. Genau dies ist es.
Mir wäre zu Beginn mit einem Mailkontakt gedient, vielleicht schaffe ich ja dann, auch andere Hilfe anzunehmen.
Vielen Dank schon mal im Voraus

Die Schreiberin ist sich im Klaren, dass sie ohne fachliche Hilfe nicht auskommen wird. Sie braucht Unterstützung. Sie bittet um einen Mailkontakt. Diese Mail deutet sowohl auf Prokrastination hin als auch auf eine eventuelle Depression. Wobei sich diese Dinge gegenseitig hervorrufen oder bedingen können. Depression → Pokrastination, Prokrastination → Depression. Wie bei vielen Krankheitsbildern, deren Diagnostizierung nicht unsere Aufgabe ist, wollen wir im Mailwechsel zusammen einen Weg finden, der für sie gangbar ist, und diesen dann auch begleiten. In der Antwort ist emotionale Entlastung angesagt und die Würdigung ihres Problems. Dann ist auch, wie in allen Problemstellungen, eine Psychoedukation über die Hilfemöglichkeiten zu geben. Es geht auch hier darum, die tiefsitzenden, uns in guter Absicht mitgegebenen »Glaubenssätze« unserer Eltern und Großeltern zu überdenken, zu überwinden und uns von solchem Druck freizumachen.

KAPITEL 6

Virtuelle Beratungsstelle

6.1 Wie funktioniert Online-Beratung konkret?

Was brauche ich als Online-Beraterin und -Berater für persönliche Fähigkeiten? Wie soll die Online-Beratungsstelle aufgestellt sein? Wie kann ich oder die Beratungsstelle oder meine Praxis sicher und geschützt mit Klientinnen und Kunden kommunizieren? Wie wird abgerechnet? Wie soll meine Webseite aussehen? Wie und wo mache ich Werbung? Wie wichtig sind soziale Netzwerke? Was sind Merkmale guter Online-Beratung? Wie komme ich online in Beziehung? Fragen über Fragen, auf die wir Ihnen in diesem Kapitel antworten!

Nebenbei geht Online-Beratung nicht. Das Know-how der mündlichen Beratung lässt sich nicht eins zu eins auf die Online-Beratung übertragen. Mail- und Chat-Beratung haben durch ihre Schriftlichkeit ihre Besonderheiten, auf die sich die Beraterinnen, Therapeuten und Coaches einstellen müssen. Beraterinnen und Berater brauchen entsprechende Aus- und Weiterbildungen. Sie brauchen zusätzliche Methoden und Werkzeuge, wenn die visuellen und klanglichen Komponenten menschlicher Kommunikation wegfallen. Es geht um Lesen statt Hören und Schreiben statt Sprechen. Durch die Niederschwelligkeit beim Mailen und Chatten suchen sich Menschen mit hohen psychischen Belastungen Unterstützung. »Die Messung der Symptombelastung der Online-Stichprobe zeigt, dass es sich um eine klinisch signifikant belastete Gruppe handelt. Als erstes Fazit aus diesen Ergebnissen ergibt sich die Notwendigkeit elaborierter, an das Internet angepasster Interventionskonzepte und die Notwendigkeit von Fortbildungen zum Umgang mit Ratsuchenden, die hohe psychische Belastungen mitbringen.« So Georg Riesenbeck, der Koordinator der Online-Beratung der Ehe- und Familien-Beratung im Erzbistum Köln.

http://docplayer.org/95234767-20-jahre-im-leben-gut-beraten-katholische-ehe-familienlebensberatung.html.

Die Erfahrungen der Online-Seelsorge, der Aidshilfe, youth-life-line.de und anderer Beratungsstellen bestätigen dies. (Knatz, 2013)

Auch Beratung über Sprachnachrichten heißt nicht einfach, den Anrufbeantworter abzuhören. Junge Menschen wählen bewusst diese Form, in der sich kein Gegenüber einschaltet. Die Video-Beratung erfordert neben beraterischen Grundkompetenzen einen Umgang mit der Kamera und den damit verbundenen Eigenschaften. Ob es um Sprachnachrichten, Video-Beratung, Chatten oder Mailen geht, immer ist es eine Verbindung von digitaler Medientechnik und Kommunikationspsychologie. Aus Sicht der deutschsprachigen Gesellschaft für psychosoziale Online-Beratung (DGOB e. V.) entspricht es einem professionellen Selbstverständnis, Online-Beratung nur dann anzubieten, wenn die dazu notwendigen Kenntnisse und Kompetenzen durch einschlägige Fort- und Weiterbildungen erworben wurden. https://dg-onlineberatung.de/beratungsverstaendnis/

6.2 Berufliche Voraussetzungen für Online-Beraterinnen und -Berater

Da der Begriff Online-Beratung nicht geschützt ist, hat die deutschsprachige Gesellschaft für psychosoziale Online-Beratung e. V. (DGOB) festlegt, dass nur Mitglied werden kann, wer eine abgeschlossene Hochschulausbildung im Bereich Pädagogik, Psychologie, Sozialarbeit, Theologie oder eine vergleichbare Ausbildung im Feld nachweisen kann. Darüber hinaus muss eine abgeschlossene anerkannte Beratungs- oder Therapieausbildung oder eine mindestens fünfjährige Berufserfahrung in psychosozialer Beratung nachgewiesen werden und eine erfolgreich absolvierte Weiterbildung in Online-Beratung durch ein Fortbildungsinstitut, das von der DGOB anerkannte Zertifikatskurse durchführen darf.

https://dg-onlineberatung.de/zertifizierung/

Neben diesen hohen Zugängen besteht ebenfalls die Möglichkeit einer Mitgliedschaft, wenn es vergleichbare Berufserfahrungen in psychosozialer Online-Beratung gibt. Diese werden vom Vorstand der DGOB geprüft. Das bedeutet, dass auch Angestellte oder auf Honorarbasis arbeitende Beraterinnen und Berater sowie ehrenamtliche Mitarbeiterinnen und Mitarbeiter von Beratungseinrichtungen die Mitgliedschaft in der DGOB erhalten können, wenn sie eine erfolgreich absolvierte, durch die DGOB anerkannte Weiterbildung nachweisen können. Zudem brauchen sie einen Beratungsauftrag und eine erworbene Beratungskompetenz für das jeweilige Arbeitsfeld, die durch den Dienstgeber oder den Träger der Einrichtung bescheinigt und in ihrer Qualität verantwortet wird.

6.3 Der Zugang zur Online-Beratung

Ein Spagat zwischen Sicherheit und Niederschwelligkeit

Selbstverständlich sind die Anwendungsfreundlichkeit der Technik und die Beratungstools wichtig für eine virtuelle Beratungsstelle. Denn egal ob Ratsuchende chatten, mailen, Sprachnachrichten schicken oder eine Video-Beratung durchführen, die Technik muss so einfach wie möglich sein. Ohne zusätzliche Software zu installieren, unabhängig vom Endgerät und datengeschützt. Dazu gehört, dass der Zugang niederschwellig ist. Was nutzt es, wenn die gut qualifizierten und ausgebildeten Beraterinnen und Berater nicht gefunden werden oder Ratsuchende aus überzogenen Datenschutz- und Sicherheitsgründen keinen Zugang in die Online-Beratungsstelle finden. Es geht also um die Lösung des Konfliktes zwischen Sicherheit und Niederschwelligkeit. So sind Programme, die einen Benutzernamen und ein Passwort fordern, das mindesten 12 Zeichen, Groß- und Kleinschreibung sowie Zahlen und Sonderzeichen will, eher eine Zugangsbarriere als ein niederschwelliges Angebot. Menschen in Not stehen nicht alle kognitiven Fähigkeiten zur Verfügung. Sie können nicht dreimal einen Versuch starten und dann doch nicht »reinkommen«. Schließlich versteckt man den Eingang der Beratungsstelle auch nicht hinter zwei weiteren Häusern und fünf Türen.

Auch die Abfrage, welche Art von Problem man hat; ob Sucht, Schulden, Beziehungs- oder sonstige Probleme, gleich mit der Anmeldung zu erfragen, da es der Struktur der Einrichtungen entspricht, geht nicht. Es ist an dieser Stelle von den Menschen zu viel verlangt, ihr Problem selbst zu analysieren und sich in die Strukturen der Hilfsangebote einzuordnen. Es ist nicht zu erwarten, dass Menschen in Notlagen und psychisch schwierigen Situationen dieses Durchhaltevermögen aufbringen, sich durch den Wald der Online-Angebote der großen Träger durchzufinden. Dementgegen stehen die noch sehr den kommunalen Strukturen sich unterordnenden Träger der Wohlfahrtspflege, die die Refinanzierung ihres Angebotes durch Zuschüsse sicherstellen wollen. Hier braucht es ein Umdenken: Die Digitalisierung ist global und nicht auf Buxtehude oder Bielefeld beschränkt. Die Globalisierung, die mit der Digitalisierung einhergeht, macht auch nicht vor ihren Einrichtungen halt. Die kommunalen Online-Hilfsangebote passen stellenweise nicht mehr mit den Refinanzierungsbedingungen überein und müssen überarbeitet und den neuen Formaten der Beratungsarbeit angepasst werden. Ein Postleitzahlenfilter ist für die anonyme Beratung nicht zuträglich. Viele Ratsuchenden wollen gerade in einer anderen Stadt beraten werden, als die, in der sie wohnen. Sie wollen nicht »lügen« und irgendeine Postleitzahl eingeben.

Die Sicherheit und der Schutz der Daten sind wichtig! Allerdings kann er nicht zu Lasten der Klientinnen und Ratsuchenden gehen und ihnen damit den Zugang zur Online-Beratung versperren. Ein selbstgewählter Benutzername und Passwort genügen auch den Banken.

6.4 Suchen und finden

1. Die Webseite

Ihre Internetpräsenz ist oftmals das Erste, was jemand von Ihrer Beratungsstelle oder Praxis zu Gesicht bekommt. Daher sollte die Homepage gewisse Qualitätsmerkmale aufweisen und stets die Zielgruppe und deren Bedürfnisse in den Mittelpunkt stellen. Das heißt,

Sie brauchen Kenntnisse über eine zielgruppenspezifische Öffentlichkeitsarbeit, über ansprechende Webseiten und nutzerfreundliche Werkzeuge (Tools) für die Online-Beratung. Dies gehört mit zum Profil einer digitalen Beratungskompetenz. Betrachten Sie Ihre Webseite aus dem Blickwinkel der Ratsuchenden. Wählen Sie ein Design, das zu Ihnen und der Zielgruppe passt, schreiben Sie einfach und verständlich (Sie erinnern sich: »Keep it short and simple«, KISS-Prinzip). Gestalten Sie Ihre Seite benutzerfreundlich, sodass sie sich selbst erklärt. Die wichtigsten Aspekte einer erfolgreichen Homepage:

- Entscheiden Sie sich für die Suchmaschinenoptimierung, damit Ihre Website möglichst weit vorne bei Google und Co. erscheint. Sie müssen aber wissen, dass die Rangfolge der Platzierung nicht mit der Qualität des Angebotes übereinstimmen muss. Sie wird nur schneller und besser gefunden.
- Wählen Sie ein modernes, zeitgemäßes Design, das zu Ihrer Corporate Identity passt.
- Setzen Sie auf responsives Design, sodass die Webseite von jedem Endgerät gleich gut zu sehen ist.
- Zeigen Sie sich von einer persönlichen Seite und wecken Sie mit visuellen Inhalten wie Bildern und Videos Emotionen.
- Sorgen Sie für eine intuitiv verständliche Navigation.
- Punkten Sie mit einer benutzerfreundlichen Seite: Übersichtlichkeit und schnelle Ladezeiten Überlegen Sie sich genau, welche Inhalte für Ihre Zielgruppe relevant sind.
- Präsentieren Sie sich kompetent in Ihrem Bereich
- Qualitätsmerkmal: Transparenz des Angebotes
- Qualifizierung und Ausbildung der Beratenden
- Erreichbarkeit des Angebotes
- Informationen über Kosten und Zahlungsmodalitäten
- Leistung und Grenzen des Angebotes
- Grad der zugesicherten Anonymität
- Barrierefreie Gestaltung Ihrer Angebote, bezogen auf Ihr Klientel
- Infos zur Speicherung und ggf. Weitergabe von Daten
- Bieten Sie verschiedene Kontaktmöglichkeiten

- Halten Sie Ihre Website aktuell, nichts ist abtörnender, als wenn auf Ihrer Seite steht: letzte Aktualisierung September 2014.
- Halten Sie die gesetzlichen Vorgaben für die Webseite ein, wie die Impressumspflicht.

2. Soziale Medien

Neben einer Webseite sollten Sie auch in den sozialen Medien präsent sein (Zielgruppenorientierung) und sich zudem Kenntnisse im Bereich der sozialen Medien erwerben. Soziale Medien lassen sich in erster Linie in soziale Netzwerke und Messenger unterscheiden. Facebook, Instagram, Youtube, Twitter, Snapchat, Pinterest, XING und LinkedIn sind die populärsten sozialen Medien in Deutschland und damit die wichtigsten Plattformen für Social Media Marketing. Fast 90 % aller Internetnutzenden sind auch in sozialen Netzwerken. Auch die 50- bis 64-Jährigen sind mit 80 Prozent in mindestens einem sozialen Netzwerk angemeldet, und bei der Generation 65+ ist es mit 65 Prozent eine deutliche Mehrheit. »Social Media ist schon lange kein Jugend- oder Nischenphänomen mehr, sondern hat sich innerhalb weniger Jahre zu einem festen Teil unseres Lebens entwickelt«, sagte Bitkom-Hauptgeschäftsführer Bernhard Rohleder. »Heute gehört es für viele Internetnutzer in der digitalen Welt einfach dazu, über ein eigenes Social-Media-Profil im Web präsent und erreichbar zu sein.« Innerhalb der sozialen Netzwerke zeigen sich die **unterschiedlichen Präferenzen zwischen Jung und Alt sehr** deutlich. **Instagram** und **Snapchat** sind Netzwerke, die fast ausschließlich von Jüngeren genutzt werden. **Facebook** hingegen zeigt die geringsten Altersgruppenunterschiede. »Auch in der digitalen Welt gilt, was man aus der analogen kennt: Junge Menschen suchen sich eigene Räume und setzen sich damit von ihren Eltern und Großeltern ab«, so Rohleder. https://www.dzw.de/aktuelle-bitkom-um frage-social-media-schon-lange-kein-jugendphanomen-mehr

Nutzerinnen und Nutzer der sozialen Netzwerke informieren sich über Angebote und Dienstleistungen, also auch über Beratung und Therapie. Menschen schätzen die schnelle Kontaktaufnahme auch, um sich zu beschweren. Zudem werden soziale Netzwerke genutzt, um Kontakte zu pflegen, und als selbst zusammengestellter Nachrichtenkanal. Die sozialen Medien erlauben diesen Gruppen, sich zu vernetzen und sich in ihren besonderen Themen auszutauschen. Was liegt also näher, als in diesen Medien Werbung für die Online-Beratung und die Stelle oder Praxis zu machen.

Bitte nicht verwechseln; Sie dürfen dort keine Beratung durchführen, sondern auf Ihre Beratungsangebote aufmerksam machen, ein Ort, wo Sie sich präsentieren, um gesucht und gefunden zu werden.

6.5 Institutionelle Bereitschaft

Neben Fachkompetenz, einem niederschwelligen Zugang und einer guten Öffentlichkeitsarbeit braucht es eine institutionelle Bereitschaft, Online-Beratung als Format mit in das bestehende Angebot der Beratungsstelle aufzunehmen. Die institutionelle Bereitschaft hat, wie die organisatorischen Rahmenbedingungen, einen erheblichen Einfluss auf die Qualität. Organisationen und Institutionen, die Online-Beratung einführen, brauchen sowohl die Bereitschaft der Leitung und des Teams als auch finanzielle und personelle Ressourcen. Online-Beratung geht nicht nebenbei oder mal eben! Nach dem Motto, du kannst schön schreiben, also mach du mal die Online-Beratung. Die Beratenden brauchen Zeit, das heißt entweder müssen Stunden aufgestockt oder neue Mitarbeitende eingestellt werden. Eine Alternative kann auch sein, dass etwas aus dem bisherigen Portfolio der Beratungsstelle wegfällt oder gekürzt wird. Hierzu braucht es das Gespräch miteinander, eine gemeinsame Entscheidung und die Unterstützung des Trägers.

Wir wissen natürlich auch, dass diese Herangehensweise an Online-Beratung in den vergangenen Monaten des Jahres 2020 nicht dem entspricht, was wir gerade schildern. Gerade die Hilflosigkeit und Unsicherheiten seit März 2020 zeigen deutlich den Mangel an Fachkompetenz, die für diese Form der Beratung wichtig ist.

6.6 Organisatorische Rahmenbedingungen

Online-Beratung oder Online-Therapie ist überörtlich. Virtuelle Beratungsstellen, ob von Einrichtungen, Institutionen, Verbänden oder als Praxen angeboten, stellen sich einem »weltweiten« Mitbewerb. Mit ihrem Angebot können Sie von überall auf der Welt wahr- und angenommen werden. Jeder Mensch mit einem Internetzugang kann eine Mail schreiben, einen Chattermin anfragen oder auch um eine Video-Beratung bitten. Die virtuelle Beratungsstelle und Praxis kann Beratungsanfragen aus den entferntesten Winkeln dieser Erde bekommen. So hat z. B. eine Online-Beratungsstelle in Westfalen vor einiger Zeit einen Maildialog mit einer jungen Frau in Australien geführt, die als Au-pair unglücklich in ihrer Gastfamilie war und großes Heimweh hatte. Die junge Frau hatte sich bewusst für eine Online-Beratung in ihrer Muttersprache entschieden. Aber auch für digitale Nomadinnen und Nomaden bietet sich die Online-Beratung an. Die Psychologin und digitale Nomadin Dr. Sonja Jäger schreibt dazu: »Nach über 8 Jahren Berufstätigkeit als Psychologin in Deutschland habe ich 2014 beschlossen, eine Pause einzulegen und die **Welt zu erkunden.** Die neu gewonnene Flexibilität und Freiheit hat mir so gut gefallen, dass ich mich 2015 mit meiner Onlinepraxis selbständig gemacht habe. Diese ermöglicht es mir, meine therapeutische Tätigkeit als Online Psychologin zeitlich flexibel und ortsunabhängig durchzuführen!« https://www.sonia-jaeger.com/de/

Online-Beratung und Online-Therapie weichen die gültigen Rahmenbedingungen bei Arbeitszeit und Arbeitsaufkommen auf und brauchen andere Organisationsformen sowie eine gezielte Personalplanung und Qualitätssicherung. Hier bedarf es des Mutes, Erfahrungen mit veränderten Prozessen, Abstimmungen und Arbeitsweisen zu sammeln, zu reflektieren und umzusetzen. Online-Beratung zu implementieren heißt auf der einen Seite Schulungen, Trainings und Weiterbildungen für die Mitarbeitenden anzubieten und auf der anderen Seite die technischen Rahmenbedingungen zu schaffen.

Mittlerweile ist es hinreichend bekannt, dass sich eine Beratung über unverschlüsselte E-Mails ausschließt, da hier sowohl aus technischer als auch rechtlicher Sicht keine sichere Form der Datenübertragung vorliegt. Die Daten sind auf dem Weg durch das Internet leicht abzufangen. Die Frage ist dann, ob sie gelesen und verwertet werden.

Jede Online-Beratungsstelle und Online-Praxis muss sicherstellen, dass die Datenübertragung im Internet durch SSL/TLS (Secure Sockets Layer/Transport Layer Security) verschlüsselt und auch auf dem Server verschlüsselt gespeichert wird. Dies ist ein Standardverfahren für eine sichere Datenübertragung, das auch beim Online-Banking und im E-Commerce Anwendung findet. Ein Datenzugriff kann ausschließlich durch die Eingabe von persönlichen Zugangsdaten erfolgen. Eine geschützte Plattform, wie sie z.B. AYGOnet anbietet, ist ein Must-have, um den Datenschutzbestimmungen und der einfachen Bedienungsführung gerecht zu werden. Die Beratungssoftware erfüllt die technischen, sachlichen und datenschutzrechtlichen Anforderungen der Online-Beratung und bietet sowohl Beratenden als auch Ratsuchenden einen einfachen, schnellen und unkomplizierten Weg. »AYGOnet kann sowohl für die Mail-Beratung als auch für Gruppen- oder Einzelchats genutzt werden und ermöglicht den Beraterinnen und Beratern eine individuelle, persönliche Beratung über das Internet – egal wann und wo. Zudem gewährleistet die Nutzung von AYGOnet die Bewahrung der Anonymität bei der Online-Beratung, denn es werden keine IP-Adressen von Nutzern gespeichert und auch AYGOnet-Mitarbeiter haben keinen Lesezugriff auf verschlüsselte Daten.« (www.aygonet.de) Neben AYGOnet gibt es auch andere Anbieter, wie z.B. beranet.de. Die TelefonSeelsorge, profamilia, mbeon, die Caritas und die bke-Onlineberatung haben eigene Softwares entwickelt. Das ist nicht kostenlos, daher braucht es auch finanzielle Ressourcen!

6.7 Organisationsmodelle

Das Format Online-Beratung mit in das Angebot einer Beratungsstelle oder einer Institution aufzunehmen bedarf einer Umorganisation im personellen Bereich. Die Notwendigkeit, eingehende Mailanfragen innerhalb eines Zeitfensters von 2–3 Tagen zu beantworten, benötigt eine besondere Planung. Wenn sich aus der Anfrage eine Beratung entwickelt, gilt es die Folgemails innerhalb von 5–7 Tagen durch dieselbe Person zu beantworten, sodass sich eine Beziehung entwickeln kann. Die Beratungsstelle oder auch die Therapeutin oder der Coach, die ihr Angebot Online anbieten, müssen zeitliche Kapazitäten für die Mail-Beratung sicherstellen. Die Zahl der eingehenden Mails (Erstanfragen) sind in ihrer Anzahl und ihrem zeitlichen Aufkommen nicht zu kontrollieren oder vorherzusagen. Dies bedeutet, Personalressourcen vorzuhalten, um für eine Beantwortung zu sorgen, und wiederum so die Verantwortung zu übernehmen, dass die Mails (egal in welcher Anzahl) auch innerhalb des Zeitfensters beantwortet werden können. Wir haben die Erfahrung gemacht, dass gerade die Ratsuchenden per Mail eine große Verbindlichkeit und Zuverlässigkeit brauchen. Auch die Anzahl der Folge-Mails ist nicht vorherzusagen. Es können eine oder zwei, aber auch zehn oder zwanzig werden. Dies hängt vom Auftrag der Institution und vom Beratungsansatz ab. In der Konsequenz kann das bedeuten, dass eine Beraterin oder ein Berater erst wieder eine neue Mail annehmen kann, wenn aus der Gesamtzahl der ihr zumutbaren Maildialoge einer beendet worden ist.

Chattermine und Video-Beratungen sind, wenn sie nicht spontan angeboten werden, durch gezielte Terminvergabe einfacher zu händeln und unterscheiden sich nicht von den gewohnten Organisationsbedingungen einer Praxis oder Beratungsstelle.

Bei Sprachnachrichten verhält es sich so wie bei der Mail-Beratung. Sie sind weder vom Zeitpunkt des Empfangens noch in ihrer Anzahl zu kontrollieren und auch nicht in der Schwierigkeit des geschilderten Themas. Das können wir nicht vorhersehen. Aber auch da wünschen sich die Ratsuchenden eine Verlässlichkeit, die benannt ist und eingehalten wird.

6.7.1 Zusammenschluss verschiedener Stellen zu einer virtuellen Beratungsstelle

Online-Beratung fördert andere Organisationsformen; es ist ein Leichtes, überörtlich zu arbeiten. So können sich zum Beispiel verschiedene Beratungsstellen zusammenschließen und eine zentrale, virtuelle Beratungsstelle einrichten. Dort können die Mitarbeitenden die eingegangenen Mails abrufen oder Chattermine einstellen. Beraterinnen und Berater aus der gesamten Bundesrepublik (oder Welt) können mitarbeiten. Gute Erfahrungen mit diesem Modell haben u.a. die bke (Bundeskonferenz für Erziehungsberatung), die TelefonSeelsorge und Aidshilfe gemacht.

6.7.2 Reine Online-Beratungsstelle

Ein anders Organisationsmodell kann sein, dass sich eine Beratungsstelle oder ein Fachverband ein eigenes Online-Angebot einrichtet. Gute Erfahrungen machen damit die Online-Beratungsstelle gegen Rechtsextremismus in Berlin und die Landeskoordinierungsstelle Glücksspielsucht NRW in Bielefeld.

6.7.3 Online-Beratung als weiteres Format

Eine dritte Organisationsform ist die Erweiterung des herkömmlichen Angebotes durch die Online-Beratung. Jede einzelne Beratungsstelle bietet ihr eigenes Angebot und arbeitet die Mails, Chats und Sprachnachrichten mit den zur Verfügung stehenden Mitarbeitenden ab. Gute Erfahrungen machen u.a. die Psychologische Beratungsstelle Filder in Baden-Württemberg, die Drogenberatung in Bielefeld oder die psychologische Beratungsstelle des Kölner Studierendenwerks.

Bei der Bewertung der verschiedenen Varianten sollten Sie Ihren Realitäten gerecht werden und auf Ihre Organisationsstruktur und eventuelle regionale Besonderheiten Rücksicht nehmen. Praktikabel sind sie alle. Ach ja, verstehen Sie Bayrisch? Es könnte sein, dass eine Sprachnachricht Sie erreicht, bei der Sie zunächst mal um Übersetzung bitten müssen ;-)

6.8 Homeoffice

Arbeitsergonomie, Arbeitsplatzgestaltung und Psychohygiene

Alle Modelle können ohne Probleme auch im Homeoffice angeboten werden. Die COVID-19-Pandemie hat gezeigt, wie in nur wenigen Wochen ein großer Teil der Arbeit ins Homeoffice gebracht wurde. Ein Homeoffice einzurichten ist keine Magie; es braucht allerdings eine gute Infrastruktur. Online-Therapeutinnen und -Berater brauchen, wie beschrieben, ein geeignetes Equipment, wie einen Laptop mit eingebauter Kamera und Mikrofon oder einen PC mit externer Kamera und Mikrofon und eine stabile, schnelle und belastbare Internetverbindung. Entweder stellt die Beratungsstelle ein sogenanntes Datenverarbeitungsgerät (Computer, Smartphone, Laptop, Notebook) zur Verfügung oder das private Datenverarbeitungsgerät kann dienstlich genutzt werden. Dazu braucht es eine Regelung! Die Nutzung von Smartphones eignet sich nicht gut für Online-Beraterinnen und -Berater, da das Display zu klein ist.

Hinsichtlich der Datenspeicherung und des Passwortes bedarf es ebenfalls klarer Regelungen. Es dürfen keine Chat- oder Mailverläufe oder Sprachnachrichten, Video-Beratungen und Notizen zu Klientinnen und Ratsuchende auf dem Datenverarbeitungsgerät gespeichert werden. Therapeutinnen und Berater müssen sicherstellen, dass Dritte, wie Partnerinnen und Partner oder Familienmitglieder, keinen Zugriff auf das Datenverarbeitungsgerät haben. Die Beratung oder Therapie darf nur an geschützten Orten, wie z.B. dem häuslichen Arbeitszimmer, durchgeführt werden. Keine Beratung oder Therapie in öffentlichen Räumen oder Zügen! Die gesamte Beratungskommunikation ist webbasiert! Alle Daten bleiben auf dem Server. Das eingesetzte Betriebssystem (Windows, Linux, MacOS, iOS, Android, etc.) muss auf dem aktuellen Stand und mit den neuesten Sicherheitsupdates geschützt sein. Das (private) Endgerät muss über einen professionellen Virenschutz verfügen und durch ein sicheres Passwort geschützt sein.

Lassen Sie sich bitte von einem Fachmann/Fachfrau beraten, die in diesen Fragen von Hard- und Software und den Fragen von IT-Sicherheit die Kompetenz hat. Sie können nicht die komplexe Welt der Technik und Sicherheitsaspekte kennen. Zumal sie sich laufend verändert.

Das Homeoffice bietet Vor- und Nachteile. Sich die Zeit und Arbeit selbstständiger einzuteilen und mehr Spielraum zu haben ist schön, kann aber auch zu stärkeren psychischen Belastungen führen, da die Grenze zwischen Arbeit und Privatleben sich stärker verwischt. Durch die Unschärfe wächst das Risiko, dass Erholungsphasen schrumpfen, man ständig online ist. Die örtliche Trennung zwischen Arbeitsplatz und Wohnung ist aufgehoben. Die Schule zieht ins Kinderzimmer ein. Die Küche wird wegen der besseren Empfangsqualität zum Arbeitsplatz. Die Bewegungsfreiheit der Mitbewohnerinnen und Bewohner wird eingeschränkt: Sie können sich nicht mehr einfach einen Kaffee holen, ohne dabei durchs Bild zu huschen. Die Up- und Download-Kapazitäten werden zwischen den Familienmitgliedern aufgeteilt. Wenn Sie im Homeoffice arbeiten wollen, beachten Sie bitte Folgendes:

6.8.1 Die Platzauswahl für die videogestützte Beratungsarbeit

- ruhig und ungestört
- kein Durchgangszimmer
- gute Platzierung im Zimmer, nicht mit dem Rücken zur Lichtquelle, damit sich das Licht nicht im Monitor spiegelt und Ihr Gesicht gut ausgeleuchtet ist
- stellen Sie einen guten Internetempfang in dem Zimmer her, in dem Sie in Ihrer Wohnung gut arbeiten können. Lieber ein Kabel durch die Wohnung legen, statt in der Küche Ihre Konferenzen abzuhalten. Auch ein WLan-Verstärker wird seinen hilfreichen Dienst tun.

6.8.2 Technik

- funktionierende und möglichst schnelle Internetverbindung
- Kopfhörer und Mikrofon (Headset) oder externes Mikrofon und ein guter Lautsprecher, der die Möglichkeit bietet, die Lautstärke zu regeln

- Kamera vorzugsweise als externe Kamera
- externe Kamera und externes Mikrofon auf eigenem, flexiblem Stativ montieren
- gute, justierbare Lichtquelle für den Abend und bei Dunkelheit
- Licht von vorne, aber nicht blendend.
- Benutzen Sie auch eine gute Tastatur, kein billiges Produkt!
- Nutzen Sie die Möglichkeit, Messenger-Dienste über den PC zu nutzen.
- Guter, qualitativ hochwertiger und ergonomischer Bürostuhl, der auch in der Höhe verstellbar ist.
- Große Bildschirme, am besten zwei. Unsere Empfehlung: mindestens 25 Zoll.
- Mit zwei Monitoren zu arbeiten bringt Ruhe und Entspannung, weil Sie Ihre Informationen im Blick behalten können und auf die beiden Bildschirme verteilen können.
- Richten Sie sich ein Arbeitszimmer oder einen abgetrennten Arbeitsbereich ein.
- Wenn Sie mit mehreren Personen eine Videokonferenz abhalten, macht es Sinn, für den Hintergrund eine WhatsApp Gruppe einzurichten. Wenn jemand rausfliegt oder im Stau steckt, kann er das darüber mitteilen oder sich technische Unterstützung holen. »Hilfe, ich komm nicht rein, hab die Mail mit dem Zugang auf meinem Schreibtisch liegenlassen.« Es ist kein Sicherheitsrisiko damit verbunden. Sie beraten ja nicht darüber, sondern senden sich nur wichtige Botschaften. Das ist sehr entspannend, diese Möglichkeit zur Verfügung zu haben.

6.8.3 Persönliches

- Wenn Sie eine Brille tragen, besorgen Sie sich eine, die für die Computerarbeit geeignet ist. Messen Sie zu Hause den für Sie besten Abstand zwischen Ihren Augen und dem Bildschirm. Die Brille sollte entspiegelt sein, damit sich Ihr Bildschirm nicht in Ihren Brillengläsern spiegelt. Gleitsichtbrillen als Bildschirmbrille haben auch ein scharfes Sichtfeld für die Unterlagen, die Sie auf dem Schreibtisch liegen haben.

- Tragen Sie bequeme Kleidung, die Ihnen die Möglichkeit bietet, entspannt zu bleiben und Sie nicht einschnürt, zwickt oder kratzt.
- Klingt vielleicht trivial, aber gehen Sie vor der Sitzung einfach nochmals auf die Toilette. Während einer Sitzung müssen zu müssen ist der Konzentrationsfähigkeit sehr abträglich und macht Stress.

6.8.4 Psychohygiene

- Machen Sie genügend und ausreichende Pausen zwischen Ihren Zoom-Meetings.
  - Bildschirmarbeit ist anstrengend, und noch mehr, wenn es um Beratung/Therapie geht.
- Lehnen Sie Beratungen ab, die Sie vom Thema her gerade persönlich selbst sehr beschäftigen.
- Sie brauchen eine fundierte Ausbildung für die Online-Beratung!
- Sie brauchen regelmäßige Supervision. Es empfiehlt sich, mit Supervisorinnen und Supervisoren zu arbeiten, die die nötige Feldkompetenz besitzen. Jemand, der von Online-Beratung nichts hält, ist genauso wenig geeignet wie Supervisorinnen und Supervisoren, die keine netzspezifischen Kenntnisse haben. Wie sollen diese Sie, gerade auch in der Anfangsphase, unterstützen?
- Sie brauchen Kolleginnen und Kollegen, mit denen Sie sich zeitnah austauschen können.
- Sie dürfen die Beantwortung einer Mail auch ablehnen können und abgeben.
- Sie müssen Ihre Zugangsdaten und Passwörter für die Beratung an einem sicheren Ort hinterlegen (Briefumschlag, Safe), um Ihren Kolleginnen/Kollegen die Möglichkeit zu geben – sollte Ihnen plötzlich mal was passieren –, Ihren Klienten eine entsprechende Nachricht zukommen zu lassen.
- Besuchen Sie Fachtagungen und Fortbildungen. Sie treffen dort »Gleichgesinnte«, mit denen Sie sich austauschen können, was sehr bereichernd sein kann. Es weitet Ihren Horizont und gibt Ihnen das Gefühl, nicht alleine zu sein.

- Sie brauchen einen klar umrissenen Rahmen Ihrer Zuständigkeit. Was gehört zu Ihrer Arbeit und was nicht? Was dürfen Sie und was nicht? Welche Regeln gibt es in Ihrem Betrieb? Das schafft Sicherheit. Fordern Sie das von Ihren Vorgesetzten ein.
- Sie brauchen eine klare Regelung für Urlaub, Abwesenheit und Krankheitszeiten, an die Sie sich auch selbst halten! Eine Besonderheit der Online-Beratung liegt in ihrer zeitlichen Erreichbarkeit, die keinerlei Beschränkung unterliegt. Eine Mail kann zu jeder Tages- und Nachtzeit und von jedem Ort geschrieben werden. Gerade wenn es um eine Krisenberatung geht, vielleicht mit suizidalem Inhalt, liegt die Verführung nahe, mal eben zu antworten. Aus den Supervisionen und Weiterbildungen wissen wir, dass sich Online-Beraterinnen und -Berater leichter unter Druck gesetzt fühlen als in der Face-to-Face-Beratung. Die Möglichkeit, von jedem Ort der Welt Zugriff auf den Beratungsaccount zu haben, verführt dazu, auch im Urlaub »mal eben nachzusehen«, was die Klientin oder der Kunde schreibt. In der permanenten Verfügbarkeit liegt eine Herausforderung und der Umgang damit. Es gehört zur kompetenten Online-Beratung, die Kundinnen und Klienten darüber zu informieren, von wann bis wann Sie Urlaub machen. In manchen Fällen ist es vielleicht notwendig, der Klientin oder dem Kunden mitzuteilen, an wen sie sich in Notsituationen wenden können. So wie es auch in der Face-to-Face-Beratung üblich ist. Aber auch ein anderer Aspekt ist gerade für Menschen im beratenden, therapeutischen und begleitenden Bereich wichtig. Der Urlaub dient zur Erholung. Den Kopf freimachen, abschalten, kreativ zu werden, sich auf den Tisch stellen und die Dinge mal aus einer anderen Perspektive sehen. Man hat Zeit zu merken, wie viele Dinge wichtig sind.
- Halten Sie Trenngrenzen zwischen Arbeit und Privatem örtlich und zeitlich ein. Es ist schon belastend genug, dass diese Grenzen durch das Homeoffice verschwimmen.
- Wenn Sie auf eine Mail keine Antwort erhalten, dann fragen Sie bitte nach, warum. Es kann auch technische Ursachen haben, dass Sie keine Antwort bekommen haben! Es ist wichtig. darüber Klarheit zu bekommen.

- Scheuen Sie sich nicht, Kolleginnen und Kollegen heranzuziehen, wenn Sie nicht weiterwissen. Wenn Sie alleine sind, sorgen Sie dafür, sich austauschen zu können! Das geht auch online.
- Sie kämpfen nicht um den Literaturnobelpreis! Bleiben Sie locker beim Schreiben und bemühen Sie sich nicht um einen Stil, der nicht der Ihrige ist.
- Bereiten Sie sich auf die Themen vor, die in Ihrem Arbeitsbereich zu erwarten sind.
- Bereiten Sie sich vor auf »schwierige« Themen.
- Machen Sie sich bewusst und erlauben Sie sich, dass Sie einen Ratsuchenden vielleicht unsympathisch finden. Das ist so und darf auch so sein. Sie können in diesem Bewusstsein trotzdem professionell beraten. Gerade weil Sie sich darüber bewusst sind.
- Setzen Sie sich nicht unter Druck, eine Mail oder Anfrage in einer bestimmten Zeit beantworten zu müssen. Effizienz ist wichtig. Aber halten Sie sich nicht gleich für ungeeignet, wenn Ihre ersten Beantwortungsversuche viel Zeit kosten und nach zwei Stunden erst drei Sätze auf Ihrem Bildschirm stehen oder Ihre Nachricht vor Äh's und Hmm's nur so strotzt. Ja, genau.
- Rituale können helfen, einen Anfang und ein Ende zu setzen. Gerade wenn Sie durch das Homeoffice z.B. keine Anfahrtszeiten haben, die eine Zäsur deutlich erleben lassen, kann es für Sie gut sein, ein Anfangs- und ein Ende-Ritual zu haben oder zu entwickeln. Dies könnte z.B. sein, dass Sie sich für Ihre Bildschirmarbeit anders kleiden oder dass Sie sich eine bestimmte Sorte Tee kochen oder Sie sich für eine Zeit von Ihren Familienmitgliedern verabschieden: »Ich bin dann mal in meinem Arbeitszimmer« usw.
- Sie können auch die Mails von zu Hause aus ungewaschen und unrasiert im Pyjama beantworten. Das empfiehlt sich aber nicht, weil genau dadurch die Grenze zwischen Arbeit und Freizeit, Dienst und Privat, Nähe und Distanz aufgehoben wird.

6.9 Beraterische Fachkompetenz

Menschen entscheiden sich bewusst für ihr Medium, in dem sie beraten werden wollen. Darum lässt sich keine Aussage treffen, welches Beratungsformat oder welches Medium »besser« oder »schlechter« ist. Es geht vielmehr darum, die Vorteile der einzelnen Beratungsformen gezielt einzusetzen und die damit verbundenen Potentiale für eine erfolgreiche Beratung zu erschließen. Was nicht geht, ist, die Ratsuchenden dazu zu nötigen, »mal in der Beratungsstelle vorbeizukommen« oder zu telefonieren, wenn sie sich im Chat melden.

Online-Beratung dient nicht der Rekrutierung und Beschaffung von Klienten für die Face-to-Face-Beratung. So wird es aber von manchen Beratungsstellen noch verstanden, die in der ersten Antwort auf eine Mail schon darauf verweisen, dass es doch wohl besser und notwendig sei, einen persönlichen Termin für die Beratung vor Ort auszumachen. Das Format der Online-Beratung wird durch die Ratsuchenden entschieden! Es ist ihnen überlassen, ob sie auf ihrem Weg lieber das Fahrrad, das Auto, die Bahn oder das Flugzeug nutzen. Oder vielleicht auch zu Fuß gehen.

Im Unterschied zum Gespräch wirkt das Schreiben als eigener Wirkfaktor. Schreiben ist eine Form von Selbstausdruck, bei dem die Schreiberin oder der Schreiber nicht nur handelt, sondern zugleich das Ergebnis seines Handelns betrachtet. Emotionen und Erinnerungen schriftlich auszudrücken heißt, konzentriert und intensiv nachzudenken, Probleme in Wörter und Sätze zu kleiden, Worte für Situationen, die belastend waren oder sind, zu finden. Das Formulieren ist somit ein selbstreflexiver Prozess. Mailerinnen und Mailer erwähnen, dass allein die Tatsache, die eigenen Gedanken und Probleme einmal aufgeschrieben zu haben, von großem Nutzen war.

Die asynchrone Form des Mailens bietet, anders als das synchrone Gespräch, den Ratsuchenden Zeit zum Überlegen, Nachdenken, Sortieren, Reflektieren und Druck loswerden. Es geht um Lesen statt Hören und Schreiben statt Sprechen und stellt so höhere Anforderungen an die Lese- und Schreibfähigkeiten der Beraterinnen und Berater. Beraterinnen und Berater müssen in der Lage sein, ein Kontakt- und Beziehungsangebot schriftlich herzustellen.

Die Mail- und Chat-Beratung ermöglicht die längerfristige Begleitung von Menschen, die unter dauerhaft erschwerten Bedingungen leben. Dies können individuelle Einschränkungen (psychische/körperliche Erkrankungen) oder belastende äußere Lebensumstande sein (Beispiel: pflegende Angehörige). Bei einigen der beeinträchtigten Ratsuchenden ist diese Form bisweilen der einzig mögliche Sozialkontakt, der modellhafte Beziehungserfahrung ermöglicht. Oder auch die einzige Form der Unterstützung, da durch die Pflege keine Freiräume da sind. Durch das leicht in die Lebenswelt integrierte Internet werden dauerhafte Kontakte mit wenig Aufwand möglich. In der schriftlichen Beratung entsteht eine paradoxe Situation: Nähe durch Distanz. Diese Distanz, das zeigen u.a. die Erfahrungen von Online-Beratungsangeboten, bewirkt, dass einerseits gesellschaftlich tabuisierte und schambesetzte Themen (Sexualität, Gewalt, Untreue, Affären, selbstverletzendes Verhalten, sexuelle Gewalt, Suizidgedanken …) leichter benannt werden können und andererseits Menschen mit Schwierigkeiten im Kontakt mit anderen Menschen sich hier Unterstützung suchen. Bezeichnend ist hier die lange Dauer (Monate, Jahre) mit konstant hohem Mail-Aufkommen oder auch vielen Chatterminen.

Mail- und Chat-Beratung haben ebenso wie Voicemails und Video-Beratungen ihre Besonderheiten, auf die sich Beraterinnen und Berater einstellen müssen. Sie brauchen die Fähigkeit, einen Beratungsprozesses online zu gestalten:

- Beziehungsgestaltung
- Auftragsklärung
- Lösungs- und Ressourcenorientierung
- Dauer und Frequenz
- Beendigung

Zum Fachwissen gehört es, die Besonderheiten der digitalen Kommunikation in Theorie und Praxis zu kennen. In der Mail- und Chat-Beratung geht es um eine Lese- und Schreibkompetenz. Textbezogene Inhaltsdimensionen wie Sachinhalt, Beziehung, Aufforderung, Selbstoffenbarung gilt es zu erkennen. Die Mails und Sprachnachrichten gilt es zu analysieren. Es braucht Diagnosemethoden und Interventionswerkzeuge sowie Kenntnisse über das Schreiben als selbstheilender Prozess. Die Gruppendynamik im Chat hat ihre eigenen Regeln, es braucht eine klare, schnelle und direktive Moderation. Auch Kenntnisse über die Bedeutung sozialer Netzwerke und Messenger-Dienste sind notwendig. Wie wird im Netz geschrieben? Was sind Fakes, Inszenierungen und Trolle? Wie vermittle ich im Chat oder beim Mailen Gefühle? Was sind Emoticons und Akronyme? Was hat es mit dem Nickname auf sich? Welche theoretischen Konzepte internetbasierter Beratung gibt es? Antworten finden Sie in diesem Buch.

Auf den Punkt gebracht: Online-Therapeutinnen und Online-Berater stehen vor der Aufgabe, sich eine Feldkompetenz im Bereich Online-Beratung zu verschaffen. Zur beraterischen Fachkompetenz gehört unbedingt die Kenntnis über den Regelungsbedarf besonderer Situationen, die Fähigkeit zur digitalen Krisenintervention.

6.9.1 Fähigkeit zur Krisenintervention

In der Online-Beratung gibt keinen Türsteher, der die Anliegen sichtet und nur den hereinlässt, der einen guten Eindruck macht. Ihr Postkasten ist voll, und in dem Moment, in dem Sie die Mail öffnen, eine Sprachnachricht anhören oder im Chatdialog sind, sind Sie verantwortlich. Sie hören die Nachricht, ohne den Inhalt zu kennen. Da kann es sein, dass jemand ihre Homepage nicht gelesen hat und statt der von ihnen angebotenen Marmelade nun plötzlich eine Pistole kaufen will. Sie öffnen die Mail und wie in dem gleichnamigen Film springt ein »Jack-in-the-Box« aus der Mail, den Sie nicht mehr in die Kiste zurückbekommen. Es gibt nette Menschen und schwierige Zeitgenossen. Es gibt leichte Probleme und menschliche Krisen und kleine, mittlere und große Katastrophen. Ihr Spam-Filter schützt sie nicht vor solchen Krisenfällen und den entsprechend herausfordernden Beratungssituationen. Sie sind da, und niemand hat kontrolliert, ob die Eintrittskarte auch Gültigkeit hat. Sie müssen sich damit befassen, ob Sie wollen oder nicht, wenn auch nur, um den ratsuchenden Menschen an eine zuständige Stelle weiter zu verweisen. Dazu sollten Sie im Hinterkopf haben, dass Menschen in Krisensituationen sich ungern weiterverweisen lassen, ohne den letzten, gerade noch zusammengekratzten Mut und das Fünkchen Hoffnung, das sie an diese Anfrage geknüpft haben, wieder zu verlieren. Zu Ihren Fähigkeiten muss gehören, sich mit Krisensituationen auszukennen und herausfordernde Beratungssituationen zu meistern, online. Es gibt eine Menge an Problemstellungen, die wir kennen, von denen wir gehört haben oder wissen, dass es sowas gibt. Die meinen wir aber nicht. Sondern all die, für die unsere Phantasie nicht ausreicht, sie uns vorzustellen. Menschliche Tragödien, kriminelle Abgründe, sexuelle Spielarten, psychische Krankheiten und vieles mehr, was wir nicht kennen, das es aber auf dieser Welt nun mal gibt.

Wenn sich diese Menschen in ihrer Verwirrung und Not Hilfe suchen, dann am ehesten in der Online-Beratung; anonym und verschwiegen und vertraulich. Wenn es einen gangbaren Weg gibt, dann über die anonyme Online-Beratung. Es geht um die Menschen, die im Mail- oder Chatkontakt mit Ihnen alleine in ihrem Zimmer sitzen und Suizidgedanken haben. Oder um den pädophilen Täter, der sich traut, per Mail zu Ihnen Kontakt aufzunehmen. Den Jugendlichen, der von seinen Eltern immer drangsaliert und geschlagen wird und nun Aggressionen spürt und Ihnen davon in seiner Sprachnachricht erzählt.

Mit solchen Situationen umgehen zu können, sollten Sie lernen. Ihre Schriftsprache so zu gebrauchen und einzusetzen, dass Sie hilfreich sein können und dürfen.

Wie gehe ich damit um? Was darf ich? Was darf ich nicht? Welche Grenzen setzen mir die rechtlichen Bestimmungen und Vorgaben?

6.9.2 Rechtliche Rahmenbedingungen

Beratungsstellen sind oft Fachstellen, die sich auf ihrem Gebiet auskennen und Hilfe anbieten. Diese sind in gesetzliche Vorgaben und Rahmenbedingungen eingebunden. So ist die Schwangerschaftsberatung an entsprechende Gesetze und Fristen gebunden. Die Schuldnerberatung hat das Insolvenzrecht, welches sie beachten muss, und die Drogenberatung kennt die Bestimmungen des Betäubungsmittelgesetzes und der Wiedererlangung der Fahrerlaubnis. Wir alle sind Fachleute für einen bestimmten Bereich. Wie verhält es sich aber mit Suizid? Was ist unterlassene Hilfeleistung? Wann muss ich etwas, was mir bekannt wird, anzeigen? Was erwartet der § 8a SGB VIII Schutzauftrag bei Kindeswohlgefährdung von mir? Das sind Fragen, in denen Sie sich auskennen sollten, um auch für sich die Sicherheit für Ihr Tun zu haben. Diese Fragen sind aber auch speziell unter dem Lichte und der Anwendbarkeit der Online-Beratung zu sehen.

6.9.3 Ethische Fragen

Beratung erfolgt in aller Regel auf Grund eines ausgesprochenen Wunsches oder Auftrags. Nicht erbetene Hilfe ist widersprechend. Grenzverletzungen und Übergriffe seitens der Ratsuchenden sind anzusprechen und zu unterbinden! Das Internet bietet gerade Menschen mit Kontaktängsten, frühen Störungen und einem labilen Selbst ein Medium und hat eine enthemmende Wirkung. Online-Beratung ist trotz methodischer und instrumenteller Werkzeuge nicht wertfrei: Sowohl Ratsuchende äußern ihre Werte implizit oder explizit als auch Beratende. Beide Seiten sind verdeckt oder direkt von weltanschaulichen, politischen oder sozialen Zielen geleitet. Erfolgreiche Beratung zeigt sich in der Wahrnehmung und Durchsichtigkeit der Wertesysteme und nicht in der Neutralität oder Parteinahme für bestimmte Wertmaßstäbe.

6.9.4 Datenschutz

In einer virtuellen Beratungsstelle muss sichergestellt sein, dass Beratungsinhalte ebenso geschützt sind wie in einer Face-to-Face-Beratungsstelle. Aus den Risiken, die sich bei der Reise vertraulicher Daten durch das Internet ergeben, ist ersichtlich, dass das Setzen eines einfachen »Mailto-Links« auf der Webseite nicht mit der Eröffnung einer virtuellen Beratungsstelle gleichzusetzen ist. Vielmehr gilt es als verpflichtend, die Datenübermittlung zu verschlüsseln. Für Beratende ist es wichtig, für potentielle Risiken sensibilisiert zu sein.

Das Wissen um Datenspeicherung, Datensicherung, Datenaufbewahrung und Fristen ist ein Must-have. Es ist Bestandteil einer qualifizierten Ausbildung »Online-Beratung«. Nehmen Sie Kontakt zur Datenschutzbeauftragten Ihrer Einrichtung auf. Online-Therapeutinnen und Online-Berater sind keine Technikfreaks oder Computerexperten. Sie müssen auch nicht die Fachfrau für den Datenschutz sein. Sie müssen sich damit nur gut auskennen und wissen, dass der Platz für die Selbstklebe-Notiz mit dem Passwort nicht der Bildschirm ist ;-)

6.9.5 Und wie alle anderen Formate braucht Online-Beratung Qualitätssicherung

Unsere Tätigkeiten sind Dienstleistungen für andere Menschen. Diese sollten eine bestimmte und definierte Qualität haben. Um dies in einer Beratungsstelle zu sichern, bedarf es eines Qualitätsmanagements (QM). Dass auch wir mit unseren Beratungs- und Therapieangeboten uns auf Qualität hinterfragen lassen müssen, ist selbstverständlich im Blick auf unsere Organisation, die Mitarbeitenden und unsere Angebote.

Die Online-Beratung als Dienstleistung orientiert sich an den Bedürfnissen der Ratsuchenden und Klientinnen, aber auch an denen der Mitarbeitenden. Diese sind im Fluss und ändern sich. Die Bedürfnisse der Klientinnen und Patienten und die der Mitarbeitenden haben sich in der Corona-Krise verändert, so dass die Beratungsangebote angepasst werden mussten. Wir können nur empfehlen, diese Prozesse nicht aus den Augen zu verlieren. Unsere Klientinnen, Patienten und Ratsuchenden haben ein Recht darauf, das Bestmögliche zu bekommen.

KAPITEL 7

Beispiele von virtuellen Beratungsstellen

Eine virtuelle Beratungsstelle ist nicht zu verwechseln mit Homeoffice! Eine virtuelle Beratungsstelle ist mehr; sie bietet das Gleiche wie eine Face-to-Face-Beratungsstelle, nur online. Die Beratungen finden per Mail oder Chat, als Sprachnachrichten oder Video-Beratungen statt, je nach Zielgruppe. Die deutschsprachige Gesellschaft für Online-Beratung schreibt dazu in ihren Vorstandsmaterialien: »Online-Beratung präsentiert sich Ratsuchenden als alternativer und erweiterter Zugang zu Beratungsleistungen, verbunden mit einem Medienwechsel: von der unmittelbaren Interaktion zu einer tele-medial vermittelten Kommunikation zwischen räumlich Abwesenden. Überbrückt wird die räumliche Distanz durch den Einsatz digitaler Kommunikationsmedien.« https://dg-onlineberatung.de/definition-ob/

Virtuelle Beratungsstellen sind keine neue Erfindung: Sie gibt es seit 1995. In der Praxis finden Sie psychosoziale Online-Beratungsstellen, Online-Therapeutinnen und -Therapeuten, Online-Peer-Beratungsstellen und Onlineseelsorgestellen. In diesem Kapitel stellen wir Ihnen exemplarisch einige davon vor, entweder als zusätzliches Format oder als reines Online-Beratungs-Format, kostenfrei oder kostenpflichtig.

7.1 TelefonSeelsorge®

Die älteste virtuelle Beratungsstelle in Deutschland ist die TelefonSeelsorge® im Internet (OnlineSeelsorge), die 1995 ins Leben gerufen wurde. Mittlerweile sind mehr als 1000 Online-Berateroinnen und

-Berater von insgesamt 7500 Mitarbeitenden aus 50 TelefonSeelsorge®-Stellen tätig. Die TelefonSeelsorge® in Deutschland ist mit 105 Stellen in der gesamten Bundesrepublik vertreten. Wie bei der Polizei und Feuerwehr werden die Anrufe in die jeweils nächste Stelle geroutet. Die Anfragen per Mail und Chat, die aus der ganzen Welt kommen, werden per Dienstplan an die ehrenamtlichen Mitarbeitenden verteilt. Täglich erreichen ca. 35–45 neue Mailanfragen die OnlineSeelsorge. Das Chatangebot steht Tag und Nacht zur Verfügung. (Allerdings noch nicht komplett 24 Stunden, da es noch zu geringe personelle Ressourcen gibt, da die Ausbildungen und Fortbildungen kosten und nicht in allen Stellen finanzielle Ressourcen dafür vorgesehen sind.) 2019 sind 35424 neue Mailanfragen eingegangen. Bei 32% der Mails bleibt es bei einem einmaligen Kontakt, bei 41% kommt es zu bis zu 10 Mailwechseln, bei 27% zu 20 und mehr Mailwechseln. Des Weiteren wurden 23234 Chats geführt. 14% der Chats dauern bis zu 15 Minuten. Über die Hälfte aller Chats (52%) dauern zwischen 16 und 45 Minuten. 34% werden von 46 bis zu 90 Minuten geführt. 52% der Menschen, die die MailSeelsorge in Anspruch nehmen, sind zwischen 15 und 29 Jahren, in der ChatSeelsorge sind es 59%. (Jahresbericht der TelefonSeelsorge® Deutschland) 2020 wurden fast doppelt so viele Chats geführt wie im Jahr 2019. Die OnlineSeelsorge ist eine zentrale Anlaufstelle für Menschen mit Problemen in Krisen. Über die virtuelle Beratungsstelle werden Ratsuchende erreicht, die nach ihren eigenen Angaben nicht anrufen würden, da es eine zu große Hürde ist, die eigene Stimme beim Besprechen der Probleme zu nutzen. Das Internet erleichtert den Zugang zur Hilfe noch mehr als das Telefon. »… Ich bin erst 22, habe große Geldprobleme, eine sehr schwierige Familie und eine Essstörung und ich bin jetzt einfach mal ehrlich, weil ich es sonst niemanden sagen kann. Ich denke sehr oft darüber nach einfach vor den Zug zu springen und habe es nur nicht gemacht, weil ich mich zu sehr verantwortlich für meine Familie fühle. Mein Leben ist sinn frei …« schreibt eine Studentin im TelefonSeelsorge®-Chat. Die Beraterinnen und Berater sind ausgebildete und in der Online-Beratung geschulte Ehrenamtliche. Sie sind im Rahmen ihrer ehrenamtlichen Beratung und Begleitung zur Supervision verpflichtet.

Die ehren- und hauptamtlichen Beraterinnen und Berater der TelefonSeelsorge® werden für die Online-Beratung medienspezifisch aus- und weitergebildet und supervisorisch begleitet. Die Beraterinnen und Berater tragen sich in einen Onlinedienstplan ein, sodass die eingehenden Mails automatisch zugewiesen werden können. Den Ratsuchenden wird eine Antwort innerhalb von 72 Stunden garantiert. Wenn diese Zeitvorgabe nicht eingehalten werden kann, werden sie darüber informiert. Die Verteilung und Zuordnung wird ausschließlich über das bundesweit zur Verfügung gestellte Webmailsystem der TelefonSeelsorge® angeboten, das den aktuell

Merkmale OnlineSeelsorge	
Name der Online-Beratung:	TS ONLINE
Internetadresse:	https://online.telefonseelsorge.de/
Träger der Einrichtung:	Evangelische Konferenz für TelefonSeelsorge und Offene Tür e. V. und Katholische Konferenz für TelefonSeelsorge und Offene Tür
Organisationsform	Zusammenschluss verschiedener Stellen zu einer virtuellen Beratungsstelle
Art der Online-Beratung:	1. Mail 2. Chat
Ziele:	neben der telefonischen Beratung auch per Mail und Chat für Menschen in Not erreichbar zu sein
Teamzusammensetzung und Qualifizierung für die Online-Beratung	▪ ca. 1500 ehrenamtliche Beraterinnen und Berater, die eine Ausbildung gemäß den Rahmenrichtlinien »Ausbildung für Ehrenamtliche« mit einem Umfang von mindestens 120 Zeitstunden haben und speziell in der Internetberatung ausgebildet sind ▪ Fachkräfte aus der Pädagogik, Psychologie, Soziologie, Theologie, der Sozialen Arbeit, der Beratungsarbeit ▪ Ausgebildete Online-Beraterinnen und -Berater (DGOB)
Beantwortung der Erstmails:	innerhalb von 72 Stunden
Chat	Fast 24 Stunden täglich

gültigen Datenschutzbestimmungen angepasst ist. Die Beraterin oder der Berater kann dem Mailwechsel von zu Hause oder von der Dienststelle nachgehen.

Die Mitarbeitenden, die einen Chatdialog anbieten, tragen sich ebenfalls in einen Dienstplan ein oder bieten einen Spontanchat an. Über das Datenverarbeitungsgerät in der Dienststelle oder nach Vereinbarung auch von zu Hause wählen sie sich ein und eröffnen einen Chatdialog. Der gesamte Chatdialog läuft über einen gesicherten Server! Durch die Auswertung der statistischen Daten wird festgestellt, welche Themen und Entwicklungen im Vordergrund stehen. Entsprechend werden diese in die Supervisionen, die einmal monatlich stattfinden, als auch in Aus- und Fortbildungsinhalte aufgenommen.

Wie bekannt, ist die TelefonSeelsorge®, schon aufgrund des Beichtgeheimnisses, zum hohen Datenschutz verpflichtet. Die Ratsuchenden können sich auf dem Server der TelefonSeelsorge® anonym einen Account anlegen, ohne ihre E-Mail-Adresse angeben zu müssen. Die gesamte Kommunikation wird verschlüsselt, wodurch auch die Integrität des Transfers garantiert wird. Weder Name noch Adresse sind gefragt.

In vielen Ländern gibt es eine Art »TelefonSeelsorge«, die ihre Hilfe ebenfalls online anbietet. In der Schweiz ist es »Die Dargebotene Hand-Tel 143« und in Österreich die österreichische TelefonSeelsorge, in den Niederlanden sensoor.nl, in Italien »telefono amico« und in Spanien »telefon esperanza«, um einige zu nennen.

7.2 Dargebotene Hand-Tel 143

Die Dargebotene Hand-Tel 143 in der Schweiz ist rund um die Uhr für Menschen, die ein helfendes und unterstützendes Gespräch benötigen, über Telefon, Mail und Chat ansprechbar. Unterstützung leistet die Dargebotene Hand von zwölf Regionalstellen aus, in den drei wichtigsten Landessprachen. Das Angebot rund um die Uhr machen über 600 gut ausgebildete ehrenamtliche Frauen und Männer möglich. Im Jahresbericht 2018 heißt es: Chat ist immer wichtiger: Die Zahl der Onlinekontakte stieg 2018 um fast 12 %. Diese teilen sich in 63 Prozent Chat- und 37 Prozent Mail-Kontakte. Seit Jahren wächst bei der Online-Beratung die Bedeutung des Chats. https://www.143.ch/Dokumente/Jahresberichte/Jahresbericht-2018

Die Mitarbeitenden werden für die Online-Beratung speziell geschult und sind an die Schweigepflicht gebunden. Die Ratsuchenden bleiben anonym. Die Beratung ist kostenlos.

Der Mailkontakt läuft ausschließlich auf dem gesicherten Server der Dargebotenen Hand. Die erste Antwort erhalten Ratsuchende innerhalb von 48 Stunden. Das Chatangebot steht täglich von 10 bis 22 Uhr zur Verfügung, ebenfalls auf dem gesicherten Server. Sie kommunizieren in einem geschützten Chatraum. Nach dem Chat-Kontakt werden ihre Einträge vom gesicherten Server gelöscht. Die Beratung ist kostenlos, die Chat-Zeiten sind beschränkt. Auf dem

Merkmale der Dargebotenen Hand	
Name der Online-Beratung:	Die Dargebotene Hand
Internetadresse:	https://www.143.ch/
Träger der Einrichtung:	Die Dargebotene Hand ist ein Zusammenschluss von zwölf lokal und regional verankerten, unabhängigen Organisationen unter einem gesamtschweizerischen Dachverband.
Organisationsform	Zusammenschluss verschiedener Stellen zu einer virtuellen Beratungsstelle
Art der Online-Beratung:	1. Mail 2. Chat
Ziele:	neben der telefonischen Beratung auch per Mail und Chat für Menschen in Not erreichbar zu sein
Teamzusammensetzung und Qualifizierung für die Online-Beratung:	▪ ehrenamtliche Beraterinnen und Berater, die speziell in der Internetberatung ausgebildet sind ▪ Fachkräfte aus der Pädagogik, Psychologie, Soziologie, Theologie, der Sozialen Arbeit, der Beratungsarbeit
Beantwortung der Erstmails:	innerhalb von 48 Stunden
Chat	10.00–22.00 Uhr

Stundenplan ist ersichtlich, zu welchen Zeiten ein Chat angeboten wird.

Die Mitarbeitenden setzen sich aus allen Regionalstellen zusammen.

7.3 Notruf 142 – Die Telefonseelsorge Österreich

ist eine österreichweite Organisation mit einer Telefonseelsorge-Stelle in jedem Bundesland. Das Team setzt sich aus etwa 25 hauptamtlichen und rund 800 für die Telefon- und Online-Beratung umfassend ausgebildeten, ehrenamtlichen Beraterinnen und Beratern zusammen. Die Chat-Beratung ist als Sofortchat, der täglich von

Merkmale der Telefonseelsorge Österreich	
Name der Online-Beratung:	142 Telefonseelsorge
Internetadresse:	http://www.telefonseelsorge.at
Träger der Einrichtung:	Die TelefonSeelsorge Österreich – Notruf 142 ist eine österreichweite Organisation mit neun TelefonSeelsorge-Stellen. Träger sind die römisch-katholischen und evangelischen Kirchen, in Vorarlberg ein privater Verein.
Organisationsform	Zusammenschluss verschiedener Stellen zu einer virtuellen Beratungsstelle
Art der Online-Beratung:	1. Mail 2. Chat
Ziele:	neben der telefonischen Beratung auch per Mail und Chat für Menschen in Not erreichbar zu sein
Teamzusammensetzung und Qualifizierung für die Online-Beratung:	▪ ehrenamtliche Beraterinnen und Berater, die speziell in der Internetberatung ausgebildet sind ▪ Fachkräfte aus der Pädagogik, Psychologie, Soziologie, Theologie, der Sozialen Arbeit, der Beratungsarbeit
Beantwortung der Erstmails:	innerhalb von 48 Stunden
Chat	14.00 – 22. 00 Uhr

14–22 Uhr geöffnet ist, organisiert. Ratsuchende können direkt ohne Anmeldung chatten. Der Chatdialog findet über den gesicherten Server der Telefonseelsorge statt. Zusätzlich gibt es die Möglichkeit der Mail-Beratung. Hierzu muss man sich registrieren, und nach Eingang der Mailanfrage erhalten Ratsuchende so schnell wie möglich, in der Regel innerhalb von 48 Stunden, eine Antwort auf ihre Erstanfrage. 2017 konnten 2358 Mailanfragen und 664 Chat-Beratungstermine bewältigt werden. Das bedeutet 1614 Beratungsstunden. Die Online-Beratung ist ein stark wachsender Zweig unseres Angebots, vermerkt der Jahresbericht der Telefonseelsorge.

7.4 Caritas

Der Deutsche Caritasverband bietet seit 2006 eine psychosoziale Beratung im Internet an und stellt dafür eine sichere Beratungsplattform bereit. Über diese können die Ratsuchende mit den Beraterinnen und Beratern der Beratungsstellen in Kontakt treten. Die Online-Beratung ist in verschiedene eigenständige Beratungsbereiche unterteilt. Ratsuchende müssen sich registrieren, einen Benutzernamen wählen, ihre Postleitzahl und ein Passwort eingeben. Die Angabe einer E-Mail-Adresse ist optional. Falls Ratsuchende keine Mailadresse eingegeben haben, erhalten sie keine Benachrichtigungsmail über den Erhalt einer Antwort, sondern müssen sich auf der Plattform anmelden, um nachzusehen. Die Kommunikation wird über eine gesicherte Verbindung übertragen und wird verschlüsselt und gespeichert auf den Servern des Auftragnehmers. Verantwortliche im Sinne des Gesetzes über den kirchlichen Datenschutz (KDG) ist immer die jeweilige Beratungsstelle!

Die Online-Beratung übernehmen speziell fortgebildete Beraterinnen und Berater in den örtlichen und regionalen Beratungsstellen, Diensten und Einrichtungen per Mail.

Zielgruppe sind Menschen, die eine anonyme, zeitlich unabhängige Unterstützung möchten. Die Beratenden der Caritas beantworten die Fragen in der Regel innerhalb von zwei Werktagen. www.caritas.de/onlineberatung

Merkmale der Caritas	
Name der Online-Beratung	Online-Beratung der Caritas
Internetadresse:	https://www.caritas.de/hilfeundberatung/onlineberatung/onlineberatung
Träger der Einrichtung:	Caritas Deutschland
Organisationsform	Zusammenschluss verschiedener Stellen zu einer virtuellen Beratungsstelle
Art der Online-Beratung	1. Mail
Ziele:	Erweiterung des herkömmlichen Beratungsangebotes
Teamzusammensetzung und Qualifizierung für die Online-Beratung:	■ speziell fortgebildete Beraterinnen und Berater aus örtlichen Beratungsstellen
Beantwortung der Erstmails:	innerhalb von 48 Stunden

7.5 Diakonie

Das Online-Beratungsportal der Diakonie bietet eine integrierte Webmail-Lösung, mit der Beratungsstellen ohne großen Aufwand in der Online-Kommunikation denselben Grad an Vertraulichkeit gewährleisten können wie bei einem Beratungsgespräch unter vier Augen in der Beratungsstelle. Die Webmail-Lösung erfüllt die Anforderungen, welche die kirchlichen Datenschützer im April 2009 festgelegt haben. Alle persönlichen Inhalte werden verschlüsselt übertragen und verschlüsselt gespeichert, sodass ausschließlich die Ratsuchenden selbst und die jeweils fallzuständigen Beratungsfachkräfte Beratungsinhalte lesen können. Erst durch diese Verschlüsselung ist die Einhaltung der gesetzlichen Schweigepflicht nach § 203 StGB gewährleistet. Beispielhaft bietet die Beratungsstelle für Kinder, Jugendliche und deren Familien in Pforzheim Online-Beratung für Jugendliche in allen Fragen des Lebens. Aber auch Eltern können sich in Fragen der Erziehung, Entwicklung und Trennung und Schei-

Merkmale der Diakonie	
Name der Online-Beratung	Online-Beratung der Diakonie
Internetadresse:	https://www.evangelische-beratung.info
Träger der Einrichtung:	einzelne Beratungsstellen in Trägerschaft von Diakonie und evangelischer Kirche
Organisationsform	Online-Beratung als weiteres Format
Art der Online-Beratung	1. Mail
Ziele:	Erweiterung des herkömmlichen Beratungsangebotes
Teamzusammensetzung und Qualifizierung für die Online-Beratung:	■ speziell fortgebildete Beraterinnen und Berater aus örtlichen Beratungsstellen
Beantwortung der Erstmails:	keine Angabe

dung an sie wenden. Die Unterstützung ist anonym und kostenlos! Die ausgebildeten Beraterinnen und Berater sind zertifiziert durch die Deutsche Gesellschaft für Online-Beratung (DGOB). Sie antworten innerhalb von 3 Werktagen auf die erste Anfrage.

7.6 pro familia Online-Beratung

pro familia bietet Online-Beratung bei allen Fragen und Problemen zu Partnerschaft, Sexualität, Familienplanung und Schwangerschaft. Die ca. 100 Beraterinnen und Berater der dreizehn pro familia-Landesverbände haben die Online-Beratungs-Fortbildung des pro familia-Bundesverbands oder eine vom Deutschen Arbeitskreis für Jugend, Ehe und Familienberatung (DAKJEF) anerkannte Fortbildung zur Online-Beratung absolviert. Sie kommen aus verschiedenen Berufsgruppen und sind in ein multidisziplinäres pro familia-Team eingebunden. Supervision und Fallbesprechungen sind Qualitätsstandards. Die Online-Beratung wird – abhängig vom

Merkmale der pro familia	
Name der Online-Beratung	Online-Beratung der pro familia
Internetadresse:	https://profamilia.sextra.de oder https://www.sexundso.de/online-beratung/
Träger der Einrichtung:	Bundesverband: pro familia Deutsche Gesellschaft für Familienplanung, Sexualpädagogik und Sexualberatung e. V. deutschlandweiter Verbund von mehr als 180 Beratungsstellen
Organisationsform	Zusammenschluss verschiedener Stellen zu einer virtuellen Beratungsstelle
Art der Online-Beratung	1. Mail
Ziele:	Erweiterung des herkömmlichen Beratungsangebotes
Teamzusammensetzung und Qualifizierung für die Online-Beratung:	▪ speziell fortgebildete Beraterinnen und Berater aus örtlichen Beratungsstellen nach Kriterien des pro familia-Bundesverbands oder eine vom Deutschen Arbeitskreis für Jugend, Ehe und Familienberatung (DAKJEF) anerkannte Fortbildung zur Online-Beratung
Beantwortung der Erstmails:	in der Regel innerhalb von 72 Stunden

Bundesland – von https://profamilia.sextra.de oder https://www.sexundso.de/online-beratung/ durchgeführt. Erstantworten werden meist innerhalb von 72 Stunden beantwortet. In Fällen von großer Nachfrage kann es manchmal auch länger dauern. Die profamilia.sextra-Online-Beratung bietet drei verschiedene Möglichkeiten zur Kommunikation an.

1. Postfach (anonym und verschlüsselt)
   Dazu ist eine Anmeldung mit einem selbstgewählten »Mitgliedsnamen« und einem selbstgewählten Passwort notwendig.
2. Postfach (verschlüsselt) mit Benachrichtigung per E-Mail (ohne Beratungsinhalt)
   Auch hierzu ist eine Anmeldung mit einem selbstgewählten »Mit-

gliedsnamen« und einem selbstgewählten Passwort notwendig, zusätzlich die Angabe einer E-Mailadresse.

3. Antwort per E-Mail
   Die Angabe einer E-Mail-Adresse ist notwendig. Die Beratungsantwort wird per E-Mail verschickt, wobei die Übertragung in Teilen unverschlüsselt erfolgen kann. Es ist nicht ganz ausgeschlossen, dass E-Mails von einem Dritten gelesen (oder sogar verändert) werden könnten.

7.7 bke-Onlineberatung

Seit 2004 bietet die Bundeskonferenz für Erziehungsberatung e. V. (bke) Beratung über das Internet an. Jugendliche im Alter von 14 bis 21 Jahren sowie Eltern von Kindern bis zum 21. Lebensjahr können sich Rat und Hilfe zu allen Fragen der eigenen Entwicklung und Fragen der Erziehung holen. Dabei haben sie die Wahl zwischen der Mail-Beratung (webbasiert), Einzelchats, Gruppen- und Themenchats sowie verschiedenen Themenforen. Die Beratung erfolgt anonym und kostenfrei und bietet bestmöglichen Datenschutz. »Durch die Firma Awesome! konnte Mitte Mai 2018 der umfassende Relaunch der Websites der bke-Onlineberatung fertiggestellt und online geschaltet werden. Drei Vorgaben prägten die Neugestaltung: ein modernes, dem Corporate Design der bke angepasstes Design, nutzerfreundliche Bedienbarkeit und die responsive Darstellung auf allen handelsüblichen mobilen und stationären Endgeräten. Nicht zuletzt mussten alle datenschutz-relevanten Bedingungen erfüllt werden. Eine weitere Maßnahme im Rahmen der Datenschutzanforderungen an ein internetbasiertes Beratungsangebot dieser Größenordnung war der anstehende Wechsel zu einem Serverhost mit entsprechend hohen Standards. Dieser konnte schließlich zum Ende des Jahres 2018 erfolgreich und ohne nennenswerte Störungen umgesetzt werden. Der neue Provider Hetzner hat seinen Serverstandort in Deutschland und unterliegt somit den hiesigen Gesetzmäßigkeiten.« https://www.bke.de/content/application/explorer/public/virtuelle-beratungsstelle/2019/online-projektbericht-2018-web.pdf

Die Beratungsstellen delegieren Fachkräfte für ein Kontingent von 5 bis 10 Stunden pro Woche für die Mitarbeit bei der bke-Onlineberatung. Die beteiligten Beraterinnen und Berater verfügen über fundierte fachliche Qualifikationen. Sie weisen ein abgeschlossenes psychosoziales Studium, eine therapeutische Ausbildung sowie eine mehrjährige Berufserfahrung im Feld der Erziehungsberatung auf. Eine einwöchige Fortbildung mit Einblicken in die fachlichen und technischen Besonderheiten der bke-Onlineberatung bildet die Basis für die Mitwirkung. Ein sich anschließendes kollegiales Mentorat unterstützt die neuen Online-Beraterinnen und -Berater bei ihrer neuen Aufgabe. Alle Beraterinnen und Berater sind von der Datenschutzbeauftragten der bke geschult. Die bke-Onlineberatung ist das

Merkmale der Bundeskonferenz für Erziehungsberatung	
Name der Online-Beratung	bke-Onlineberatung
Internetadresse:	https://eltern.bke-beratung.de und https://jugend.bke-beratung.de/
Träger der Einrichtung:	örtliche Beratungsstellen
Organisationsform	Zusammenschluss verschiedener Stellen zu einer virtuellen Beratungsstelle
Art der Online-Beratung	■ Mail-Beratung ■ Einzelchats ■ Gruppen- und Themenchats ■ Themenforen
Ziele:	Erweiterung des herkömmlichen Beratungsangebotes
Teamzusammensetzung und Qualifizierung für die Online-Beratung:	■ speziell fortgebildete Fachkräfte, Beraterinnen und Berater aus örtlichen Beratungsstellen.
Beantwortung der Erstmails:	in der Regel innerhalb von 72 Stunden
Chat	für den Einzelchat gibt es eine offene Sprechstunde für den Gruppenchat gibt es Termine Beides ist auf der Webseite veröffentlicht: www.bke-beratung.de

einzige von allen Bundesländern geförderte Beratungsangebot. Es wurde 2003 von der Jugendministerkonferenz beauftragt.

7.8 AWO

Auch die Arbeiterwohlfahrt (AWO) bietet Online-Beratung an. Auf der Seite des Bundesverbandes https://www.awo.org/index.php/beratung-finden findet sich eine Einrichtungsdatenbank, die nach Themenschwerpunkten gegliedert ist. Verschiedene Beratungsdienste gibt es auch als Online-Beratungsformat, wie z.B. die AWO Pflege- und Seniorenberatung, die Jugendonlineberatung und Elternonlineberatung der AWO-Beratungsstelle Meinerzhagen.

Das Team in der Beratungsstelle im Sauerland sind Beraterinnen und Berater, die aufbauend auf ihr Studium eine familientherapeutische Qualifikation und zusätzliche Schwerpunkte haben. Sie bieten psychologische Beratung unter anderem bei Beziehungs- und

Merkmale der AWO Beratungsstelle Meinerzhagen	
Name der Online-Beratung	Online-Beratung für Jugendliche Online-Beratung für Eltern
Internetadresse:	https://www.find-yourway.de/ https://www.awo-beratungsstelle-meinerzhagen.de/onlineberatung/
Träger der Einrichtung:	AWO-Beratungsstelle Meinerzhagen
Organisationsform	Online-Beratung als weiteres Format
Art der Online-Beratung	1. Mail
Ziele:	Erweiterung des herkömmlichen Beratungsangebotes
Teamzusammensetzung und Qualifizierung für die Online-Beratung:	▪ speziell fortgebildete Beraterinnen und Berater aus der örtlichen Beratungsstelle
Beantwortung der Erstmails:	innerhalb von 2–5 Tagen

Partnerschaftsproblemen, Erziehungsfragen, Schulsorgen, Mobbing, Gewalterfahrungen und Essstörungen.

Jugendliche können sich per Mail über die Seite www.find-your way.de an die Beraterinnen und Berater wenden. Innerhalb von 2–5 Tagen erhalten sie eine Antwort. Die Beratung findet verschlüsselt statt. Die Daten liegen auf einem Server in Deutschland. Benutzerinnen und Benutzer im Front-End und Back-End greifen darauf zu. Zur Erklärung: Das Front-End ist die Seite, die die Ratsuchenden aufrufen. Das Back-End ist die Seite für die Beratenden. Sie finden dort einen Überblick über die eingegangenen Mailanfragen. Für Eltern steht das Angebot unter: (siehe Tabelle auf Seite 250)

7.9 Online-Beratung der Aidshilfe

Die Deutsche Aidshilfe e.V. (DAH) als Dachverband für mehr als 120 Mitgliedsorganisationen und anerkannter Fachverband für Prävention und Gesundheitsförderung bietet seit 2005 eine Plattform zur Online-Beratung. Die Anonymisierung ermöglich es nicht nur, sexuelle Konflikte und Hemmungen abzustreifen, sondern auch, Phantasien zu äußern, wie man sich das im realen Leben nicht trauen würde. Dass durch die Anonymität des Internets Schamgrenzen überwunden werden und derart offen über Probleme und Konflikte gesprochen wird, ist allerdings nicht nur für den Bereich Sexualität ein Gewinn.

Von Beginn an hat die Online-Beratung der Deutschen Aidshilfe viel Wert auf die Qualifizierung der Online-Beraterinnen und -Berater gelegt. Die Mitarbeiterinnen und Mitarbeiter haben fundierte Kenntnisse zu HIV und anderen sexuell übertragbaren Krankheiten. Sie bilden sich regelmäßig weiter und beraten somit auf dem aktuellen Wissensstand. Zudem sind sie speziell für die Beratung im Internet geschult. Das Team kommt aus 30 regionalen Aidshilfen aus ganz Deutschland. Die Beraterinnen und Berater sind hetero, schwul, lesbisch, bi, trans*, HIV-negativ, HIV-positiv und kennen unterschiedlichste Lebenswelten. Grundsatz ist es, Verhalten nicht zu beurteilen, sondern Ratsuchende bei ihren eigenen Entscheidungen bezüglich

Gesundheit und Sexualität zu unterstützen. Die Online-Beratung ist anonym und kostenlos und gewährleistet sowohl nach § 203 StgB (Verletzung von Privatgeheimnissen) und nach der Datenschutz-Grundverordnung (DSGVO) den Datenschutz. Die Beratung findet webbasiert und SSL-verschlüsselt über die gesicherte Plattform von beranet statt. Ratsuchende können anonym bleiben, die Daten werden verschlüsselt und die gesamte Kommunikation läuft über einen sichern Server. Die Mailanfragen werden so schnell wie möglich beantwortet, oft noch am selben Tag, maximal dauert es drei Werktage. Anfragen können auch in Englisch oder Französisch gestellt werden.

Bei komplizierteren Fragen besteht die Möglichkeit, über eine längere Zeit mit einer Beraterin oder einem Berater in Kontakt zu bleiben.

Das Online-Beratungsteam, das aus den unterschiedlichsten beraterischen Berufsfeldern kommt, trifft sich zweimal wöchentlich im virtuellen Raum zum Austausch. Dort geben sich die Beraterinnen und Berater Feedback, diskutierten problematische Fälle und tauschen Informationen aus. Einmal im Jahr findet eine Weiterbildung in Berlin statt. Der Leiter der virtuellen Beratungsstelle sorgt für angemessene Rahmenbedingungen wie Datenschutz und Sicherheit und ist verantwortlich für Qualitätssicherung, wie Fortbildungen und Supervision, sowie die Öffentlichkeitsarbeit.

https://www.hiv-beratung-aktuell.de/sites/default/files/documents/2015_06_30_hiv_beratung_aktuell_03_2015.pdf

Karl Lemmen, zuständig für die Qualitätsentwicklung Medizin & Beratung der DAH, formuliert die Voraussetzungen für eine Mitarbeit im Online-Beratungsteam der Aidshilfe so: »Die jeweilige Aidshilfe verpflichtet sich in einem Vertrag auf Gegenseitigkeit zu einer Mitarbeit von mindestens einem Jahr, in dem sie einen entsprechenden Anteil der eingehenden Anfragen bearbeitet. Der/die von ihr benannte Berater/in muss mindestens 18 Monate Erfahrung in der Beratungsarbeit von Aidshilfe haben, eine den Bedingungen der Telefonberatung entsprechende Online-Ausbildung absolviert haben, die Einbindung in ein Beraterteam der Aidshilfe vor Ort und die Verpflichtung zur Einhaltung der Schweigepflicht.« https://www.e-beratungsjournal.net/ausgabe_0107/bock.pdf

Merkmale der Online-Beratung der Aidshilfe	
Name der Online-Beratung	Aidshilfe Beratung
Internetadresse:	https://aidshilfe-beratung.de
Träger der Einrichtung:	Deutsche Aidshilfe e.V.
Organisationsform	Zusammenschluss verschiedener Stellen zu einer virtuellen Beratungsstelle
Art der Online-Beratung	1. Mail 2. Chat 3. Gruppenchat
Ziele:	Erweiterung des herkömmlichen Beratungsangebotes
Teamzusammensetzung und Qualifizierung für die Online-Beratung:	■ speziell in der Online-Beratung ausgebildete Beraterinnen und Berater aus den örtlichen Beratungsstellen
Beantwortung der Erstmails:	in der Regel innerhalb von 72 Stunden
Chat	zu verschiedenen Zeiten

7.10 Online-Beratungsstelle gegen Rechtsextremismus

2008 hat der Verein »Gegen Vergessen – Für Demokratie« mit mehr als 2000 Mitgliedern eine Online-Beratungsstelle gegen Rechtsextremismus ins Leben gerufen. Ein Satzungsziel ist die »Auseinandersetzung mit Feindbildern, Rassismus, Fremdenfeindlichkeit, Ausländerfeindlichkeit, Antisemitismus und anderer Formen des politischen Extremismus und zur Förderung demokratischer Gesinnung beizutragen«. https://www.gegen-vergessen.de/verein/verein-im-ueberblick/satzung/

Die Online-Beratung steht Menschen, die in ihrer privaten oder beruflichen Umgebung mit Rechtsextremismus konfrontiert sind, mit Informationen und Rat, auch anonym, zur Seite. Überdies werden Menschen erreicht, die eine herkömmliche Beratung aufgrund räumlicher Distanz, Zeitmangel, Scham oder Angst nicht aufsuchen würden. Träger der Online-Beratung ist der Verein.

Meistens melden sich Menschen, die in ihrem persönlichen Umfeld Rechtsextremismus, Rechtspopulismus oder andere diskriminierende Einstellungen mitbekommen. Sei es, weil sie sich von Nachbarn bedroht fühlen, die sich als Neonazis entpuppen, weil sie rassistische Sprüche in der Fußballmannschaft nicht mehr unbeantwortet lassen möchten oder dass sie um Unterstützung bitten, weil ihr Kind in die rechte Szene abzudriften droht. Andere sind in Internetforen oder anderen Social-Media-Bereichen auf Hassreden oder rechtsextreme Propaganda gestoßen und möchten sich dagegen wehren. Gerade wer Hemmungen hat, mit solchen Sorgen in eine Beratungsstelle vor Ort zu gehen, falls es überhaupt eine in der Nähe gibt, ist für Angebote im Internet eher erreichbar. Die Plattform ist unkompliziert zu jeder Tages- und Nachtzeit nutzbar und gewährt Anonymität. Das interdisziplinäre Team kommt aus den Bereichen Pädagogik, Politik- oder Geschichtswissenschaften. Einige Teammitglieder haben eine Qualifikation in systemischer Beratung; alle besitzen eine Zusatzqualifikation in Online-Beratung, die durch die deutschsprachige Gesellschaft für Online-Beratung anerkannt ist. Die Kommunikation mit den Klientinnen und Klienten findet ausschließlich schriftlich nach dem E-Mail-Prinzip auf der SSL-verschlüsselten Plattform www.online-beratung-gegen-rechtsextremismus.de statt. Die Anfragen werden in der Regel innerhalb von drei Werktagen beantwortet und im Team vertraulich besprochen. Weiterhin besteht die Möglichkeit, über einen Einzelchat zu kommunizieren. Die Anonymität ist garantiert, es werden keine persönlichen Daten erhoben. Angaben zur Statistik sind freiwillig. Es besteht keine Möglichkeit, Adresse, Telefonnummer oder E-Mailadresse der Ratsuchenden zu erfahren, es sei denn, diese geben die Daten an die Beraterinnen und Berater.

Das Institut für Konflikt- und Gewaltforschung (IKG) der Universität Bielefeld hat die Beratung 2010 wissenschaftlich begleitet. Eine Zusammenfassung des Berichts gibt es auf der Webseite der Beratungsstelle.

Merkmale der Online-Beratungsstelle gegen Rechtsextremismus	
Name der Online-Beratung	Online-Beratungsstelle gegen Rechtsextremismus
Internetadresse:	https://www.online-beratung-gegen-rechtsextremismus.de/startseite/
Träger der Einrichtung:	Gegen Vergessen – Für Demokratie e.V.
Organisationsform	Reine Online-Beratungsstelle
Art der Online-Beratung	1. Mail 2. Chat
Ziele:	Beitrag für eine offene, demokratische Kultur, in der Unterschiede zwischen Menschen als Chance erkannt und Konflikte konstruktiv gelöst werden. Begleitung für Menschen, die sich durch antidemokratische Aktivitäten in ihrem Umfeld verunsichert und eingeschränkt fühlen.
Teamzusammensetzung und Qualifizierung für die Online-Beratung:	▪ interdisziplinär ▪ Fachkräfte aus pädagogischen, politikwissenschaftlichen und historischen Bereichen mit Hochschulstudium ▪ einige Teammitglieder haben eine Qualifikation in systemischer Beratung ▪ Zusatzqualifikation in Online-Beratung, die durch die Deutsche Gesellschaft für Online-Beratung anerkannt ist ▪ Expertenwissen im Themenfeld Rechtsextremismus
Beantwortung der Erstmails:	innerhalb von drei bis fünf Werktagen
Chat	nach Vereinbarung

7.11 Online-Beratung für pflegende Angehörige

Seit 2011 gibt es die psychologische Online-Beratung www.pflegen-und-leben.de, die Hilfe für pflegende Angehörige bietet. Mehr als drei Viertel der 2,6 Millionen pflegebedürftigen Menschen in Deutschland werden von pflegenden Angehörigen zu Hause versorgt. Viele der Pflegenden sind älter und allein.

https://www.aerzteblatt.de/nachrichten/99912/Zahl-der-Pflege beduerftigen-in-Deutschland-stark-angestiegen

Die Betreuung und Pflege ist zeitintensiv und psychisch und physisch eine hohe Belastung für die Pflegenden: »Vielleicht können Sie mir helfen. Seit einigen Monaten pflege ich meine Mutter. Ich muss gestehen, ich bin keine der gelassenen Töchter (ich bin auch fast 60), die sich nichts Schöneres vorstellen können, als für die alte Mutter zu sorgen. Ich will die Aufgabe gerne annehmen, aber manchmal verliere ich die Fassung. Dann kommt alles wieder hoch, wir hatten früher viel Streit. Wenn ich das vierte Mal in der Nacht hochmuss, weil sie nicht schlafen kann, dann bin ich einfach nur noch wütend. Ich kann das niemandem sagen, weil das in meiner Familie nicht geht. Aber ist es erlaubt, auch mal laut zu werden, wenn sie es anders nicht mehr versteht?«

Das psychologische Beratungsangebot richtet sich an alle gesetzlich krankenversicherten pflegenden Angehörigen und auch an Freundinnen und Freunde, Nachbarn und Bekannte, die Menschen in ihrer häuslichen Umgebung pflegen oder regelmäßig versorgen. Imke Wolf, Psychologin und Leiterin der psychologischen Online-Beratung, beschreibt das Ziel der Beratung wie folgt: »Wir wollen eine Beratung anbieten, die unabhängig von Öffnungszeiten und Ort funktioniert. Pflegende Angehörige haben tagsüber oft keine Zeit oder Möglichkeit, den Gepflegten betreuen zu lassen und selbst eine Beratungsstelle aufzusuchen. Auch ist es oft leichter, ein schambesetztes Thema jemandem mitzuteilen, den man nicht sieht. Bei uns bleibt alles anonym. Die Hemmschwelle ist so niedriger. Zudem öffnen sich Menschen über Mail schneller und entwickeln Vertrauen.« www.pflegen und leben.de

In der Zeit der Corona-Pandemie, mit Besuchseinschränkungen für Krankenhäuser, Altersheime und Hospize, dem Wegfall von Tages- und Nachtpflegeeinrichtungen und anderen Betreuungsleistungen, ist die Belastung noch enormer! Der Rückzug aus der Öffentlichkeit und das Leben auf engstem Raum führen vermehrt zu Konflikten, da durch die häusliche Enge die ohnehin schon angeschlagenen Nerven blank liegen.

Die Ergebnisse einer wissenschaftlichen Evaluation der Wirksamkeit der internetbasierten Beratung pflegen-und-leben.de deuten darauf hin, dass durch die Online-Beratung das pflegebedingte Belastungserleben und die Depressions-, Angst- und Stress-Symptomatik der pflegenden Angehörigen signifikant reduziert werden. Ebenso konnte ein statistisch bedeutsamer Anstieg im Selbstwirksamkeitserleben und der persönlichen Reifung der Pflegenden zum Ende der Beratung konstatiert werden. Somit zeigte sich die Online-Beratung nicht nur hinsichtlich einer Reduzierung der Psychopathologie, sondern auch hinsichtlich der Stärkung von Ressourcen als wirksam.

Hervorzuheben ist ebenfalls eine hohe Zufriedenheit mit dem nicht visuellen Setting. Es zeigte sich, dass die Qualität der Arbeitsbeziehung im Online-Beratungskontext vergleichbar ist mit der im direkten Face-to-Face-Kontakt. Auch die Ergebnisse bzgl. der Zufriedenheit zeigen deutlich, dass das Angebot die Anliegen und Bedürfnisse der Ratsuchenden adäquat aufgreift. (Klasen, 2012)

Die Online-Beratung verläuft auf einem passwortgeschützten Sicherheits-Server und ist kostenfrei. Innerhalb von einer Woche erhalten Ratsuchende eine ausführliche Beratungsantwort. Die speziell ausgebildeten Psychologinnen, die zur Qualitätssicherung regel-

Merkmale der Psychologische Online-Beratung für pflegende Angehörige	
Name der Online-Beratung	Psychologische Online-Beratung für pflegende Angehörige
Internetadresse:	https://www.pflegen-und-leben.de/online-beratung.html
Träger der Einrichtung:	Zentrum ÜBERLEBEN gemeinnützige GmbH
Organisationsform	Reine Online-Beratungsstelle
Art der Online-Beratung	1. Mail
Ziele:	pflegende Angehörige zu unterstützen
Teamzusammensetzung und Qualifizierung für die Online-Beratung:	Psychologinnen
Beantwortung der Erstmails:	innerhalb von 48 Stunden

mäßig Intervision und fachliche Supervision erhalten, stehen auch für einen längeren Austausch zur Seite.

7.12 Landeskoordinierungsstelle Glücksspielsucht NRW

Die Landeskoordinierungsstelle Glücksspielsucht unterstützt das für Gesundheit zuständige Ressort der Landesregierung bei der Umsetzung glücksspielsuchtspezifischer Maßnahmen. Im Rahmen der landesweiten Koordinations- und Vernetzungsaufgaben leistet sie fachliche Beratung und Unterstützung von Einrichtungsträgern. Seit 2016 bietet sie in diesem Kontext Online-Beratung in deutscher und türkischer Sprache an, die rund um das Thema problematisches Glücksspielverhalten (Spielsucht) berät. Sowohl Betroffene als auch deren Angehörige, Freundinnen und Freunde oder Arbeitgeberinnen können sich an das Beratungsteam wenden. Das Team besteht aus drei qualifizierten Beratenden, die alle eine Zusatzqualifikation in Online-Beratung, die durch die deutschsprachige Gesellschaft für Online-Beratung anerkannt ist, besitzen. Schwierige Anfragen werden im Team oder in der Online-Supervision besprochen, heißt es auf der Webseite. Das Team bietet Mail- und Chat-Beratung an. Ratsuchende haben die Wahl zwischen einem Sofort-Chat und einem Chat zu einem vereinbarten späteren Termin. »Ein Sofort-Chat ist immer möglich, wenn gerade ein geöffneter Chat-Raum zur Verfügung steht. Einen Termin für einem Chat vereinbaren Sie, indem Sie einen der zur Verfügung stehenden Chat-Termine buchen. Zum gebuchten Zeitraum ist nach der Anmeldung ein Chat-Raum für Sie geöffnet.«

Eingehende Mails werden innerhalb von drei Arbeitstagen und Folgemails innerhalb von fünf Arbeitstagen beantwortet. In der Mail-Beratung bleiben Ratsuchende mit derselben Beraterin oder dem Berater in Kontakt. Der Kontakt per Mail ist zeitlich nicht befristet. Die Beratung findet auf der geschützten Plattform von AYGOnet statt. Konkret bedeutet das: Beratungsinhalte werden nicht per E-Mail verschickt, sondern in einem persönlichen Briefkasten hinterlegt. Das bietet Sicherheit und Anonymität.

»In den Beratungen zeigt sich immer wieder, dass Streit oder Konflikte zwischen Abhängigen und Angehörigen für beide Seiten sehr belastend sind und sogar einer erfolgreichen Suchtbewältigung im Wege stehen können. Um in solchen Situationen die passende Unterstützung anbieten zu können, hat die Landeskoordinierungsstelle Glücksspielsucht NRW ihr Angebot um Konfliktberatung und Mediation erweitert. In der Mediation unterstützt unsere zertifizierte Mediatorin Ratsuchende darin, für aktuelle Probleme eine individuelle Lösung zu finden. Dabei werden gemeinsam alle Aspekte eines Konfliktes betrachtet und Lösungswege entwickelt, die allen Beteiligten helfen. Sollte eine der Konfliktparteien (noch) nicht bereit sein, an einer Mediation teilzunehmen, können Ratsuchende die Konfliktberatung auch alleine in Anspruch nehmen. Durch neue Impulse eröffnen sich dabei oft weitere Perspektiven, die dabei helfen Klarheit zu gewinnen und zusätzliche Handlungsmöglichkeiten zu eröffnen.« https://www.gluecksspielsucht-nrw.de/online beratung/

Merkmale der Glücksspielsucht NRW	
Name der Online-Beratung	Online-Beratung Glücksspielsucht der Landeskoordinierungsstelle Glücksspielsucht NRW
Internetadresse:	https://www.gluecksspielsucht-nrw.de/online beratung/
Träger der Einrichtung:	Drogenberatung e.V. Bielefeld
Organisationsform	Online- und telefonische Beratung
Art der Online-Beratung	1. Mail 2. Chat
Ziele:	Niederschwellige und zeitgemäße Beratung
Teamzusammensetzung und Qualifizierung für die Online-Beratung:	▪ interdisziplinär ▪ Fachkräfte aus dem pädagogischen, psychologischen und soziologischen Bereich mit Hochschulstudium. ▪ Einige Teammitglieder haben eine anerkannte Qualifikation in systemischer Beratung, ▪ Zertifizierte Online-Beraterinnen (DGOB)
Beantwortung der Erstmails:	innerhalb von drei Arbeitstagen offene Sprechstunde 2–3 mal wöchentlich

7.13 Online-Beratung der Drogenberatung e.V. Bielefeld

Seit 2019 bietet die Online-Beratung der Drogenberatung e.V. Bielefeld auch Mail-Beratung an. Die Drogenberatung e.V. Bielefeld richtet sich an hilfesuchende Menschen, die Beratung und Unterstützung im Zusammenhang mit Drogen, Medikamenten oder Alkohol wünschen. Neben der telefonischen und Face-to-Face-Beratung wird auch Online-Beratung angeboten

Zwei ausgebildete Beratende mit einer Zusatzqualifikation in Online-Beratung, die durch die deutschsprachige Gesellschaft für Online-Beratung anerkannt ist, stehen für das Angebot zur Verfügung. In der Beratung per Mail können Ratsuchende auch über einen längeren Zeitraum mit einer Beraterin oder einem Berater in Kontakt bleiben. Die Beratung findet auf der geschützten Plattform von AYGOnet statt. Konkret bedeutet das: Die Beratungsinhalte werden nicht per E-Mail verschickt, sondern in einem persönlichen Briefkasten hinterlegt. Das bietet Sicherheit und Anonymität. »Da wir als

Merkmale der Drogenberatung e.V. Bielefeld	
Name der Online-Beratung	Online-Beratung Drogenberatung e.V. Bielefeld
Internetadresse:	https://www.drogenberatung-bielefeld.de/de/onlineberatung
Träger der Einrichtung:	Drogenberatung e.V. Bielefeld
Organisationsform	Online-Beratung als weiteres Format
Art der Online-Beratung	1. Mail
Ziele:	Erweiterung des herkömmlichen Beratungsangebotes
Teamzusammensetzung und Qualifizierung für die Online-Beratung:	▪ Sozialarbeiterin BA, zertifizierte Online-Beraterin ▪ Diplom-Sozialarbeiter, zertifizierter Online-Berater
Beantwortung der Erstmails:	in der Regel innerhalb von 72 Stunden

Team arbeiten, können beide Beraterinnen und der Berater Ihre Anfragen lesen«, heißt es auf der Webseite. Neuanfragen werden innerhalb von drei Arbeitstagen, Folgeanfragen innerhalb von fünf Arbeitstagen beantwortet. Der Kontakt per Mail ist zeitlich nicht befristet und die Ratsuchende oder der Ratsuchende hat eine feste Ansprechperson, wenn häufiger geschrieben wird.

7.14 Schattenriss

Online-Beratung gegen sexuellen Missbrauch an Mädchen

Seit 2011 bietet die Beratungsstelle gegen sexuellen Missbrauch an Mädchen e.V. in Bremen auch Online-Beratung für Mädchen und junge Frauen zwischen 12 und 25 Jahren, die von sexuellem Missbrauch betroffen sind. In den ersten beiden Jahren führten die Mitarbeiterinnen rund 850 Online-Beratungen durch. »Ein Drittel aller Mädchen haben sich uns in der Online-Beratung überhaupt zum ersten Mal anvertraut und melden sich hierüber erstmals auch ohne Bezugsperson. Fällt diese Möglichkeit jetzt weg, fallen diese Mädchen zurück ins Dunkelfeld. Ob sie anderweitig eine adäquate Hilfe finden können, ist fraglich«, warnen die Mitarbeiterinnen.

Das Angebot ist anonym. Mädchen und Frauen können sich schnell und einfach auch mit ihrem Smartphone oder Tablet unterwegs anmelden und online beraten werden. »Laut aktueller JIM-Studie verfügen 90 % der Mädchen ab 12 Jahren über ein eigenes Smartphone: Den PC oder das Notebook müssen sie hingegen häufiger mit anderen Familienmitgliedern teilen. Mit dem mobilen Beratungsangebot erreichen wir das Dunkelfeld betroffener Mädchen und Frauen. Sie können sich online direkt und ohne Bezugsperson an uns wenden und dafür einen Ort wählen, an dem sie vor den Tätern sicher sind.« Die Beraterinnen sind (Sozial-)Pädagoginnen und Psychologinnen und in der Online-Beratung qualifiziert und unterliegen der Schweigepflicht. Die Online-Beratung hier ist verschlüsselt, die Ratsuchenden bleiben anonym. Die erste Nachricht wird innerhalb von 48 Stunden beantwortet, danach beantwortet dieselbe Beraterin die Mails so schnell wie möglich.

Merkmale der Schattenriss	
Name der Online-Beratung	Online-Beratung von Schattenriss
Internetadresse:	https://schattenriss-onlineberatung.de/
Träger der Einrichtung:	Schattenriss Beratungsstelle gegen sexuellen Missbrauch an Mädchen e.V.
Organisationsform	Online-Beratung als weiteres Format
Art der Online-Beratung	1. Mail
Ziele:	Erweiterung des herkömmlichen Beratungsangebotes
Teamzusammensetzung und Qualifizierung für die Online-Beratung:	▪ (Sozial-) Pädagoginnen und Psychologinnen ▪ eine zertifizierte Online-Beraterin
Beantwortung der Erstmails:	so schnell wie möglich

7.15 Online-Beratung im Kölner Studierendenwerk

Das Studium kann Belastungen, wie Prüfungsängste, Studienstress, Redehemmungen Kontaktschwierigkeiten, persönliche Krisen, gedrückte Stimmung mit sich bringen. Aber auch Studieren mit Kind, Versicherungsfragen und Nebenjob sind Themen, die man nicht immer allein lösen kann. »Ich habe beschlossen mir endlich mal den Frust runter zu schreiben der sich in den letzten Wochen angesammelt hat. Habe kurz vor Weihnachten meinen Abschluss (Master Informatik) gemacht. Bereits im Oktober habe ich die ersten Bewerbungen abgeschickt. Von den ersten acht Bewerbungen kamen außer Absagen nur ein Telefoninterview bei raus was aber auch ergebnislos verlief. Nach dem ich dann Mitte Dezember meinen Abschluss hatte habe ich mich ganz aufs Bewerben konzentriert. Habe meine Unterlagen noch einmal komplett überarbeitet und inzwischen 34 Bewerbungen verschickt. Bin inzwischen bei drei Telefoninterviews und einem Onlinetest. Zu einem Vorstellungsgespräch oder gar einem Assessment Center wurde ich noch nicht ein einziges Mal eingeladen. Inzwischen bin ich seit zwei Monaten arbeitslos, was mich für zukünftige Arbeitgeber mit jedem weiteren Tag noch unattraktiver macht. Dazu kommt, dass ich leider extrem lange studiert habe und auch nicht die besten Noten besitze. Während meines Studiums habe ich mir nie Gedanken gemacht. Ich bin davon ausgegangen das ich mit einem Abschluss in einem gefragten Studiengang immer was finde. Vor allem da ich Auslandserfahrung habe und bereit bin bundesweit, um zu ziehen. Habe inzwischen echt Angst gleich ganz in die Langzeitarbeitslosigkeit ab zu rutschen. Im Moment bin ich echt down, wache sogar mitten in der Nacht mit Panikattacken auf. Das hatte ich früher nie. Würde mich über ihre Tipps freuen«

Acht ausgebildete Beraterinnen und Berater mit den unterschiedlichen Qualifikationen bieten online Unterstützung. Die Beraterinnen und Berater verfügen über Erfahrung im Umgang mit Problemen, die im Alltag von Studierenden auftreten können und bieten kompetente Hilfestellung an. Das Team bietet Mail-, Einzel- und Gruppenchat an. Der Onlinedialog läuft über einen gesicherten Server. Ratsuchende loggen sich mit ihren Benutzerdaten ein und schicken eine Mailanfrage in dem geschützten Portal an die Beratungsstelle. Eingehende Erstmails werden innerhalb von 5 Werktagen beantwortet.

»Da unsere Berater und Beraterinnen nicht jeden Tag und auch nicht ausschließlich für E-Mail-Beratung zur Verfügung stehen, bitten wir dich um etwas Geduld. Wir streben an, jede Anfrage innerhalb von 5 Werktagen zu beantworten. Sollte es aufgrund bestimmter Umstände zu längeren Wartezeiten kommen, informieren wir darüber i. d. R. auf der Startseite.«

Auf der Startseite ist am 2. August 2020 zu lesen: »Viele Faktoren rund um die Corona-Pandemie haben im Moment das Anfrageaufkommen in der Online-Beratung stark ansteigen lassen. Außerdem werden ab jetzt verschiedene Berater*innen abwechselnd im Urlaub sein. Beides zusammen kann dazu führen, dass wir in den nächsten Wochen unsere versprochene Reaktionszeit von fünf Werktagen auf erste Anfragen nicht immer werden einhalten können! Wir bitten um euer Verständnis.«

Merkmale der Online-Beratung im Kölner Studierendenwerk	
Name der Online-Beratung	Online-Beratung im Kölner Studierendenwerk
Internetadresse:	https://koelner-studierendenwerk.beranet.info/ueber-uns.html
Träger der Einrichtung:	Kölner Studierendenwerk AöR
Organisationsform	Online-Beratung als weiteres Format
Art der Online-Beratung	1. Mail 2. Chat
Ziele:	Erweiterung des herkömmlichen Beratungsangebotes
Teamzusammensetzung und Qualifizierung für die Online-Beratung:	▪ Psychologinnen und Psychologen ▪ qualifizierte Schulungen in Online-Beratung
Beantwortung der Erstmails:	innerhalb von fünf Werktagen fünf offene, wöchentliche Sprechstunden per Chat Chats nach Vereinbarung

Zum Chatten loggen sich die Ratsuchenden mit ihren Benutzerdaten ein und buchen einen der eingestellten Chattermine. Die Termine zu den Einzelchats und Gruppenchats stehen auf der Webseite. Die Online-Beratung findet über die SSL-verschlüsselte Plattform beranet statt. https://www.beranet.de/

7.16 ONBERA

ist die Online-Beratung der Psychologischen Beratungsstelle Filder für Kinder, Jugendliche und Erwachsene. https://www.onbera.de/web/. Onbera wurde 2009 gegründet, um unter anderem Kindern und Jugendlichen die Möglichkeit anzubieten, sich auch selbständig, ohne dass Eltern oder Lehrerinnen und Lehrer eingeschaltet sind, in schwierigen Situationen zu melden. Zudem hat die Beratungsstelle die Online-Beratung als Beratungsformat gerade für jüngere Menschen als notwendig angesehen. Aber auch Erwachsene haben die

Merkmale ONBERA	
Name der Online-Beratung	Onbera
Internetadresse:	https://onbera.de/web/
Träger der Einrichtung:	Psychologische Beratungsstelle Filder Erziehungs-, Familien-, Jugend-, Paar- und Lebensberatung
Organisationsform	Online-Beratung als weiteres Format
Art der Online-Beratung	1. Mail
Ziele:	Erweiterung des herkömmlichen Beratungsangebotes
Teamzusammensetzung und Qualifizierung für die Online-Beratung:	▪ speziell fortgebildete Beraterinnen und Berater ▪ Zertifizierung in Online-Beratung
Beantwortung der Erstmails:	so schnell wie möglich

Möglichkeit, sich per Mail an Onbera zu wenden. 2018 waren 63% der Userinnen und User zwischen 10–25 Jahre, 21% zwischen 26–35 Jahre, 7% zwischen 36–45 Jahre, 5% zwischen 46–55 Jahre und 4% zwischen 56–65 Jahre.

In der der Psychologischen Beratungsstelle arbeitet ein Team von Fachleuten. Zwei davon sind zusätzlich zu ihrer Profession und der therapeutischen Zusatzausbildung speziell in der Online-Beratung qualifiziert und übernehmen die Mail-Beratung. Sie nehmen sich für jede Mail Zeit und alle Anliegen ernst. Die erste Antwortmail erhalten die jungen Ratsuchenden innerhalb von zwei Werktagen, alle weiteren Mails werden einmal pro Woche beantwortet. »Kürzere Abstände sind leider nicht möglich, da wir alle Anfragen ernst nehmen und uns Zeit für eine ausführliche Antwort nehmen. Wenn sehr viele Mails bei uns eingehen, können die Abstände manchmal leider auch etwas größer werden. Wir verstehen uns als Krisenberatung, die dir für eine begrenzte Zeit Unterstützung per Mail anbieten kann. Welcher Zeitrahmen dafür passt, ist je nach Situation ganz unterschiedlich. Wir versuchen, dies mit dir gemeinsam im Rahmen der Beratung herauszufinden. Nicht immer reicht eine Onlineberatung aus, um ein Problem zu lösen. Wir sind aber in diesem Falle gerne bereit, dir Stellen zu nennen, an die du dich wenden kannst«, steht auf der Webseite: https://www.onbera.de/web/html/faq.html Die Beratung findet über die SSL-verschlüsselte Plattform der Diakonie Deutschland statt.

7.17 Peer-Beratung

Peer-Beratung charakterisiert Beratung durch Menschen mit ähnlichen Merkmalen oder ähnlichen Lebensumständen. Bekannt sind Beratungseinrichtungen, in denen Jugendliche oder junge Erwachsene Gleichaltrige beraten. »Dass Gleichaltrige die Beratung übernehmen, unterscheidet [U25] von anderen Online-Beratungsangeboten der Caritas. Für den Beziehungs- und Vertrauensaufbau zahlt sich das aus, da Beraterinnen und Berater und Klient in einer ähnlichen Lebensphase sind.« https://www.caritas.de/hilfeundberatung/onlineberatung/u25/u25fuerengegementpreisnominiert

Auch im studentischen Bereich ist diese Form der Beratung, in der Studierende andere Studierende beraten, etabliert. Menschen mit Behinderung oder psychischen Problemen können Menschen in einer ähnlichen Lebenssituation beraten. Die Peerberaterinnen und -berater haben alle eine Beratungsausbildung, das unterscheidet sie von Selbsthilfegruppen. Peerberatung ist ein Beratungsangebot auf Augenhöhe.

7.17.1 Youth-Life-Line

Als ältestes Peer-Online-Beratungsangebot wurde 2002 Youth-Life-Line mit dem Titel »Suizidgefahr – Suizidprävention: Jugendliche helfen Jugendlichen in Krisen« konzipiert. 2003 ging Youth-Life-Line deutschlandweit als Peer-Beratung online. Nach kürzester Zeit wurde deutlich, welch riesigen Bedarf es an hilfesuchenden Jugendlichen gibt, die das spezifische Angebot der anonymen Peer-Beratung gerne annahmen. Seit August 2007 ist Youth-Life-Line ein fester Arbeitsbereich im Arbeitskreis Leben e.V. (AKL) Reutlingen/Tübingen.

Bis heute arbeitet Youth-Life-Line erfolgreich in der Beratung und Begleitung von suizidgefährdeten Jugendlichen in der Suizidprävention sowie in der Qualifizierung von ehrenamtlich engagierten jungen Menschen. Mit langjähriger Erfahrung, fachlich-fundiertem Wissen und hoher Kompetenz wurden bereits über 150 Ehrenamtliche ausgebildet. In 32000 Mails wurden mehr als 7000 Ratsuchende unterstützt. In einer öffentlichen Stellungnahme der Kinder- und Jugendpsychiatrie des Universitätsklinikum Tübingen begrüßt die Klinik die unterstützende Arbeit und stellt fest, dass die qualifizierten Peerberatenden stabilisierende Arbeit leisten. http://www.youth-life-line.de/wp-content/uploads/2015/07/Stellungnahme_KJP_Tuebingen.pdf

Die ratsuchenden Mädchen und Jungen werden von knapp 40 in der Online-Beratung ausgebildeten Peerberaterinnen und Beratern begleitet. Die Beratung erfolgt in einem geschützten, virtuellen Be-

Merkmale von Youth-Life-Line	
Name der Online-Beratung	Youth-Life-Line
Internetadresse:	https://www.youth-life-line.de/
Träger der Einrichtung:	Arbeitskreis Leben e.V. (AKL) Reutlingen/Tübingen
Organisationsform	Reine Online-Beratungsstelle
Art der Online-Beratung	1. Mail
Ziele:	Erweiterung des herkömmlichen Beratungsangebotes
Teamzusammensetzung und Qualifizierung für die Online-Beratung:	▪ zwei Fachkräfte (Sozialpädagogin und Sozialpädagoge) ▪ Peerberaterinnen und -berater, die speziell in der Online-Beratung geschult und qualifiziert sind
Beantwortung der Erstmails:	innerhalb von 3 Tagen

ratungsraum. Die Erstanfragen werden innerhalb von drei Tagen, danach jeweils innerhalb von einer Woche beantwortet. Die Beratung ist kostenfrei und anonym: Es werden keine IP-Adressen gespeichert. Die Anonymität ist wichtig, gerade wenn es um das Thema Suizidalität geht. Falls die Anonymität seitens der Ratsuchenden aufgehoben wird, unterliegen die Peerberaterinnen und -berater, bei der deutlich geäußerten Ankündigung einer Suizidabsicht, den gesetzgeberischen Anforderungen im Hinblick auf den Tatbestand (§ 323c Strafgesetzbuch – Unterlassene Hilfeleistung). Sie machen sich gegebenenfalls strafbar, wenn sie nach einer entsprechenden Ankündigung nichts unternehmen. Das gesamte Youth-Life-Line Team unterliegt der Schweigepflicht. Jede Mail wird persönlich bearbeitet.

7.17.2 DA-SEIN.DE – DIGITAL NAH SEIN

bietet Online-Begleitung für trauernde und sterbende Jugendliche, junge Frauen und Männer, zwischen 16–26 Jahren. Gerade dann, wenn auch das direkte Umfeld der jungen Menschen mit Verunsicherung reagiert oder gar aus Hilflosigkeit schweigt, ist Begleitung dringend erforderlich. Es entsteht sonst schnell das Gefühl, dass keiner da ist, der zuhört.

»Ich? Ich bin hier. Und du? Du bist fort. Fort aus meinem Leben. Bist nachts gegangen. Einfach so. Ich sage ja gar nicht, dass du gehen wolltest, aber trotzdem hast du es getan. Du hast mich, hast uns einfach so zurückgelassen. All jene, die du liebst und all jene, die dich lieben. Die dich lieben und dich brauchen. Ich brauche dich. Verdammt Papa! Ich brauche dich! Ich bin doch quasi noch ein Kind. Ich bin nicht bereit, das Leben ohne dich zu meistern. […] Doch jetzt? Jetzt bist du fort. Und ich? Ich bin hier. Ich weiß nicht was ich soll und wie ich soll und wo ich soll, warum ich soll.« (Korrespondenz zur Veröffentlichung freigegeben)

Unter dem Motto »Schreiben statt Schweigen« stehen 18 Peerberaterinnen und -berater zur Verfügung. In einer Schulung lernen sie die Grundlagen der Online-Beratung in Theorie und Praxis kennen. Einmal im Monat tauschen sie sich untereinander aus. Zudem werden sie von zwei hauptamtlichen Mitarbeiterinnen beraten und

Merkmale von DA-SEIN.DE	
Name der Online-Beratung	DA-SEIN.DE Online-Begleitung für trauernde & sterbende Jugendliche
Internetadresse:	https://www.da-sein.de/die-online-beratung
Träger der Einrichtung:	Stiftung Hospizdienst Oldenburg
Organisationsform	Reine Online-Beratungsstelle
Art der Online-Beratung	1. Mail
Ziele:	Ratsuchende in ländlichen Regionen erreichen, da es dort kaum Hospize und Palliativeinrichtungen gibt.
Teamzusammensetzung und Qualifizierung für die Online-Beratung:	▪ zwei therapeutisch-pädagogische Fachkräfte ▪ 18 Peerberaterinnen und -berater, die in der Online-Beratung qualifiziert sind
Beantwortung der Erstmails:	innerhalb von drei Tagen

regelmäßig weitergebildet. Wann und wo die Ehrenamtlichen ihre Mails schreiben, ist ihnen überlassen. Dauer und Intensität des Kontaktes unterscheiden sich von Fall zu Fall. Mit ihrem Online-Angebot erreicht da-sein.de gerade auch Ratsuchende in ländlichen Regionen. Dort gibt es kaum Hospize und Palliativeinrichtungen. Das Angebot da-sein.de wird vom Ambulanten (Kinder-)Hospizdienst Oldenburg getragen. Große Bekanntheit erreichte die Initiative über ein Video. Darin geht es um die Begleitung einer jungen Krebspatientin, die kurz nach ihrem 18. Geburtstag gestorben ist. Mit diesem Video stieg die Zahl der Seitenaufrufe von da-sein.de um das Dreifache.

7.17.3 Leuchtturm ON

ist eine Online-Beratung für Kinder, Jugendliche und junge Erwachsene, die einen Menschen durch Suizid verloren haben. Bei Leuchtturm ON arbeiten zwei zertifizierte Online-Beraterinnen mit ehrenamtlich Engagierten zusammen, den Peers. Diese sind zwischen 18 und 25 Jahre und in der Mail-Beratung geschult.

Merkmale von Leuchtturm ON	
Name der Online-Beratung	Online-Beratung für Kinder & Jugendliche, die einen Menschen durch Suizid verloren haben
Internetadresse:	https://www.leuchtturm-on.de/
Träger der Einrichtung:	Leuchtturm e.V.
Organisationsform	reine Online-Beratung
Art der Online-Beratung	1. Mail
Ziele:	Erweiterung des herkömmlichen Beratungsangebotes
Teamzusammensetzung und Qualifizierung für die Online-Beratung:	▪ 3 Fachkräfte mit einer Zusatzqualifikation in Online-Beratung (DGOB) ▪ Peerberaterinnen, die speziell in der Online-Begleitung geschult sind
Beantwortung der Erstmails:	innerhalb von zwei Tagen

Alle Mitarbeitenden unterliegen der Schweigepflicht. Die Peers werden eng begleitet.

Die erste Antwort erhalten die jungen Ratsuchenden innerhalb von zwei Werktagen. Danach werden die Mails immer montagabends beantwortet, die Ratsuchenden erhalten ihre Antworten immer von der oder dem gleichen Peer. Das können ein oder zwei Mails sein, der Austausch kann aber auch über einen längeren Zeitraum stattfinden. Die Peers schreiben die Antworten in den Räumen des Leuchtturm-Hauses im wöchentlichen Rhythmus. Die Beratung findet über die webbasierte Software von AYGOnet statt.

7.17.4 [U25]

ist eine Online-Beratung der Caritas für junge Menschen, die in einer existenziellen Krise stecken und sich das Leben nehmen wollen. Das Besondere: Die Beratung übernehmen Gleichaltrige, die dafür speziell geschult werden. Junge Leute gehen kaum in klassische Beratungsstellen. Einen großen Teil ihres Lebens sind sie online, dort chatten sie mit Freundinnen und Freunden – und dort suchen sie sich Hilfe. Dass Deutschland ein Angebot für suizidgefährdete junge Menschen braucht, zeigt ein Blick in die Statistik: Keine Altersgruppe versucht sich häufiger das Leben zu nehmen als die unter-25-Jährigen.

Die Beraterinnen des [U25]-Projektes werden in einer halbjährigen Ausbildung auf ihre Tätigkeit vorbereitet. Im Hintergrund sind hauptamtliche Fachkräfte tätig. Ratsuchende können eine Helpmail schreiben. Diese wird verschlüsselt und anonym (die IP-Adresse wird nicht erfasst) an eine oder einen der rund 80 ehrenamtlichen Beraterinnen und Berater weitergeleitet. Diese unterliegen der Schweigepflicht. Die Peerberaterinnen sind zwischen 16 und 25 Jahren alt und wurden mit einer halbjährigen Ausbildung geschult. Die Erstantwort erhalten die jungen Schreibenden innerhalb von zwei Werktagen. Das kann der Anfang einer längeren Mail-Begleitung sein. Die weiteren Mailkontakte werden innerhalb von sieben Tagen beantwortet.

Merkmale von [U25]	
Name der Online-Beratung	[U25]
Internetadresse:	https://www.u25-deutschland.de/mailberatung/
Träger der Einrichtung:	Der Deutsche Caritasverband
Organisationsform	Zusammenschluss von zehn verschiedenen Standorten zu einer virtuellen Beratungsstelle
Art der Online-Beratung	1. Mail
Ziele:	Online-Suizidprävention
Teamzusammensetzung und Qualifizierung für die Online-Beratung:	■ Psychologinnen und Psychologen ■ Sozialarbeiterinnen und Sozialarbeiter ■ 200 ehrenamtliche, in Online-Beratung ausgebildete Peer-Beraterinnen und -Berater, die durch hauptamtliche Psychologinnen und Sozialarbeiter an den zehn Standorten begleitet werden.
Beantwortung der Erstmails:	innerhalb von zwei Werktagen

Alle Online-Beratungsstellen sind für Ratsuchende kostenfrei. Lediglich die Kosten für die Internetverbindung fallen an. Neben den kostenfreien Online-Beratungsangeboten boomt seit einigen Jahren auch der kostenpflichtige Bereich. Beispielhaft nennen wir drei Plattformen und eine Online-Paartherapie.

7.18 Kommerzielle Plattformen

7.18.1 Instahelp

ist eine digitale Plattform für mentale Gesundheit und 2015 mit einer psychologischen Online-Beratung gestartet. Ratsuchende haben die Möglichkeit, sich an eine Psychologin oder einen Psychologen zu wenden und durch chatbasierte Kommunikation zu einer Lösung zu finden. Der Fokus liegt hierbei auf präventiver Beratung und Begleitung, um Personen zu unterstützen, bevor Probleme überhaupt ent-

Merkmale Instahelp	
Name der Online-Beratung	Instahelp
Internetadresse:	https://instahelp.me/de/
Träger der Einrichtung:	Insta Communications GmbH
Organisationsform	kommerzielle Plattform
Art der Online-Beratung	■ chatbasierte Kommunikation ■ Video- und Audiotelefonie
Ziele:	Menschen dort erreichen, wo sie sich aufhalten als kostenpflichtiges Angebot Geld zu verdienen
Teamzusammensetzung und Qualifizierung für die Online-Beratung:	■ Hochschulabschluss in Klinischer bzw. Gesundheitspsychologie ■ Universitäre Ausbildung für Online-Beratung ■ Mehrjährige Berufserfahrung ■ Wissenschaftlich fundierte Fortbildungen bei Instahelp ■ Beratung auf Basis kognitiver Verhaltenstherapie.
Beantwortung der Anfrage	innerhalb von 24 Stunden

stehen. Für die Erstberatung entstehen € 49 Kosten, 40 Minuten Beratung kosten € 49 und 60 Minuten € 69 (Stand Dezember 2020).

Instahelp bietet Psychologinnen und Psychologen die Möglichkeit, die Plattform als Online-Praxis zu nutzen, um eigene Klientinnen und Klienten online zu beraten. Daneben gibt es ebenfalls die Möglichkeit, sich zu bewerben und Teil des Instahelp-Psychologinnen-Teams zu werden. Dazu müssen Sie ein abgeschlossenes Hochschulstudium der Psychologie haben, eine Approbation zur Psychologischen Psychotherapeutin oder Psychotherapeuten besitzen, ebenso wie die erfolgreiche Absolvierung des Universitätslehrganges »Online-Beratung« an der Sigmund Freud Privatuniversität. Kenntnisse in der Online-Beratung und -Kommunikation sind von Vorteil.

Instahelp ist in akuten psychischen Krisen- oder Notsituationen nicht geeignet. Hier wird auf die TelefonSeelsorge® hingewiesen.

7.18.2 Mentavio

bietet als digitale Plattform ebenfalls kostenpflichtige psychologische Beratung, Online-Coaching und Therapie per Webcam, Chat und E-Mail. Psychologinnen und Psychologen, Psychotherapeutinnen und Heilpraktiker für Psychotherapie stellen ihre Profilinformationen auf die Plattform ein und legen das Honorar fest. Wir haben Angebote zwischen 50–90 Euro die Stunde gefunden. Über die Online-Qualifizierung der Beraterinnen und Berater, die aus unterschiedlichen Berufen kommen, konnten wir keine Angabe auf der Webseite finden.

Mentavio bietet Psychologinnen und Psychotherapeuten und Psychiatern einen Einstieg in die professionelle psychologische Online-Beratung. Privatpraxen und kassenärztliche Vertragspraxen können ihr Angebot einstellen, Ratsuchende können das Angebot kostenpflichtig nutzen. Mentavio ist in akuten Notfällen oder schweren psychischen Krisen nicht geeignet. Hier wird auf die Feuerwehr oder den ärztlichen Bereitschaftsdienst der Kassenärztlichen Bundesvereinigung hingewiesen.

Merkmale von Mentavio	
Name der Online-Beratung	Mentavio
Internetadresse:	https://www.mentavio.com/
Träger	arztkonsultation ak GmbH
Organisationsform	kommerzielle Onlineplattform für psychologische Beratung, Online-Coaching und Online-Therapie.
Art der Online-Beratung	1. Video-Beratung 2. Chat 3. Mail
Ziele:	Neue und bestehende Klienten online beraten Mehr Reichweite, mehr Umsatz
Teamzusammensetzung und Qualifizierung für die Online-Beratung:	▪ 200 Psychologinnen und Psychologen, Psychotherapeutinnen und Heilpraktiker für Psychotherapie und Fachärztinnen ▪ keine Angaben zur Online-Qualifizierung
Beantwortung der Anfrage	nach Terminabsprache

7.18.3 Talknow

gibt es seit 2019. Talknow ist eine Plattform für Online-Beratung und vermittelt Coaches zu wesentlichen Lebensthemen. Die Beratung wird über ein eigens entwickeltes System durchgeführt. Mit im Team sind Psychologeninnen und Psychologen, Unternehmensberaterinnen und -berater, Sportmedizinerinnen und Ernährungsexperten. Über die Online-Qualifizierung der Beraterinnen und Berater konnten wir keine Angabe auf der Webseite finden. Die Beratung läuft online – über Video und Chat. Wer will, kann das Angebot auch anonym nutzen. Über die Internetseite wählt man dazu eine Beraterin oder einen Berater aus. Online wird ein Termin vereinbart, die ersten zehn Minuten der Sitzung sind kostenlos. Die Preise variieren nach Beraterlevel, die in vier Kategorien, basierend auf der Berufserfahrung, eingeteilt sind. Diese Kategorien sind Expert, Senior Expert, Exklusive und Elite. Eine 25-minütige Beratung in der Kategorie Expert kostet 29 €, auf dem Senior Expert-Level kosten sie mindes-

Merkmale von Talknow	
Name der Online-Beratung	Talknow! Onlineberatung und Coaching
Internetadresse:	https://talknow.online/
Träger	Mental Wealth GmbH
Organisationsform	kommerzielle Onlineplattform für psychologische Beratung, Online-Coaching und Online-Therapie.
Art der Online-Beratung	1. Video-Beratung 2. Chat 3. Mail
Ziele:	niedrigschwellige Präventiv-Beratung zu allen zentralen Lebensthemen, wie Beziehungen, Karriere & Beruf, Motivation & Selbstbewusstsein, Sexualität und Ernährung & Fitness
Teamzusammensetzung und Qualifizierung für die Online-Beratung:	▪ Psychologinnen, Berater, Therapeutinnen, Coaches ▪ mit einer Ausbildung und mehrjähriger Beratungserfahrung im jeweiligen Beratungsthema ▪ keine Angaben zur Online-Qualifizierung
Beantwortung der Anfrage	nach Terminabsprache

tens 45 €, auf dem Exclusive-Level können Sie 25 Minuten ab 64 € buchen und wenn Sie eine Beratung in der Kategorie Elite möchten, zahlen Sie mindestens 165 € für 50 Minuten.

Talknow ist kein Angebot für psychisch erkrankte Menschen und bietet auch keine Therapie.

7.18.4 Theratalk

ist eine Online-Paartherapie. Die nach der Verhaltenstherapie ausgerichtete Online-Beratung und Online-Therapie wird in Chats (verschlüsselte Übertragung) von Diplom-Psychologinnen und -Psychologen durchgeführt. Das Angebot ist in ein Forschungsprojekt zu dem Thema »Warum wirkt Paartherapie?« eingebunden. Die Teilnahme kostet pro Woche 75,– Euro für Einzelne bzw. 150,– Euro für Paare für etwa 75 Minuten. Für die Online-Therapie hat sich

Merkmale von Theratalk	
Name der Online-Beratung	Theratalk®
Internetadresse:	https://www.theratalk.de/
Träger	theratalk.de ist ein wissenschaftliches Projekt am Institut für Psychologie der Universität Göttingen.
Organisationsform	kommerzielle Onlineplattform für psychologische Beratung, Online-Coaching und Online-Therapie.
Art der Online-Beratung	1. Video-Beratung 2. Chat
Ziele:	Paare zu unterstützen, um etwas für eine glückliche und dauerhafte Beziehung zu tun
Teamzusammensetzung und Qualifizierung für die Online-Beratung:	▪ Diplom-Psychologinnen und -Psychologen ▪ keine Angaben zur Online-Qualifizierung
Beantwortung der Anfrage	Wir bemühen uns, dass jeder schnellstmöglich einen Therapieplatz bekommt.

ein Zeitraum von sechs Wochen bewährt, um erste Ergebnisse zu erzielen. Je nach Problemlage kann die Therapie auch verlängert werden.

Internetquellen

Ärzteblatt, 2018
Zahl der Pflegebedürftigen in Deutschland stark angestiegen
https://www.aerzteblatt.de/nachrichten/99912/Zahl-der-Pflegebeduerf tigen-in-Deutschland-stark-angestiegen
Stand: 10.12.2020

Barmer Ersatzkasse
Der Online-Kurs HelloBetter Stressfrei baut Stress ab und sorgt für mehr Gelassenheit
https://www.barmer.de/kursangebote/psychische-gesundheit/weniger-stress
Stand: 10.12.2020

Gottfried Maria Barth, 3.2.2004
http://www.youth-life-line.de/wp-content/uploads/2015/07/Stellung nahme_KJP_Tuebingen.pdf
Stand: 10.12.2020

Barth, Gottfried, 01.12.2020
welche Auswirkungen die Corona-Pandemie auf Kinder hat
https://www.medizin.uni-tuebingen.de/de/das-klinikum/tv-radio/tv-radio-beitrag/If19mm9o6cdJr1NbstLsCe9of1AgOXZpjQCF90GizMbxl4 LnlLa6v5RgyTsgjgmf
Stand: 20.12.2020

Bertelsmann Stiftung
Faktencheck Gesundheit – Regionale Unterschiede in der Diagnostik und Behandlung von Depressionen
https://www.bertelsmann-stiftung.de/fileadmin/files/user_upload/ Faktencheck_Depression_Studie.pdf
Stand: 10.12.2020

Bock, Werner, Lemmen, Karl, 2017
Die Online-Beratung der Aidshilfen – regionale Kompetenz unter einem Dach
https://www.e-beratungsjournal.net/ausgabe_0107/bock.pdf
Stand: 10.12.2020

Budry, Christian, Jan. 2019, Jahresbericht 2018
https://www.143.ch/Dokumente/Jahresberichte/Jahresbericht-2018
Stand: 10. 12. 2020

Bühring, Petra, 2016
Christine Knaevelsrud: Engagement für Kriegs- und Gewaltopfer
https://www.aerzteblatt.de/archiv/179667/Christine-Knaevelsrud-Engagement-fuer-Kriegs-und-Gewaltopfer
Stand: 10. 12. 2020

Bundesarbeitsgemeinschaft der Freien Wohlfahrtspflege (BAGFW) e. V., 07. 09. 2017
Digitale Transformation und gesellschaftlicher Zusammenhalt – Organisationsentwicklung der Freien Wohlfahrtspflege unter den Vorzeichen der Digitalisierung
https://www.bagfw.de/veroeffentlichungen/stellungnahmen/positionen/detail/digitale-transformation-und-gesellschaftlicher-zusammenhalt-organisationsentwicklung-der-freien-wohlfahrtspflege-unter-den-vorzeichen-der-digitalisierung
Stand: 10. 12. 2020

Bundesministerium für Familie, Senioren, Frauen und Jugend (2020)
Sexualisierte Gewalt erkennen
https://staerker-als-gewalt.de/gewalt-erkennen/sexualisierte-gewalt-erkennen
Stand: 10. 12. 2020

Bundesministerium für Gesundheit (2020) Essstörungen
https://www.bundesgesundheitsministerium.de/service/begriffe-von-a-z/e/essstoerungen.html
Stand: 10. 12. 2020

Bundestherapeutenkammer, 23. 06. 2017
Internet in der Psychotherapie
https://www.bptk.de/wp-content/uploads/2019/01/20170629_bptk_standpunkt_internet.pdf
Stand: 10. 12. 2020

Bundespsychotherapeutenkammer, Psychische Krankheiten
https://www.bptk.de/psychische-krankheiten/?cookie-state change=1598171444318#1574779507908-d18b8dcc-1a80
Stand: 10. 12. 2020

Bundestherapeutenkammer, 5. 11. 2020
Präsenz- und Videobehandlung kombinieren
Neue BPtK-Studie »Videobehandlung«
https://www.bptk.de/praesenz-und-videobehandlung-kombinieren/
Stand: 20. 12. 2020

Bundeszentrale für politische Bildung (2010) Wie fühlt sich ein Mobbingopfer?
https://www.bpb.de/lernen/grafstat/mobbing/46559/m-02-05-wie-fuehlt-sich-ein-mobbingopfer
Stand: 20. 12. 2020

Cacioppo, John T., Cacioppo, Stephanie, Gonzaga, Gian C., Ogburn, Elizabeth L., Tyler J., Juni 2013, Marital satisfaction and break-ups differ across on-line and off-line meeting venues
VanderWeele
PNAS first published June 3, 2013; https://doi.org/10.1073/pnas.1222447110
Stand: 10. 12. 2020

Deutscher Arbeitskreis für Jugend-, Ehe- und Familienberatung (DAKJEF) 2003, Ethische Standards in der institutionellen Beratung,
http://www.dakjef.de/pdf/ethische_standars.pdf
Stand: 10. 12. 2020

Deutsche Gesellschaft für Verbrennungsmedizin (DGV)
(2018) Leitlinie »Behandlung thermischer Verletzungen des Erwachsenen«
https://www.awmf.org/uploads/tx_szleitlinien/044-001l_S2k_Thermische__Verletzungen_Erwachsene_2018-12-verlaengert.pdf
Stand: 10. 12. 2020

DGOB-Der Vorstand (2018), Definition Online-Beratung
https://dg-onlineberatung.de/definition-ob/
Stand: 10. 12. 2020

Die Techniker (2020) Jeder sechste Schüler von Cybermobbing betroffen
https://www.tk.de/presse/themen/praevention/medienkompetenz/studie-cybermobbing-2095164
Stand: 20. 12. 2020

Donath, Judith, 1998, Identity and deception in the virtual Communities in Cyberspace.
London: Routledge
https://smg.media.mit.edu/papers/Donath/IdentityDeception/IdentityDeception.pdf
Stand: 10. 12. 2020

donum vitae, Heidelberg, 2020, Digitale Beratung
https://www.donumvitae-hd.de/beratung-hilfe/digitale-beratung
12.12.2020
Stand: 10.12.2020

dpa-infocom, dpa:201015-99-959901/2, 16. Oktober 2020
https://www.sueddeutsche.de/gesundheit/gesundheit-wie-die-wieder holung-der-krise-die-psyche-belastet-dpa.urn-newsml-dpa-com-2009 0101-201015-99-959901
Stand: 20.12.2020

Erfolgreiche Kontaktaufnahme in Singlebörsen, 14.9.2020
https://www.singleboersen-vergleich.de/tipps/kontaktanzeigen_kontakt aufnahme.htm
Stand: 10.12.2020

Fartacek, Clemens, Kralovec, Karl, Pichler, Eva-Maria, Fartacek, Reinhold, Plöderl, Martin 2014
Notfallpläne zur Rückfallprävention von suizidalem Verhalten
http://www.suizidprophylaxe-online.de/pdf/07_heft157_2014.pdf
Stand: 10.12.2020

Fischhaber, Anna, Hauck, Mirjam, 16.01.2017,
Täglich 88-mal aufs Smartphone gucken
https://www.tagesanzeiger.ch/digital/mobil/smartphonenutzer-schauen-taeglich-88mal-auf-ihr-geraet/story/24730680
Stand: 10.12.2020

Gegen Vergessen – Für Demokratie e.V., Satzung, 18.11.2016
https://www.gegen-vergessen.de/verein/verein-im-ueberblick/satzung/
Stand: 30.12.2020

Götz, Maya, Wunderer, Eva, Greithanner, Julia, Maslanka, Eva (2019)
Warum kann ich nicht so perfekt sein? – DIE BEDEUTUNG VON INFLUENCERINNEN BEI DER ENTWICKLUNG VON ESSSTÖRUNGEN
http://www.br-online.de/jugend/izi/deutsch/publikation/televizion/32_2019_1/Goetz_Wunderer-perfekt_sein.pdf
Stand: 10.12.2020

Hamann, Susanne (2019) Nach Suizid einer Elfjährigen in Berlin.
https://theworldnews.net/de-news/nach-suizid-einer-elfjahrigen-in-berlin-was-eltern-jetzt-uber-mobbing-und-cybermobbing-wissen-mussen
Stand: 10.12.2020

Heast, Randolf (2008)Virtual Reality Pain Reduction
www.hitl.washington.edu/projects/vrpain
Stand: 10.12.2020

Herrmann, Jörg, Corona-Pandemie: Erfahrungsberichte aus dem Alltag
www.bptk.de/leben-in-trennung-ist-jetzt-noch-komplizierter/
Stand: 10.12.2020

Hoffmann, Lukas, 7.9.2017
Gesundheit to go: Studie zu Mobile Health
https://www.healthrelations.de/mobile-health-anwendungen/
Stand: 10.12.2020

Horx, Matthias, 2020
Die Welt nach Corona
www.horx.com/48-die-welt-nach-corona

IFOTES Europe e.V, 2018, »Zuhörfähigkeiten«
(http://listening-skills.eu)
Stand: 13.12.2020

Jaeger, Sonja (2020) Digitale Nomadin
https://www.sonia-jaeger.com/de/
Stand: 13.12.2020

Juuuport (2020) Cyber-Mobbing – Definition, Beispiele und Hilfe
https://www.juuuport.de/ratgeber/cyber-mobbing
Stand: 30.12.2020

Kammermann, Tanja, 20. Mai 2019
In seelischer Not per Chat sein Herz ausschütten
https://www.swisscom.ch/de/magazin/digitalisierung-im-alltag/im-chat-mit-hilfesuchenden/
Stand: 10.12.2020

Keller, Marion, 2017
Seelische Krisen und psychische Erkrankungen bei Jugendlichen und jungen Erwachsenen
https://www.dvgp.org/themen-engagement/jugend-und-seelische-gesundheit/erkrankungen-bei-jugendlichen.html
Stand: 10.12.2020

Knaeveslrud, Christine, 22.4.2016,
Online-Therapie der PTSD
https://www.dgvt.de/aktuelles/details/?tx_ttnews%5Btt_news%5D=1769&cHash=cfb9b44381547a860bb6bafc0843db1f
Stand: 10.12.2020

Knatz, Birgit, April 2007
Wahr ist was wirkt? Inszenierungen und Fakes in der Online-Beratung
http://www.e-beratungsjournal.net/arch_0107
Stand: 13.12.2020

Knatz, Birgit:
Wertschätzende Konfrontation in der Online-Beratung
erschienen im e-beratungsjournal, Heft 1, April 2011, online verfügbar:
http://www.e-beratungsjournal.net/onlineberatung/arch_0111.html
Stand: 13.12.2020

Knatz, Birgit:
Zwischen den Zeilen
erschienen im e-beratungsjournal Heft 1, April 2008
https://www.e-beratungsjournal.net/ausgabe_0108/knatz.pdf
Stand: 13.12.2020

Knatz, Birgit:
Rat und Hilfe aus dem Internet – Die Beratung per Mail Standards und Herausforderungen
erschienen im e-beratungsjournal Heft 1, September 2005
https://www.e-beratungsjournal.net/ausgabe_0105/knatz.pdf
Stand: 13.12.2020

Knatz, Birgit:
Methodische Konzepte der TelefonSeelsorge im Internet
erschienen im e-beratungsjournal Heft 2, September 2006
https://www.e-beratungsjournal.net/ausgabe_0206/knatz.pdf
Stand: 13.12.2020

Knatz, Birgit:
Qualitätsstandards für die Online-Beratung
erschienen im e-beratungsjournal Heft 1, März 2006
https://www.e-beratungsjournal.net/ausgabe_0106/knatz.pdf
Stand: 13.12.2020

Knatz, Birgit & Schumacher, Stefan, 2015
Niemand bringt sich gerne um, Jahresbericht der TelefonSeelsorge Hagen-Mark 2014
https://www.telefonseelsorge-hagen-mark.de/wp-content/uploads/2015/06/Jahresbericht_2014.pdf
Stand: 10.12.2020

Klinik und Poliklinik für Psychotherapie und Psychosomatik Dresden, 2016
CoachPTBS
https://www.uniklinikum-dresden.de/de/das-klinikum/kliniken-polikliniken-institute/pso/forschung-und-lehre/forschung-1/ehealth-projekte
Stand: 10.12.2020

Kontaktbörsen im Vergleich
https://www.kontaktboersen.de/partnersuche-im-internet/
Stand 28.12.20

Kracke, Birgit, Was ist eigentlich ein Trauma?
https://www.refugee-trauma.help/ueber-trauma/
Stand: 10.12.2020

Krisch/Stoik/Benrazougui-Hofbauer/Kellner, Februar 2011
Glossar: Soziale Arbeit im öffentlichen Raum
https://www.sozialraum.de/assets/files/projekte/2011_Glossar_Soziale_Arbeit_oeffentl_Raum.pdf
Stand: 10.12.2020

Kutsch, Laura, 17.07.2020
Der Angst ins Auge sehen
https://magazin-forum.de/de/node/19347
Stand: 10.12.2020

Landespsychotherapeutenkammer Baden-Württemberg, 23. Dezember 2016
Qualität internetbasierter Behandlungsangebote sichern
https://www.lpk-bw.de/news/2016/qualitaet-internetbasierter-behandlungsangebote-sichern
Stand: 10.12.2020

Lemmen, Karl, Taubert, Steffen, Bock, Werner, 2015
https://www.hiv-beratung-aktuell.de/sites/default/files/documents/2015_06_30_hiv_beratung_aktuell_03_2015.pdf
Stand: 30.12.2020

Merzbach, Ursula (2012) Jahresbericht 2011 – 20 Jahre im Leben gut beraten
http://docplayer.org/95234767-20-jahre-im-leben-gut-beraten-katholische-ehe-familienlebensberatung.html
Stand: 30.12.2020

Naudiet, Silke, 2018
https://www.bke.de/content/application/explorer/public/virtuelle-beratungsstelle/2019/online-projektbericht-2018-web.pdf
Stand: 10.12.2020

Nicolaus, Thomas (2020) Dos und Don'ts im Videomeeting
Knigge für Video Conferencing
https://www.computerwoche.de/a/knigge-fuer-video-conferencing,2554307
Stand: 10.12.2020

Online-Redaktion DCV
29.05.2020
Wenn das Leben am seidenen Faden hängt
https://www.caritas.de/hilfeundberatung/onlineberatung/u25/u25fuerengegementpreisnominiert
Stand: 10.12.2020

Palin, Kseniia, Feit, Anna Maria u.a. (2019) How do People Type on Mobile Devices?Observations from a Study with 37,000 Volunteers
https://userinterfaces.aalto.fi/typing37k/resources/Mobile_typing_study.pdf
Stand: 13.12.2020

Patientenleitlinie zur Nationalen VersorgungsLeitlinie, Dezember 2016
Unipolare Depression
https://www.awmf.org/uploads/tx_szleitlinien/nvl-005p_S3_Unipolare_Depression_2017-05.pdf
Stand: 10.12.2020

Petzold M (2006) Psychologische Aspekte der Online-Kommunikation. e-beratungsjournal. http://www.e-beratungsjournal.net/ausgabe_0206/petzold.pdf Stand: 10.12.2020

Pfeifer, A. Seelsorge im Internet
http://www.spiegel.de/netzwelt/netzkultur/0,1518,269641,00.html
Stand: 10.12.2020

pro familia Gütersloh (2020) Video-Beratung
https://www.profamilia.de/bundeslaender/nordrhein-westfalen/beratungsstelle-guetersloh/psychosoziale-beratung.html
12.12.2020

Psychologische Beratungsstelle Filder, Kreisdiakonieverband im Landkreis Esslingen, 2014
https://www.onbera.de/web/html/faq.html
Stand: 10.12.2020

Rohleder, Bernhard (2018) Social Media schon lange kein Jugendphänomen mehr
https://www.dzw.de/aktuelle-bitkom-umfrage-social-media-schon-lange-kein-jugendphanomen-mehr
Stand: 10.12.2020

Schock, Axel (2015) Anonymität als Chance
https://magazin.hiv/2015/05/13/anonymitaet-als-chance/
Stand: 10.12.2020

Sick, Bastian, 2003, Trügerischer Anschein des Scheinbaren
https://www.spiegel.de/kultur/zwiebelfisch/zwiebelfisch-truegerischer-anschein-des-scheinbaren-a-276326.html
Stand: 10.12.2020

Siegenthaler, Sonja (2020)
5 Tipps für alle, die ihre Meetings digital führen
https://bellevue.nzz.ch/auto-gadgets/home-office-5-tipps-fuer-eine-videokonferenz-ohne-stoerungen-ld.1547070
Stand: 10.12.2020

Schneider, Wolf, 2012, Stilkunde Deutsch
https://www.zeit.de/serie/stilkunde-deutsch
Stand: 10.12.2020

Smiljanic, Mirko, 3.9.2020
Corona und die Gesellschaft: Zukunftsvorstellungen in der Krise
https://www.deutschlandfunk.de/corona-und-die-gesellschaft-zukunfts vorstellungen-in-der.1148.de.html?dram:article_id=483546
Stand: 10.12.2020

Sonnenmoser, Marion, Juli 2014
Einfluss des Psychotherapeuten auf den Therapieerfolg: Gut untersucht und doch unvorhersagbar
https://www.aerzteblatt.de/archiv/161041
Stand: 10.12.2020

Stavanger Erklärung: Zur Zukunft des Lesens, 2019
https://www.lesen.bayern.de/stavangererklaerung/
Stand: 10. 12. 2020

Steffii, 20. 12. 2019
Kreatives um die Panik zu verarbeiten
https://www.forum.angst-und-panik.de/showthread.php?tid=8933
Stand: 10. 12. 2020

Steenkamp, Daniela, 08. 07. 2020
»Hier drehen gerade alle etwas am Rad ...«. Auswirkungen der Corona-Pandemie auf die Soziale Arbeit aus Sicht dual Studierender an der Fakultät Sozialwesen der DHBW in Villingen-Schwenningen – einige Schlaglichter.
http://www.socialnet.de/materialien/29063.php
Stand: 20. 12. 2020

Stiftung für Qualität und Wirtschaftlichkeit im Gesundheitswesen
Kognitive Verhaltenstherapie
ttps://www.gesundheitsinformation.de/kognitive-verhaltenstherapie.2136.de.html
Stand: 10. 12. 2020

Techniker Krankenkasse, April 2018
Homo Digivitalis TK-Studie zur Digitalen Gesundheitskompetenz 2018
https://www.tk.de/resource/blob/2040318/a5b86c40257 5d49f9b26d10458d47a60/studienband-tk-studie-homo-digivitalis-2018-data.pdf
Stand: 10. 12. 2020

Techniker Krankenkasse
TK-DepressionsCoach
https://www.tk.de/techniker/gesundheit-und-medizin/behandlungen-und-medizin/psychische-erkrankungen/tk-depressionscoach-2016410
Stand: 10. 12. 2020

TelefonSeelsorge Hagen-Mark, 2014
https://www.telefonseelsorge-hagen-mark.de/wp-content/uploads/2015/06/Jahresbericht_2014.pdf
Stand: 10. 12. 2020

Tenzer, F. Juli 2020
Anteil von Glasfaseranschlüssen an allen stationären Breitbandanschlüssen in den Ländern der OECD im Dezember 2019
www.statista.com

Theobald, Tim, 7. 1. 2019,
Deshalb sind Sprachnachrichten Fluch und Segen zugleich
ttps://www.horizont.net/tech/nachrichten/yougov-studie-deshalb-sind-sprachnachrichten-fluch-und-segen-zugleich-172058
Stand: 10. 12. 2020

Traumaberatung Leipzig
Traumatherapie per e-mail Gefoltert. Erniedrigt. Sprachlos.
https://dissoziation-und-trauma.de/neues-aus-psychiatrie-und-medien/453-traumatherapie-per-e-mail
Stand: 10. 12. 2020

Unabhängiger Beauftragter für Fragen des sexuellen Kindesmissbrauchs (2020) Risikofaktoren für eine besondere Gefährdung
https://beauftragter-missbrauch.de/praevention/was-ist-sexueller-missbrauch/risikofaktoren-fuer-eine-besondere-gefaehrdung
Stand: 10. 12. 2020

von Fraunberg, Anja, 3. Juli 2019
Wir bilden an der künftigen Arbeitsrealität vorbei aus
https://www.zeit.de/2011/33/Lehrplaene-Bildung-Schule

Waschke, Natalie, 2. 1. 2019,
Mit Online-Therapie Jugendliche und junge Menschen erreichen https://psylife.de/magazin/berufspraxis/online-therapie-jugendliche-erreichen
Stand: 10. 12. 2020

Weinhardt, Marc, 2009, Konzeption, Implementierung und institutionelle Hintergründe von E-Mail-Beratung
https://www.e-beratungsjournal.net/ausgabe_0209/weinhardt.pdf
Stand: 10. 12. 2020

Wenzel, Joachim, Jaschke, Stephanie, Engelhardt, Emily, 09. 11. 2020
Aktualisierte Handreichung zur zweiten Coronawelle: Krisenberatung amTelefon und per Video in Zeiten von Corona
https:// www.dgsf.org/ueber-uns/gruppen/fachgruppen/online-beratung/krisenberatung-am-telefon-und-per-video-in-zeiten-von-corona
Stand: 20. 12. 2020

WHO-Regionalbüro für Europa, https://www.euro.who.int/de/health-topics/health-emergencies/coronavirus-covid-19/novel-coronavirus-2019-ncov

https://de.wikipedia.org/wiki/Troll_(Netzkultur)

Ziegenhagen, Martin, Wolrab, Julia, Czeremin, Liane, 2018
online gut beraten. – Bestandsaufnahme und Transfermöglichkeiten der Online-Beratung gegen Rechtsextremismus
https://www.online-beratung-gegen rechtsextremismus.de/fileadmin/user_upload/Gegen_Vergessen/Dokumente/Broschueren/OBgR_online_gut_beraten-2018.pdf
Stand: 10.12.2020

Zoller, Julia, 2017 Liebe Angst
https://www.bluetenstille.com/brief-an-meine-angst
Stand: 10.12.2020

Literatur

Argelander, H. (1992). Das Erstinterview in der Psychotherapie. Darmstadt: Wissenschaftliche Buchgesellschaft

Batinic, B. (2000). Internet für Psychologen. Göttingen: Hogrefe

Bauriedl, T. (1984). Beziehungsanalyse. Frankfurt: Suhrkamp

Bäuml, J. (2016). Handbuch der Psychoedukation für Psychiatrie, Psychotherapie und Psychosomatische Medizin. Stuttgart: Schattauer

Becker, E. S. & Margraf, J. (2017). Vor lauter Sorgen …: Hilfe für Betroffene mit Generalisierter Angststörung (GAS) und deren Angehörige. 2. Auflage. Weinheim: Beltz

Boothe, B. (2001). Erzähldynamik und Psychodynamik, Psychotherapie und Sozialforschung. Zeitschrift für qualitative Forschung: 153–177

Bruffaerts R., Demyttenaere K., Hwang I., Chiu W. T., Sampson N., Kessler R. C. et al. (2011). Treatment of suicidal people around the world. British Journal of Psychiatry, 199: 64–70

Calmbach, M., Borgstedt, S., Borchard, I., Thomas, P. M., Flaig, B. B. (2016). Wie ticken Jugendliche 2016? Lebenswelten von Jugendlichen im Alter von 14 bis 17 Jahren in Deutschland. Heidelberg: Springer

Dechant, F. (2005). Das ist doch kaum zu glauben – Inszenierungen am Telefon. Auf Draht, 60: 32–35

Dekker, A. (2003). Cybersex und Online-Beziehungen. Vortrag im Rahmen der Ringvorlesung »Sexualität im Wandel« der Universität und ETH Zürich. Verfügbar unter: http://www.chatten-aber-sicher.de/downl/pub5.pdf [2006-12-29]

Dodier, B. (2014). Informationen aus der Psychiatrieszene Schweiz. Ist Beziehungsaufbau auch über das Internet möglich? Bonusmaterial Pro Mente Sana – aktuell 3 »Psychische Gesundheit 2.0« 9/2014

Döring, N. (2003). Sozialpsychologie des Internet. Die Bedeutung des Internet für Kommunikationsprozesse, Identitäten, soziale Beziehungen und Gruppen. 2., vollständig überarbeitete und erweiterte Auflage. Göttingen: Hogrefe

Döring, K. (2018). Soziale Arbeit im Wandel. In: Caritas in NRW Heft 2/2018: 8

Drösser, Ch. (2011). Das will ich nicht wissen. In: Die Zeit, Nr. 33/2011

Dürscheid, C. (2003). »Netzsprache – ein neuer Mythos«. Zugriff am 25. 01. 2008 http://www.ds.unizh.ch/lehrstuhlduerscheid/docs/netz sprache.pdf
Duden (2016). Das Wörterbuch der sprachlichen Zweifelsfälle
Emily, M. E. (2018). Lehrbuch Onlineberatung. Göttingen: Vandenhoeck & Ruprecht
Fichter, M. (2009). Magersucht und Bulimie: Mut für Betroffene, Angehörige und Freunde. Basel: Karger
Flacke, M. (1994). Verstehen als Konstruktion. Literaturwissenschaft und radikaler Konstruktivismus. Opladen: Westdeutscher Verlag
Foerster, H. v. (1985). Das Konstruieren einer Wirklichkeit. In P. Watzlawick (Hrsg.), Die erfundene Wirklichkeit. Wie wissen wir, was wir zu wissen glauben. Beiträge zum Konstruktivismus. (S. 65–71) München: Piper
Geißler, H., Metz, M. (Hrsg.) (2012). E-Coaching und Online-Beratung – Formate, Konzepte, Diskussionen. Heidelberg: Springer
Glattauer, D. (2008). Gut gegen Nordwind. München: Goldmann
Heiliger, A. (2000). Täterstrategien und Prävention: Sexueller Missbrauch an Mädchen innerhalb familialer und familienähnlicher Strukturen. München: Verlag Frauenoffensive
Heimes, S. (2020). Ich schreibe mich gesund. Mit dem 12-Wochen-Programm zu Gesundheit und Ausgeglichenheit. München: dtv
Heimes, S. (2015) Schreib dich gesund – Übungen für verschiedene Krankheitsbilder. Göttingen: Vandenhoeck & Ruprecht
Heimes, S., (2014) Schreiben als Selbstcoaching. Göttingen: Vandenhoeck & Ruprecht
Heimes, S., (2013) Praxisfelder des kreativen und therapeutischen Schreibens. Göttingen: Vandenhoeck & Ruprecht
Heimes, S., (2012) Warum Schreiben hilft – Die Wirksamkeitsnachweise zur Poesiotherapie. Göttingen: Vandenhoeck & Ruprecht
Heimes, S., (2010) Schreib es dir von der Seele – Kreatives Schreiben leicht gemacht. Göttingen: Vandenhoeck & Ruprecht
Heimes, S., (2011) Kreatives und therapeutisches Schreiben – Ein Arbeitsbuch. Göttingen: Vandenhoeck & Ruprecht
Hoyer, J., Beesdo-Baum, K., Becker, E. S. (2016). Ratgeber Generalisierte Angststörung. Informationen für Betroffene und Angehörige. 2. Auflage. Göttingen: Hogrefe.
Janssen L. (1998). Auf der virtuellen Couch, Bonn: Psychiatrie-Verlag
Johnston, A. (2007). Die Frau, die im Mondlicht aß: Ess-Störungen überwinden durch die Weisheit uralter Märchen und Mythen. München: Knaur
Kast, V. (2018). Mit Worten berühren, Plenarvortrag, 18. April 2006, im Rahmen der 56. Lindauer Psychotherapiewochen 2006. Zugriff am 27. 04. 2008 www.Lptw.de
Kerkhof, A. (2010). Stop Worrying. Get your life back on track with CBT. Maidenhead: Open University Press, McGraw-Hill Education.

Klasen, M., Böttche, M., Wolf, I. Knaevelsrud, Ch. (2012). pflegen-und-leben.de – Ein internetbasiertes Unterstützungsangebot zur Gesundheitsförderung pflegender Angehöriger in PiD – Psychotherapie im Dialog 2012/13(3): 56–60

Knaevelsrud, Ch., Wagner, B., Böttche, M. (2016). Online-Therapie und -Beratung. Ein Praxisleitfaden zur onlinebasierten Behandlung psychischer Störungen. Reihe: Therapeutische Praxis – Band 82

Knatz, B. (2013). Handbuch Internetseelsorge – Grundlagen – Formen – Praxis. Gütersloh: Gütersloher Verlagshaus

Knatz, B. (2006). Methodische Konzepte der TelefonSeelsorge im Internet. In T. Weber (Hrsg.), Handbuch der TelefonSeelsorge. (S. 173–181) Göttingen: Vandenhoeck & Ruprecht

Knatz, B., Krause H., Schmidt-Kaehler S. (2006). Formen der Patientenberatung. In Schaeffer D., Schmidt-Kaehler S. (Hrsg.), Lehrbuch Patientenberatung. (S. 177–199) Bern: Huber

Knatz, B. (2006). Methodische Konzepte der Telefonseelsorge im Internet. In T. Weber (Hrsg.), Handbuch TelefonSeelsorge (S. 141–160) Göttingen: Vandenhoeck & Ruprecht.

Knatz, B. (2005). Inszenierungen im Netz. Auf Draht, 60: 39

Knatz, B., Dodier, B. (2003). Hilfe aus dem Netz. Theorie und Praxis der Beratung per E-Mail. Stuttgart: Klett-Cotta

Knatz, B., Schumacher, S. (2019). Mediale Dialogkompetenz – Umgang mit schwierigen Gesprächssituationen am Telefon und im Chat. Heidelberg: Springer

Knatz, B. (2005). Supervisionsanfragen kommen online – Merkwürdiges vertraut, erschienen in Forum Supervision, Heft 26/10/2005

Kühne, S., Hintenberger, G. (Hrsg.) (2009). Handbuch Online-Beratung. Göttingen: Vandenhoeck & Ruprecht

Krempl, S. (2003). Schrift und Verschriftlichung. Zugriff am 27.04.2008 http://viadrina.euv-frankfurt-o.de/~sk/soemz03/schrift.html.

Krug, S. (2006). Don't make me think! Web-Usability – das intuitive Web. Heidelberg: Springer

Lehmann, K. & Schetsche, M. (2005). Die Google-Gesellschaft. Vom digitalen Wandel des Wissens. Bielefeld: Transcript

McLeod, J. (2004). Counselling – eine Einführung in Beratung. Tübingen: dgvt

Martinez, M., Scheffel, M. (1999). Einführung in die Erzähltheorie. München: Beck

Michel-Pill, A. (2020). Von der Seele schreiben. In: 24/7 Zeitschrift der TelefonSeelsorge, Heft 11, August 2020

Mishara, B., Kerkhof A. (2013). Suicide Prevention and New Technologies, Evidence Based Practice. palgrave macmillan, Basingstoke, Hampshire: palgrave macmillan

Pennebaker, J. (2020). Heilung durch Schreiben. Ein Arbeitsbuch zur Selbsthilfe. Bern: Huber

Prior, M., (2002). MiniMax-Interventionen: 15 minimale Interventionen mit maximaler Wirkung. Heidelberg: Carl-Auer

Rhode, B. (2010). Podium »Zukunft der Seelsorge: Vom Telefon zum Internet; Seelsorge in neuen Medien«. Statements aus der Praxis der Chatberatung, in AUF DRAHT, Heft 74

Reddemann, L. (2020). Imagination als heilsame Kraft, Ressourcen und Mitgefühl in der Behandlung von Traumafolgen. 22. Auflage. Stuttgart: Klett-Cotta

Reddemann L., Sachsse, U. (1996). Imaginative Psychotherapieverfahren zur Behandlung in der Kindheit traumatisierter Patientinnen und Patienten. Psychotherapeut 41(3):169–174

Riemann, F. (1984). Grundformen der Angst. München: Ernst Reinhardt

Rogers, C. R. (1972). Die nicht-direktive Beratung. München: Kindler

Rogers, C. R. (1981). Der neue Mensch. Stuttgart: Klett-Cotta

Rogers, C. R. (2016). Entwicklung der Persönlichkeit. Stuttgart: Klett-Cotta

Satir, V. (1976). Making Contact. Berkeley, California: Celestial Arts

Schaeffer, D., Schmidt-Kaehler, S. (2011). Lehrbuch Patientenberatung. Bern: Huber

Scheidt, J. v. (2006). Kreatives Schreiben – HyperWriting. München: Allitera

Schneider, W. (1976).Wörter machen Leute – Magie und Macht der Sprache, 21. Auflage 2015. München: Piper

Schneider, W. (1996). Deutsch für Kenner – Die neue Stilkunde. 21. Auflage 2011. München: Piper

Schneider, W. (2005). Deutsch! Das Handbuch für attraktive Texte. 7. Aufl. 2013. Reinbek: Rowohlt

Schneider, W. (2010). Deutsch für junge Profis – Lesbares Deutsch im Zeitalter von Blog und Mail. 7. Auflage 2016. Reinbek: Rowohlt

Schmitz, U. (1995). Sprachwandel in den neuen Medien. In: Osnabrücker Beiträge zur Sprachtheorie (OBST), Bd. 50. (S. 7–51)

Schulz von Thun, F. (1998). Miteinander reden 3 – Das Innere Team und situationsgerechte Kommunikation. Reinbek: Rowohlt

Schumacher, S. (2005). Wahrheit ist die Erfindung eines Lügners. Auf Draht, 60: 36–38.

Shah, I. Dorst, (1984). Fachzeitschrift der Arbeiterwohlfahrt, 5: 18–32

Stanley, B. & Brown, G. K. (2012). Safety planning intervention: A brief intervention to mitigate suicide risk. Cognitive and Behavioral Practice, 19(2): 256–264

Stanzel, F. K. (1979). Theorie des Erzählens. Göttingen: Vandenhoeck & Ruprecht

Staiger, E. (1987). Der Briefwechsel zwischen Schiller und Goethe. Berlin: Suhrkamp

De Shazer, S. (2010). Wege der erfolgreichen Kurztherapie. Stuttgart: Klett-Cotta

De Shazer, S. (2006). Der Dreh: überraschende Wendungen und Lösungen in der Kurzzeittherapie. Heidelberg: Carl-Auer

Thomä, H. & Kächele, H. (1985). Lehrbuch der psychoanalytischen Therapie. Band 1. Grundlagen. Berlin, Heidelberg: Springer

Turkle, S. (1999). Leben im Netz. Reinbek: Rowohlt

Wittgenstein, L. (2004): Tractatus Logico-Philosophicus. In: Gutenberg Project: Zugriff am 27. 04. 2000 www.gutenberg.org/etext/5740

Van Well, F. (2000). Psychologische Beratung im Internet. Bergisch Gladbach: Edwin Ferger

Von Schlippe, A. & Schweizer, J. (1997). Lehrbuch der Systemischen Therapie und Beratung I: Das Grundlagenwissen. Göttingen: Vandenhoeck & Ruprecht

Watzlawick P. (2010). Wie wirklich ist die Wirklichkeit? Wahn – Täuschung – Verstehen. 8. Auflage. München: Piper

Watzlawick P. (2006). Wenn du mich liebtest, würdest du gern Knoblauch essen – über das Glück und die Konstruktion der Wirklichkeit. München: Piper

Watzlawick, P. (1998). Münchhausens Zopf oder Psychotherapie und »Wirklichkeit«. Bern: Huber

Watzlawick, P. (1983). Anleitung zum Unglücklichsein. München: Piper

Watzlawick, P. (1977). Die Möglichkeit des Andersseins – Zur Technik der therapeutischen Kommunikation. Bern: Huber

Watzlawick, P. (1974). Lösungen – Zur Theorie und Praxis menschlichen Wandels. Bern: Huber

Watzlawick, P. (1981). Die erfundene Wirklichkeit. München: Piper

Weinhardt, M. (2009). E-Mail-Beratung: Eine explorative Studie zu einer neuen Hilfeform in der sozialen Arbeit. Heidelberg: VS Verlag

Weiß, L. & Schwarz, S. (2001). Gesund geschrieben. Briefwechsel einer Klientin und einer Psychologin per E-M@il. Krefeld: Selbstverlag

Wolf, N. (2018). Zurück ins Leben: In 12 Schritten aus der Bulimie. Baden-Baden: Tectum Wissenschaftsverlag

Wurmser, L. (1998). Die Maske der Scham. Die Psychoanalyse von Schamaffekten und Schamkonflikten. Heidelberg: Springer

Yalom, I. (1998). Die rote Couch. München: Goldmann/btb

Yalom, I. (2005). Die Schopenhauer-Kur. München: Goldmann/btb

Jens Flassbeck, Judith Barth

Die langen Schatten der Sucht

Behandlung komplexer Traumafolgen bei erwachsenen Kindern aus Suchtfamilien

Leben Lernen 316. 346 Seiten, broschiert. ISBN 978-3-608-89264-2

Kinder, die in Suchtfamilien aufwachsen, sind multiplen Belastungen und Traumata ausgesetzt: Vernachlässigung, Tabuisierung, Parentifizierung, Beschämung, Gewalt. Um in einer so feindlichen Umgebung zu überleben, lernen diese Kinder früh, sich anzupassen und eigene Gefühle, Wünsche und Bedürfnisse zu verstecken und niemandem zu vertrauen. Als Spätfolge dieses Anpassungsprozesses leiden viele im Erwachsenenalter an diversen psychischen Störungen. Anhand ausführlicher Fallvignetten wird die ganze Bandbreite der typischen Erkrankungen in diesem Buch beleuchtet. Darauf aufbauend folgt eine Darstellung geeigneter Behandlungsmöglichkeiten, die auf einem flexiblen und prozessorientierten verhaltenstherapeutischen Repertoire basieren. Der therapeutische Leitgedanke lautet: »Reden, fühlen, trauen«, um die traumatischen Schemata abzumildern und persönliche Entwicklungsprozesse anzuregen.